·西南民族大学华风经济学丛书·

国家社会科学基金重点项目（批准号：15AZD079）
西南民族大学中央高校基本科研业务费专项资金项目（项目号：2015SZYQN160）
西南民族大学应用经济学学科建设基金（2014XWD-S0202）

不平等挑战幸福生活

收入差距如何影响幸福感

Happy Life Faces Inequaltiy: How Income Gap Affect Subjective Well-Being in China

王　鹏◎著

中国经济出版社
CHINA ECONOMIC PUBLISHING HOUSE
北京

图书在版编目（CIP）数据

不平等挑战幸福生活：收入差距如何影响幸福感/王鹏著.
北京：中国经济出版社，2017.10
ISBN 978-7-5136-4783-0
Ⅰ.①不… Ⅱ.①王… Ⅲ.①收入差距—影响—幸福—研究—中国 Ⅳ.①F124.7②B82
中国版本图书馆 CIP 数据核字（2017）第 176938 号

责任编辑　李煜萍
责任印制　马小宾

出版发行　中国经济出版社
印 刷 者　北京九州迅驰传媒文化有限公司
经 销 者　各地新华书店
开　　本　710mm×1000mm　1/16
印　　张　14.25
字　　数　228 千字
版　　次　2017 年 10 月第 1 版
印　　次　2017 年 10 月第 1 次
定　　价　58.00 元
广告经营许可证　京西工商广字第 8179 号

中国经济出版社 **网址** www.economyph.com **社址** 北京市西城区百万庄北街 3 号 **邮编** 100037
本版图书如存在印装质量问题，请与本社发行中心联系调换（联系电话：010-68330607）

总 序

开创经济学“民族分工”新视野

“有志不在年高”。一个未满十岁的“孩子”要出书，还是“系列”文库，是不是有些匪夷所思？但这却是事实。西南民族大学经济学院在成立九周年之际，小儿科大手笔，推出了自己的“华风”经济学文库，可喜，可贺，可嘉。

世界大学史，千余年矣；中国大学史，百余年矣，中国的民族大学史，六十余年矣。足见中国的大学幼稚，足见中国的民族大学幼稚。而眼下中国的大学，办有经济学院、经济学系的，犹如过江之鲫，数不胜数。西南民族大学经济学院成立于2003年12月，可谓中国高校中最年轻的，所以我说她还是一个“孩子”。一个“九龄童”出经济学文库，不无遭遇不屑甚至讥诮之虞。何以见得？话得从1895年说起。甲午中日一战，清廷惨败，识者以为盖在科学技术落后，一时间，维新变法思潮高涨，兴西学以育人呼声四起，中国的新式大学由是诞生。有趣的是，“洋务派”兴学具有强烈的实业目的，是谓实业救国；“维新派”兴学具有强烈的改良思想，是谓改革救亡。——虽然他们都是基于甲午的危机认知，都是基于“科教兴国”的长远追求。而经济学呢？撇开政治理念和意识形态不说，自亚当·斯密和卡尔·马克思以降，经济学即分别沿着形式化的和制度化的两条路径演进。一前一后，影响至深至远，循此脉络，人们当不难理解今日中国大学何以会有经济学的“分野”：除了“西方经济学”与“政治经济学”的杯葛，还有主流经济学与草根经济学、官房经济学与民生经济学、资方经济学与劳工经济学等等的对峙。至于中国民族高校的经济学专业，就更不足为人道了，那潜意思就是说，你民族大学还办什么经济学专业呀？

想想也不无缘由。实事求是地讲，五千年农耕文明早熟，滋养了“华夏中心”；两千年“罢黜百家独尊儒术”，强化了“等级名分”。因此，国人之骄傲和自豪，每每张扬在踞守“第一”维护“第一”上；实在不济，也要来一个“原本我们”怎么样、“先前我们”怎么样，所谓“中体西用”“中源西流”是也。应该承认，这不仅是现代中国前进的文化传统障碍，而且也是中国的大学尤其是中国的民族高校及其学科建设面临的一个文化传统障碍。不过话又说回来。假如没有当初的北洋大学，或许就不可能有日后的马寅初。我们也不妨设想，若没有今天中国的民族高校的经济学专业，能否有今后中国的“各民族共同繁荣发展”？当然，毋庸讳言的是，中国的民族高校的经济学专业还很幼稚；但同样毋庸讳言的是，中国的大学，中国的大学的经济学专业，不都还很幼稚吗？所以，中国的民族大学，是可以办经济学专业的，也是一定能够办好的。这不是勇气问题，也不是信念问题，更不是能耐问题，而是一个客观现实的需要问题。

“走自己的路，让别人说去吧。”相较各种各样的“中心”“名分”“等级”，中国的民族高校，或许更应该致力于学科建设和专业教学本身。

举例说来，就经济学而言，作为五十六个民族“和合偕习”的大家庭，中华民族的振兴必得建基于中华民族的共同团结奋斗，只有经由各民族的共同团结奋斗，我们才能建立起坚实的物质经济基础，以实现全民族的共同富裕共同繁荣发展。但是，共同团结奋斗、共同富裕、共同繁荣发展，并不是政治上层建筑和国家行政安排能够做得成的，它必须通过更为基本的、全面的、市场化的“民族分工”来实现。在我看来，在一个多民族的现代“民族国家”，推动经济社会发展，解决社会经济问题，绝无可能“去民族化”。也就是说，国民经济“又好又快”的增长，经济社会的稳定、持续发展，构建资源节约型的和谐经济、环境友好型的和谐社会，绝对离不开有效的“民族分工”。也许你可以不在乎这个“民族分工”，但如此一来，你也不得不为你的抉择支付代价。现代经济学也许可以较好解释社会分工、自然分工、国际分工、区域分工、产业分工、技术分工。但什么是“民族分工”？以目下的现代经济学，恐怕还不好解释。所以我也同时认为，在研究一般经济学原理和一般分工理论基础上，深入研究少数民族经济和民族地区经济，进一步研究“民族分工”，或将是中国的民族高校经济学科的特色和优势之所在。当然，中国的民族高校的经济学科也会重视一般经济学的研究和教学，这种“局部与整体”的关系，当不言自明。

经济学是舶来品，中国大学的经济学科建设和经济学教学，也有一个“中国化、时代化、大众化”的“三化”问题。而在中国的民族高校，经济学的“三化”就更显艰巨、具体和迫切。作为教学和科研的结晶，西南民族大学经济学院的“华风”经济学系列文库，是专注于经济学“三化”的成果之一，所以可喜；是不懈于一般经济学的成果之一，所以可贺；是致力于“民族分工”的成果之一，所以可嘉。

“寻宇文，初习华风”。（刘知几《史通·杂说中》）华风，是中华民族的风华，自然而然内在“民族特色”。“稍近华风，遂脱瘴死。”（苏辙《移岳州谢状》）华风，是经济学人好作品，学术文采都站在前沿。“华风濡染变狂獠，光气将开色色新。”（赵翼《经临途次杂纪以诗》之三）华风，是经济学院“学术立院”圭臬、“服务社会、培养人才、传承文化”宗旨的彰显。不欲扬名立万于经济学江湖，旨在为经济学殿堂添砖加瓦。“华风”文库的问世，还仅是西南民族大学经济学院“少年不识愁滋味”的一个起点，我们有理由期待着西南民族大学经济学院在“民族分工”领域做出更大的努力和贡献。

周兴维
2012 年 6 月 16 日
识于西蜀凤栖山莲溪山庄

CONTENS

目 录

3. 幸福理论与国民幸福感现状

4. 收入不平等与幸福感关系理论基础与机制

5. 收入不平等影响民众幸福感的实证检验

图目录

CONTENS

表目录

1. 绪论

1.1 问题提出

改革开放以来，中国经济迅猛发展，尤其是近10年来，经济建设取得了举世瞩目的成就（见图1-1）。1978年，我国国内生产总值只有3645亿元，在世界主要国家中位居第十位，人均国民总收入仅190美元，位居全世界最不发达的低收入国家行列。到2007年，国内生产总值已经达到了249530亿元，经济总量仅次于美国、日本和德国，排名第四，人均国内生产总值也迅速攀升至18934元，扣除价格因素，2007年比1978年增长近10倍，30年间经济实现世界少有的年均9.8%的增长速度。按照世界银行的划分标准，我国已经由低收入国家跃升至世界中等偏下收入国家行列[①]。到2010年，国内生产总值达397983亿元，相当于全球GDP的8.5%，超过日本成为全球第二大经济体[②]。

① 数据来源：国家统计局网站，http://www.stats.gov.cn/ztjc/ztfx/jnggkf30n/200810/t20081027_65687.html.

② 引自大河网，http://newpaper.dahe.cn/hnsb/html/2011-01/21/content_455758.htm.

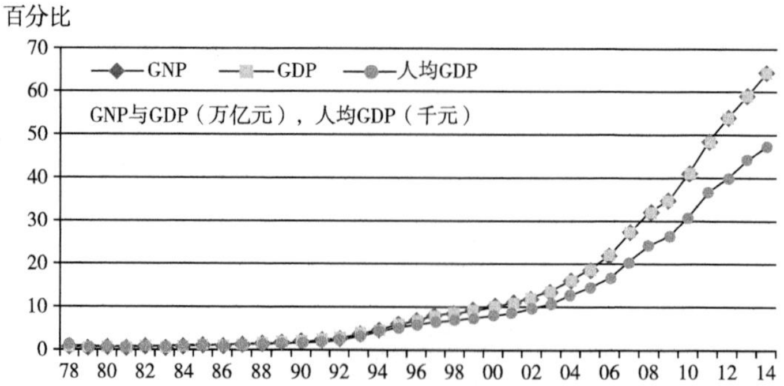

图 1-1　改革开放以来我国国内生产总值和人均国内生产总值的变化趋势

资料来源：根据国家统计局统计数据绘制。

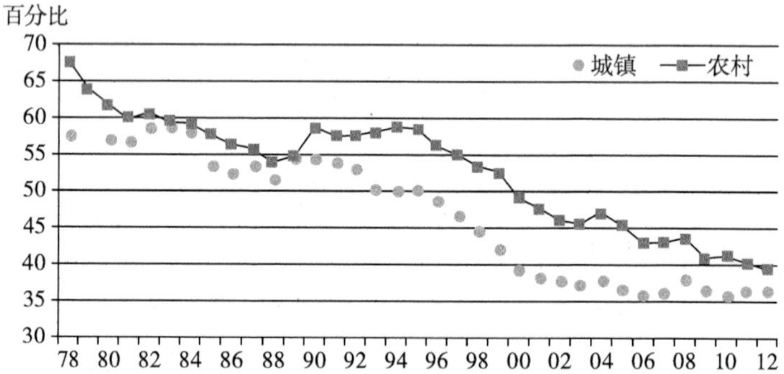

图 1-2　改革开放以来我国城乡恩格尔系数[①]变化趋势

资料来源：根据国家统计局统计数据绘制。

随着我国经济快速增长，人民收入水平大幅提高，人民生活水平[②]也随之逐步提高，从基本消除贫困到解决温饱，再到实现总体小康，正在向全面建设小康社会目标迈进。城镇居民人均可支配收入和农村居民人均年纯收入剔除价格因素，按 1978 年不变价格计算，1978—1995 年，两者分

① 恩格尔系数（Engel's Coefficient）：指食物支出金额在消费性总支出金额中所占的比例，是国际上通用的衡量居民生活水平高低的一项重要指标，一般随居民家庭收入和生活水平的提高而下降。计算公式为：恩格尔系数 = 食品支出金额/消费性总支出金额 × 100%，该系数由德国统计学家恩格尔提出，因此而得名。

② 生活水平包括一系列满足居民物质生活需要和精神生活需要的内容，一般用指标体系来测定，1978 年联合国修订的《社会和人口统计体系》（SSDS）文件专辑，提出测定生活水平的 12 类指标：出生率、死亡率及其他人口学特征；医疗卫生条件；食品消费；居住条件；教育和文化；劳动条件和就业率；居民的收入和支出；生活费用和消费价格；运输工具；休息的安排；社会保障；人的自由。每一类又规定了若干局部性指标。对生活水平的测定也有主要使用某一单项指标的，如：人均国民收入指标，实际收入水平指标，实际消费水平指标，人均寿命指标，恩格尔系数，人均卡路里或蛋白质摄取量指标等。

别增长了4.3倍和3.1倍,1995—2012年,分别增长了1.45倍和1.64倍①。从图1-2可知,改革开放以来,我国城乡居民的恩格尔系数基本上是呈下降趋势。由于医疗技术的提高和医疗条件的改善,社会保障制度的健全,人们的健康水平也在不断提升。各阶段入学率均稳步提升,逐步普及义务教育,人民的教育水平和素质也在逐步提高。此外,穿着、饮食、居住、交通等方面都也有巨大的改善。总之,生活方方面面的变化都折射出人民生活水平在不断提升。

然而,生活水平并不等于生活质量②,经济快速发展、生活水平不断提高,并不意味着人们的生活质量也会随之提高(无鸣,2004)。盖洛普(*Gallup*)公司利用其在1994、1997、1999、2004年进行的四轮调查获取的数据分析发现,在这四次调查中,中国居民生活感觉满意(包括比较满意和非常满意)的比例分别为78.125%、72%、69%和63%③,呈持续下降趋势(Burkholder,2005)。中国社会科学院发布《2007:中国社会形势分析与预测》中的中国居民生活质量调查报告显示,2004—2006年,城乡居民的幸福感有下降趋势(3.79分→3.72分→3.64分)④。根据学界公认的研究居民生活满意度和幸福感的权威数据世界价值观调查(World Values Survey)中的中国数据分析发现,"非常幸福"的比例从1990年到2001年是一直下降的,到2007年又有所回升,但仍然低于前两轮的占比;将"非常幸福"和"幸福"两类合并归为幸福类,1990—1995年幸福类占比明显上升,但从1995年之后则持续下降;我们也考察了另一项指标生活满意度,通过计算生活满意度评分在6分及以上的人群占比,发现其结论和"非常幸福"的结论一样(见图1-3);但总的来讲,这些年居民的幸福感并没有提升,反而有些下降。网易新闻指出从20世纪90年代开始的20年经济高速增长期中,中国人均主观幸福指数并没有随着财富同步高速

① 根据国家统计局数据计算。

② 中国经济导报[N].2006-04-27(A01).

③ 数据来源:http://www.gallup.com/poll/14548/chinese-far-wealthier-than-decade-ago-they-happier.aspx,由于1994年调查采用5分量表与后三轮的四分量表不一致,有约38%的人选择中间,我们按照不满意和满意的比例将这部分拆分为不满意和满意。

④ 调查中使用5级量表赋值方法,1—5分别表示非常不幸福到非常幸福。

上升,反倒有所下降①。同他国比较而言,盖洛普在2004—2009年对全球155个国家及地区居民进行了幸福感调查,发现中国大陆仅位列第125位,倒数第30名,在这份全球幸福感比拼上,中国不但落后于发达国家,而且还不及我们的邻居印度②。

这一引人反思的现象早在1974年就被美国经济学家Richard A. Easterlin发现,即当国家变得富有时,国民的平均幸福感水平却并没有随之提升,这就是著名的"幸福悖论"③,这一现象已经在美国、英国、日本等发达国家出现,引起了众多经济学者的关注,他们从不同的角度探讨"幸福悖论"出现的原因④,现在中国同样也面临这一困境。

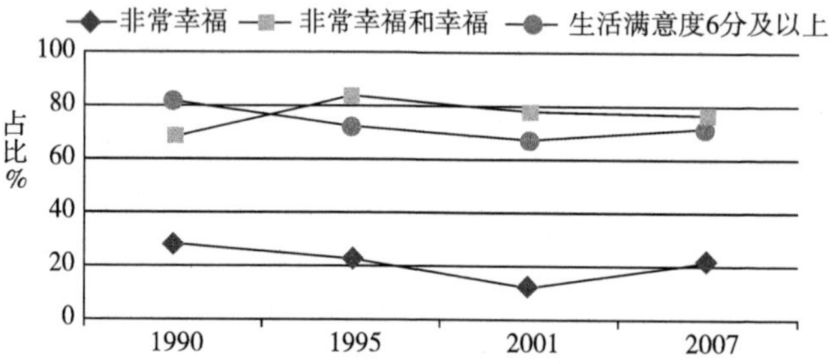

图1-3 世界价值观调查的幸福感与生活满意度

资料来源:根据世界价值观调查数据计算。

这到底是怎么啦?曾经以为富足是幸福的,楼上楼下电灯电话的美

---

① 网易.[EB/OL].http://data.163.com/13/0207/17/8N4K7D3N00014MTN.html.

② 引自中国新闻网,[EB/OL].http://www.chinanews.com/gj/2010/07-16/2405480.shtml,2010-07-16.

③ 详细介绍参见后续章节。

④ 目前文献中对幸福悖论的解释进行归纳,发现主要有四种观点:第一,个体的收入和消费行为中存在攀比效应,Easterlin(2001)认为个体的效用与自身的收入和消费水平正相关,但与参照群体的平均收入和消费水平负相关;第二,个体的收入和消费行为中存在棘轮效应,费雷和斯塔特勒(2006,中译本)认为当期收入和消费对个体效用与其往期收入和消费水平负相关,但随着自身收入和消费的变动,个体也会相应地调整其期望效用水平;第三,非物质因素对福利水平有重要影响,Diener & Seligman(2004)认为不仅收入和消费会影响人们的效用水平,而且那些被GDP核算忽略的指标,特别是非物质因素如教育、健康、婚姻质量、就业状态等,也会影响人们的幸福水平;第四,幸福度的定点理论,该理论认为随着时间的推移,人们的幸福感都会回到某个给定的水平,幸福感实质上主要依赖于绝对的主观因素,如基因、性格或者是通过继承而获得的容忍和克服生活困难的能力,该理论的公共政策涵义是任何旨在提高个体福利的计划都是无效的(Graham,2005)。该段描述引自何强(2011)。

景曾引来无限的遐想。然而,当这一切早已变成现实的时候,却发现幸福并没有如期而至;曾经把工作和劳动当成幸福,但如今的工作却变成了枷锁;曾经把速度和效率当成幸福,但如今的速度却让大家疲于奔命……时代在发展,社会在进步,那些曾经的梦想在人们手中一步一步变成现实,但心中的那份幸福却仿佛依旧原地踏步,甚至还正在与我们渐行渐远。这究竟是何缘由呢?

目前,许多人已经注意到,我国改革开放近40年,经济方面取得了举世瞩目的成绩,构成了中国奇迹的重要支柱。但与此同时,我国经济社会的不平等问题也日趋严重,引起了社会的广泛关注。据国家统计局的数据,1978年中国的基尼系数为0.317,自2000年超过国际警戒线0.4,达到0.412,而到2004年,国家统计局公布的全国基尼系数已经超过0.465,逼近0.47。2013年国家统计局局长马建堂在国务院新闻办公室新闻发布会上公布中国全国居民收入基尼系数为2003年0.479,2004年0.473,2005年0.485,2006年0.487,2007年0.484,2008年0.491,2009年0.490,2010年0.481,2011年0.477,2012年0.474,数据显示该指数在2008年达到峰值,然后逐年回落①,但无论如何基尼系数始终处于高位。

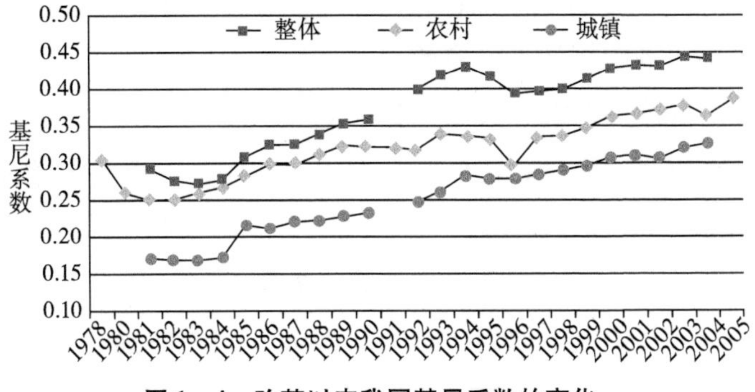

图1-4 改革以来我国基尼系数的变化

资料来源:转引自程永宏. 改革以来全国基尼系数的演变及其城乡分解[J]. 中国社会科学,2007. 数据源于表1,经作者绘制。

① 国家统计局统计司. [EB/OL]. http://www.stats.gov.cn/tjgz/tjdt/201301/t20130118_17719.html.

图 1－4 则是学者程永宏(2007)根据国家统计年鉴数据和相应的计算方法进行的基尼系数测算,我们在此加以引用,基尼系数是国际通用的衡量收入差距状况的指标。如图 1－4 所示,不难发现,无论是整体基尼系数还是城乡内部的基尼系数,尽管它们在改革开放进程中多次出现反复,但从图中可以看出,它们总的趋势一直都是上升的;赵人伟和李实(1997)估计 1988—1995 年全国基尼系数从 0.382 上升到 0.445;李实等(2013)估计 2002—2007 年的基尼系数从 0.455 上升到 0.478;谢宇等(2014)估计 2010—2012 年期间基尼系数大约在 0.53～0.55①。西南财经大学“中国家庭金融调查与研究中心”发布的《中国家庭金融调查报告》与《中国家庭收入不平等报告》,2010 年我国收入的基尼系数达到 0.61,城镇家庭内部 0.56,农村家庭内部 0.60(甘犁等,2012)。此外,收入差距是多方面的,大量的证据表明我国各种收入差距均在不断扩大,如城乡收入差距(李实,2003)、地区收入差距(王云飞,2007)、行业收入差距(陈钊、万广华、陆铭,2010)等,而且目前还没有证据证明我国的收入差距正如库兹涅茨倒“U”形曲线假说②所预测的那样出现拐点,而且 2011 年 5 月 30 日的《文汇报》刊文指出库兹涅茨曲线不能解释中国的收入差距③。总而言之,从上面论述可以看出,无论是官方还是民间科研机构与人员给出的数据均显示自改革开放以来全国收入差距总体上在不断扩大,远超国际警戒线,而且长期处于高位。

如此严重且不断恶化的经济社会不平等问题已经并将继续对社会发展、人民生活的诸多方面造成严重的危害,威胁着社会公正,制约着经济和社会发展的若干关键方面。比如收入差距过大已经成为中国居民过度储蓄和消费不足的重要原因(王小鲁,2007),也是中国社会阶层固化、对立和冲突的重要原因(孙立平,2003;中国社会科学院陆学艺课题组,

① 转引自詹鹏.我国个人所得税的再分配效果分析[J].北京工商大学学报:社会科学版,2015(7).

② 库兹涅茨曲线(Kuznets curve),也称倒 U 曲线(inverted U curve)、库兹涅茨倒 U 字形曲线假说。美国经济学家西蒙·史密斯·库兹涅茨于 1955 年所提出的收入分配状况随经济发展过程而变化的曲线,是发展经济学中重要的概念。

③ 引自人民网.[EB/OL].http://finance.people.com.cn/GB/14772532.html.

2010)；收入差距的扩大可能阻碍经济的可持续增长(Aghion et al. ,1999；Benjamin et al. ,2006)；日益加剧的不平等可能导致更高的暴力犯罪水平(Hsieh & Pugh,1993；Choe,2008)，频繁的社会冲突(Alesina & Perotti,1996)，社会的信任感降低(Uslaner,2002)，居民健康的恶化(Asafu - Adjaye J,2004；Li & Zhu,2006；Wilkinson & Pickett,2006)，社会资本投入的减少与社会关系的恶化等等(Wilkinson,2005)，并最终影响到社会稳定与和谐。

那么，作为人类不懈努力、奋斗不息的终极目标幸福又会受到经济不平等怎样的影响呢？温家宝总理在2011年全国两会前，与网友交流时说"幸福是让人们生活得舒心、安心、放心，对未来有信心"。幸福是一种感受、一种令人身心愉悦的心理体验，这种感受的获得不只来自物质上的富足，更需要社会营造公正与和谐的氛围(崔滨,2011)。

近年来，经济不平等和幸福的话题均引起研究人员的广泛关注，涉及经济学、人口学、社会学等众多学科，积累了大量的文献资料。图1-5描述了自2000年1月1日至2016年12月31日，以收入差距或者收入不平等为篇名和主题，从"中国知网(CNKI)"检索到的学者们关于我国经济不平等问题的研究文献的数量统计，单位为篇。从中可以看出，一直以来，经济不平等问题受到学者们的广泛关注，特别是近10年来关注程度进一步增强。

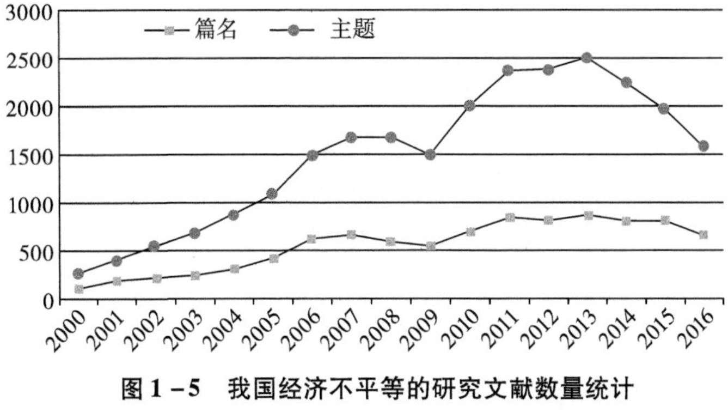

图1-5　我国经济不平等的研究文献数量统计

资料来源：中国知网。

图 1 – 6 描述了在相同时间段，以幸福为篇名和主题的研究文献数量统计。在 2000—2005 年，幸福文献相对较少，经过 2006—2010 年的缓慢增长，到 2011 年出现了井喷式的增长。此后几年略有下降趋势，但仍处于高位，研究者对此依旧高度关注。

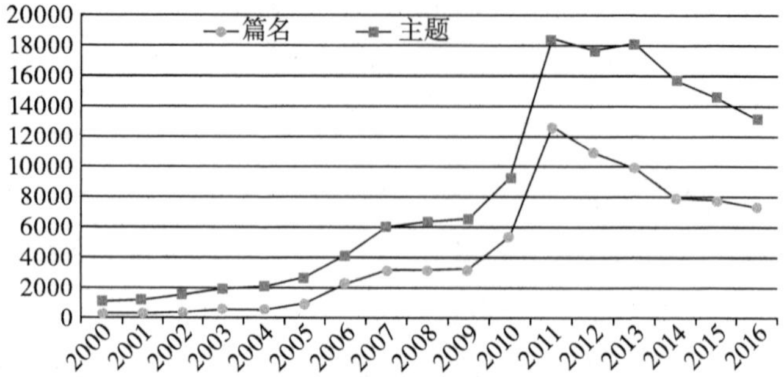

图 1 – 6　我国居民幸福研究文献数量统计

资料来源：中国知网。

图 1 – 7 是在相同时段，以“收入差距”或“收入不平等”与“幸福”为篇名和主题在 CNKI 中的搜索结果。从中不难发现，经济不平等与幸福的关系的研究文献相比二者在各自领域的研究几乎可以忽略不计，而且都是近几年才开始关注。

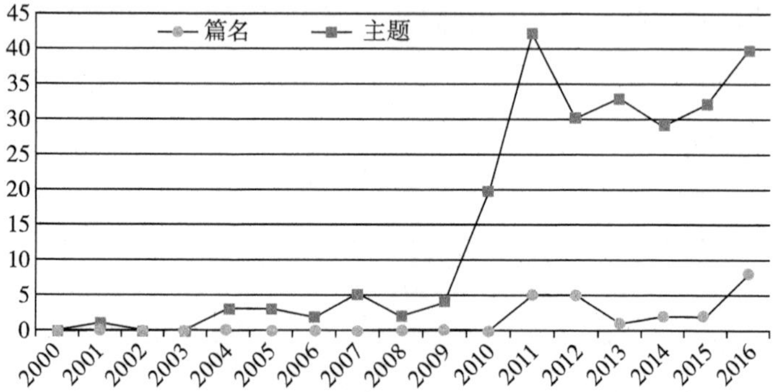

图 1 – 7　我国经济不平等与幸福研究文献数量统计

资料来源：中国知网。

总之，从图 1 – 5、图 1 – 6 和图 1 – 7 中可以看出，学界对于中国经济不平等与民众幸福的研究相对不足，而且也不够系统。姚洋（2004）指出要使社会中各相关利益方能够和睦而有尊严地共处，并分享社会合作带来的剩余,必须调整社会群体利益分配的机制,从而创造对社会和经济改革的认同和共识。由此可以看出,利益分配导致经济不平等对于和谐社会建设和民众幸福都具有重要的影响。然而现有研究视角很少涉及这个方面。基于这样的考虑,本书选择探讨经济不平等如何影响人们的幸福生活为主题,并进行深入分析,以期能够对我国目前正在进行的收入分配体制改革、促进民生幸福和和谐社会建设有所帮助和指引。

1.2 研究内容与意义

本书基于时下党和我国政府大力提倡民生幸福工程、促进民生幸福的启示,并在大量阅读经济学、社会学、政治学等相关国内外文献和结合中国当前发展阶段的现实状况的基础上展开研究。本书重点在于考察我国居民收入差距同民众幸福感之间的关系。国际上这方面的研究确实是一个热门话题,由于现有国外研究没能考虑中国自身的实际情况,因此这方面的研究结论可能并不适合中国,而且目前国内学者在这方面的研究还有很大不足,缺乏系统研究,因此本书主要针对国内的情况进行较为系统的研究。当然,本研究也不是对国外研究的简单重复,而是可以与国外研究的结论进行比较,丰富幸福经济学在发展中国家的研究。具体思路如图 1 – 8 所示。

首先是介绍本书研究的背景、研究意义,由此引出研究问题;其次是对不平等和幸福的相关理论进行回顾和梳理,并结合本研究使用的数据对我国的收入不平等状况和民众的幸福感状况及其发展变化趋势进行分析;然后从理论上理清收入差距对居民幸福感产生影响的可能性、怎样的影响以及影响的路径机理;在此基础上,运用计量经济学的相关模型分别从总体、城镇与农村内部、城乡之间等视角考察收入差距对居民幸福感的影响到底是怎样的。收入差距除了直接影响民众幸福感之外,也可能通过诸如社会安定、社会信任等中介变量对居民幸福感产生间接影响,因此,本书也对收入差距影响幸福感的间接影响路径进行了考察。由于我国目前正处于社会转型的关键时期,那么随着时间的推移,收入差距对居

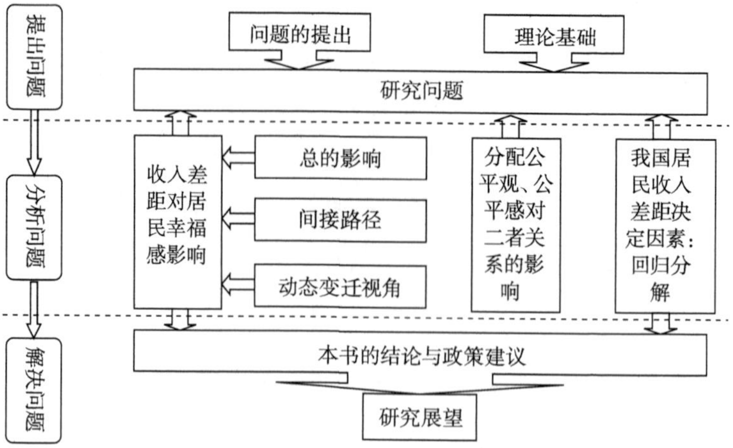

图 1-8　本书的逻辑框架图

民幸福感的影响是否会保持一致呢？为此从动态变迁的视角考察了这一关系的具体发展情况也是非常有必要的。不同的人因为自身知识文化水平和环境等差异可能会在对收入差距的态度以及对收入差距的认识感知等方面存在较大差异，所以本研究也考察分配公平观、分配公平感对于二者关系的影响。鉴于收入差距对人类幸福的影响，全面考察收入差距的决定因素就显得尤为重要，利用最新发展起来的基于回归方程的分解方法实证检验了我国城镇和农村居民收入差距的决定因素，为深化收入分配体制改革提供参考。最后是本书的结论、政策建议和对未来研究的展望。

本书研究具有较为广泛的理论和现实意义，具体如下：

首先，中国梦就是人民的幸福梦。在建设和谐社会、努力实现中国梦的背景下，深入分析和研究中国居民的幸福感，不仅是理论发展的必然趋势，也是符合社会实践的必然要求。幸福感是一个社会人心向背的晴雨表，是社会历史进程的催化剂，也是精神文明建设的指示器。当下，党和政府极大关注民生，为提升民生幸福而不懈努力奋斗，因此，了解人们的情绪和心态，关注人们的幸福感，有着重要的现实意义。

其次，收入不平等问题是一个世界性的话题，尤其是我国改革开放发展至今，收入差距问题已经成为我国最为突出的问题之一。当下我国经济处于转型的关键时期,深化收入分配制度改革势在必行,深入探讨我国的收入差距现状、发展趋势及其成因,为深化收入分配体制改革和努力将我国收入差距控制在合理的范围以内提供了参考。

第三,从人民幸福的视角来全面考察收入差距,理清收入差距对居民幸福感影响的机理,通过大量实证研究来检验中国现实环境中二者的关系,探讨收入分配制度所带来的收入差距如何影响我国居民的幸福感,把握我国居民幸福感的变化规律以及收入差距的成因。以政府和人民所追求的终极目标幸福作为评估收入差距影响的指标,本研究的现实意义就不言自明了,研究结论将会对完善我国收入分配制度和改善收入差距、制定有利于国民幸福感增加的分配制度提供借鉴,从而让民生更加幸福,社会更加和谐。

最后,本书也扩展和丰富了我国的幸福经济学研究。

1.3 研究数据简介

本书中运用的数据来源众多,包括了相关统计年鉴、国家统计局网站、网络和引用他人数据,在书中相应位置均进行了备注说明。在此重点介绍本书使用的核心微观调查数据——中国综合社会调查(Chinese General Social Survey,CGSS)数据库,该调查宗旨是系统而全面地收集中国人行为、态度以及生活、工作等基本信息,进一步反映中国人的行为与思想模式以及社会结构,通过持续性的调查反映中国社会变迁的趋势,并推动跨国比较研究的发展。该调查始于2003年,是我国最早的全国性、综合性、连续性学术调查项目。CGSS系统全面地收集社会、社区、家庭、个人多个层次的数据,总结社会变迁的趋势,探讨具有重大科学和现实意义的议题,推动国内科学研究的开放与共享,为国际比较研究提供数据资料,充当了多学科的经济与社会数据采集平台。CGSS使用了三套不同的抽样方案:2003—2006年抽样方案、2008年实验性抽样方案、2010年抽样方案。这三套抽样方案从原则上都采用多阶分层PPS随机抽样,但在所基于的抽样框、分层变量、抽样阶段上有所不同,以求最有效地代表中国社会的各方面情况。该调查的详细资料参见中国综合社会调查的官方网站①。

目前,该调查已开展多次,现已经对外免费发布了 2003、2005、2006、2008、2010、2011、2012 和 2013 年度数据,有关调查年份样本描述见表 1-1。CGSS 数据已成为研究中国社会最主要的来源数据,广泛地应用于科研、教学、政府决策之中,并取得了非常丰富的成果。

表 1-1　CGSS 数据样本情况描述

	样本量			调查省(直辖市、自治区)	
	总体	城市	农村	个数	备注(未调查)
2003	5894	5894	0	28	西藏、青海、宁夏
2005	10372	6098	4274	28	西藏、青海、宁夏
2006	10151	6013	4138	28	西藏、青海、宁夏
2008	6000	3982	2018	28	海南、西藏、青海
2010	11783	7222	4561	31	
2011	5620	3229	2391	26	内蒙古、海南、西藏、宁夏、新疆
2012	11765	7077	4688	29	海南、西藏
2013	11438	6954	4484	28	海南、西藏、新疆

数据来源:作者整理。

① http://www.chinagss.org/index.php? r=index/index.

2. 不平等理论与中国居民收入差距现状

2.1 不平等理论

2.1.1 不平等理论评析

为什么人们如此关注不平等,或者说平等为什么那么重要呢? 现实生活中,不平等几乎无处不在,涉及生活的方方面面。社会的平等和不平等影响到整个社会的福利。最底层的人的福利会受到不平等的影响,这是很显然的,社会越不平等就越没有希望、没有出路,但是在整个社会中,不单单是社会底层,包括社会高层人群也会受到不平等的影响。为什么? 首先从社会公正的角度来看,每个人都希望生活在一个公正、公平的社会,通过劳动获取报酬,而且是一个相对合理的报酬,成功与否不取决于出生在什么样的家庭或出生在什么地方,而是经过自己的努力能够取得成功,这是所有人都希望的。再者,社会的发展和经济的增长都不是在一个静止的环境里面,而是在动态的环境里面,需要做经常性的、政策性的、结构性的调整。如果社会相对比较平等、一些社会共识比较容易达成,调整就比较容易实施;分配不平等对经济发展尤其是中期和长期的经济发展是没有好处的。此外,严重的不平等可能导致政治和社会不稳定,这种不稳定又会阻碍经济和社会的发展。总而言之,平等对社会发展是非常重要的。

对不平等的考察是从关注平等开始的，平等理论是一种重要的理论，自20世纪70年代以来，在约翰·罗尔斯《正义论》的影响下，政治哲学的主题由“自由”转换为“平等”，这也使得平等理论成为当代政治哲学中最为重要的理论之一，以至于当今任何一种具有一定可信度的政治理论基本上都在某种程度上诉求平等或者至少没有公开反对平等，否则就缺乏吸引力（高景柱，2015）。罗归国（2004）总结美国政治学家乔·萨托利论述平等的五个方面：一是法律政治平等，它关注的是使每个人都有相同的法律和政治权利，即反抗政治权利的法定权利；二是社会平等，它关注的是使每个人都有相同的社会尊严，即反抗社会歧视的权利；三是作为平等利用的机会平等，它关注的是使每个人都有相同的进取机会，即靠自己的功绩获得利益的权利；四是表现为平等起点的机会平等，即为了平等地利用机会，从一开始就应该具有平等的物质条件，它关注的是使每个人从一开始就有足够的权利以便得到相同的能力而与其他人并驾齐驱；五是经济相同性，就是要么使大家有相同的财富，要么一切财富归国家所有，它关注的是不给任何人以任何特殊的经济权利。作者在评述时也指出该政治伦理理论存在瑕疵，但阐述的两种机会平等却值得大家重视。刘娟（2007）对当代西方平等理论进行评析时指出当代西方平等理论是对近代的超越，包括从原则性研究上升为制度性研究、从平等与自由组合到平等与自由的对立、从满足于形式平等到追求经济平等和精神平等，尽管有超越但没有实现根本性突破。高景柱（2015）对当代西方平等理论的三种（福利平等、资源平等、能力平等）分析路径进行评析，分别以福利效用、资源和可行能力为主要关注对象，前两种分析路径都没有将平等和责任成功地调和在一起，由阿玛蒂亚·森提出的可行能力平等理论指出，可行能力指人有可能实现的、各种可能的功能性活动（该概念反映一个人认为值得去做或达到的多种多样的事情或状态）组合。森的可行能力平等理论关注的焦点在于人们实际上能够利用资源做什么，能够处于什么状态，这种平等理论用人们可达到的成就的自由来测量人们利益的大小，并关注人们获得成就的自由。文中作者也指出森的可行能力存在诸如如何衡量各种可行能力的权重等有待解决的问题。郭兴利（2015）对阿玛蒂亚·森的不平等理论进行论述,首先分析森所揭示的以往的平等理论对不平等的遮蔽问题,阐明森有关不平等本质的理论,最后也论述了森的不平等理论的现实价值。王结发(2015)考察了查尔斯·蒂利的不平等理论,首先介绍当今有广泛影响的四种(文化解释、功能解释、强制解释和竞争解释①)不平等理论,分别依据各自强调的关键因素所制定的标准,将四类要素②分配给不同的个人,由此导致人与人之间的不平等。蒂利基于类型差异对有价值资源分配的影响,发展出一种不平等的"关系解释"理论,具体有"剥削、机会积累、效仿和适应"四种机制,前两种建立起不平等的边界,后两种使不平等关系嵌入日常事务之中并使之变得稳定;类型关系所确立的边界在其中发挥着关键的组织作用,它塑造着能力和关系的不同积累,使得类型差异成为有价值资源分配的依据,从而导致组织成员之间以及不同类型成员之间的不平等。李石(2016)在乔万尼·萨托利《民主新论》的基础上提出了平等理论谱系:存在的平等、法律-政治平等、前途向才能开放的机会平等、拉平社会境况的机会平等、拉平社会境况和自然禀赋的机会平等和福利平等,其中,存在平等理论强调人们在道德意义上的平等,权利平等理论强调人们在政治和法律层面的平等,而机会平等和福利平等则与人们在经济和社会领域的平等相关。

弗兰克·考埃尔(2015)在人民日报上刊文指出,考察经济不平等的三个维度是:收入、财富和流动性。但经济学者关注较多的是经济变量的不平等,尤其是收入的不平等(万广华,2008)。本书将关注的重点放在收入不平等。

收入分配和收入差距问题一直以来都是经济学中的研究热点问题,国内外有大量的经济学者对不平等问题进行了深入考察,并涌现出大量

① 文化解释依据价值体系,认为不平等主要是因为民众持有不同信仰、价值观,并进行不同实践,使得不同群体获得不同的分配地位;功能解释依据社会需求,认为不平等主要是因为人们对于完成社会目标的贡献不同而产生的;强制解释以征服为基础,认为不平等主要是权力的使用导致的结果;竞争解释以效率为基础,认为不平等主要是因为个人或更大社会单位因其具有不同属性和表现,而获得不同的奖励。转引于王结发.不平等的社会机制[J].甘肃理论学刊,2015(11).

② 一套位置(工作、公共职位、住所和声望);附着于这套位置上的奖励的不均等分配;引导人们进入不同位置的选择机制;不同特征的人,这些特征构成选择的标准。转引于王结发.不平等的社会机制[J].甘肃理论学刊,2015(11).

以不平等为主题的著作。其中,比较早的有18世纪法国著名的启蒙思想家卢梭(1755)①,他认为,人类不平等的根源不是在自然状态中,而是在社会里。在自然状态中,人们互相之间没有交往联系,各自在自己的世界里自由自在地生活,也就没有人与人之间的不平等。而随着人们交往的频繁和密切,人们开始相互关注,这就向不平等迈出了第一步。至于不平等的形式,他将其区分为自然的不平等和人为的不平等,前者是先天的原因造成的,包括个人的性别、民族、家庭等,后者是由后天原因造成,包括个体的社会地位、文化水平、收入水平等。卢梭将不平等的发展分为三个阶段:第一阶段为私有制的产生,私有制的产生促使了社会不平等的发展,出现富人和穷人的对立状态;第二阶段为国家的产生,从政治上确立了富人对穷人的统治;第三个阶段为政府权力腐化,是合法的权力变为专制的权力,产生了奴隶主和奴隶的不平等状态(吴敏,2012)。阿玛蒂亚·森(2006)②合集出版了两本论述不平等问题的专著《论经济不平等》和《不平等之再考察》,前者主要考察了经济不平等的各种测量方法,讨论与之相关的分配原则问题,并对有关经济不平等、贫穷和福利经济等问题做了详尽论述;后者是对不平等进行的重新审视,致力于对平等的本质和如何达到平等要求的探讨。威尔金森和皮克特(2010)③指出因收入差距而引发的不平等是各种社会问题的根源。两位学者选取了全球最富裕的国家中的23个国家的数据和美国50个州的数据,从9个社会梯度包括社区生活和社会关系、精神健康和药品使用、身体健康与寿命预期、肥胖、教育、青少年怀孕、暴力、监禁与惩罚、社会迁移等,书中多使用描述统计的方法论述了不平等与它们的关系,发现当一个国家或者美国某一个州的不平等程度较高,在那些具有明显社会梯度的问题上,往往都表现得不好。作者在该书的第三部分也给出了解决不平等问题的答案和出路。

---

① 让·雅克·卢梭.论人类不平等的起源和基础[M].黄小彦,译.南京:译林出版社,2013.

② 阿玛蒂亚·森.论经济不平等·不平等之再考察[M].王利文,于占杰,译.北京:社会科学文献出版社,2002.

③ 理查德·威尔金森和凯特·皮克特.不平等的痛苦:收入差距如何导致社会问题[M].安鹏,译.北京:新华出版社,2010.

斯蒂格利茨(2013)[①]以美国作为讨论的对象,先详细地叙述了目前社会不公平的现状,提到了不公平社会存在的隐忧以及市场的失灵、政府的失能。接着深入叙述了不公平带给民主、社会的伤害,甚至造成了法律的不公,并指出社会因为这样的不公平已经付出了太多的代价。最后针对目前的状况,提出了很多政府在政治、经济制度上应该需要的思考。安格斯・迪顿(2014)[②]分析了不平等导致了哪些问题;不平等到底是有益于发展还是有害于发展;所谈论的各种不平等中,哪些是至关重要的;让少数人先富起来,是否对社会有好处;如果没有好处,那让一部分人先富起来的规则和制度是否正确;富人会不会限制穷人对社会运行管理的影响力,以保证自己的利益;健康不平等是否和收入不平等有相似之处,或者二者是否存在某些差别;这些不平等真的总是不公正的吗,还是它们会带来一种更高层次的善。迪顿认为不平等是社会发展的一种后果,但不能将其理解为合理的社会现象,不平等就像硬币的两面,既可能促进社会发展,也可能阻碍社会发展,认识不平等并采取措施减少不平等是一种必然的社会要求。托马斯・皮凯蒂(2016)[③]从不平等的衡量及其演变、劳资不平等、劳动收入不平等和再分配工具这四个方面比较全面地研究不平等的问题。他不但对失业、社会分化等问题给予高度重视,还论述了资本和劳动的关系、不同税收体系的效果、教育和科技变革对不平等的影响,以及公平和效率之间的关系等一系列重要问题。他认为,“不平等带来的剥夺感,使处于社会底层的人食不果腹,他们必定是极不快乐的。这种极端的不平等还会对社会造成极大伤害”。安东尼・阿特金森(2016)[④]与大多数只重点论证不平等成因和历史趋势而对政策措施着墨甚少的学者不同,他在著作中既说明了导致不平等的原因,尤其是公共政策方面的

① 约瑟夫・E. 斯蒂格利茨. 不平等的代价[M]. 张子源,译. 北京:机械工业出版社,2013.

② 安格斯・迪顿. 逃离不平等:健康财富及不平等的起源[M]. 崔传刚,译. 北京:中信出版社,2014.

③ 托马斯・皮凯蒂. 不平等经济学[M]. 赵永升,译. 北京:中国人民大学出版社,2016.

④ 安东尼・阿特金森. 不平等,我们能做什么[M]. 王海昉,曾鑫,刁琳琳,译. 北京:中信出版社,2016.

原因,更在此基础上,提出了15条遏制收入不平等扩大的激进建议①,并针对这些政策建议的效果进行了量化分析。道格拉斯·多德(2011)②论述了财富和权力的不平等随着全球资本主义的发展已经涉足新的方面,而且这些方面在早先并不为人所知。他在书中用丰富而真实的内容批判了到处肆虐并将人们带入经济危机的不平等,揭示了不平等是当今世界金融灾难的核心原因。类似的,马修·德雷南(2017)③通过论述不平等的加剧对家庭债务与储蓄带来影响的视角,用历史数据最有力地证明了收入不平等的加剧会导致家庭债务无法支撑,进而产生严重的经济危机。其同样强调过去几十年不断加剧的收入不平等可能是金融危机的成因之一。

宋晓梧等(2013)④召开了专门探讨收入分配的学术研讨会,学者们全面论述了中国收入分配的基本现状、最新趋势、产生机制、后果及影响,提到改革早期不平等水平的升高有效地提升了资源配置效率,并纠正了绝对“平均主义”,但是不平等程度的进一步快速加剧以及新的不平等机制的形成,完全改变了效率与公平之间的简单替换。收入不平等集中体现出中国社会目前面临的各种问题,直接挑战中国经济转型、社会安定与政治治理。不平等水平多年居高不下,不平等在短时间内形成代际传递,社会阶层固化已经快速出现,导致不平等的根源已经制度化,这些都成为中国面临的最重要的挑战。万广华(2008)从实证研究需要的角度,较完整地叙述了收入分配的度量及其分解,并简要讨论了研究中国不平等时应该注意的问题。谢宇(2010)提出了三个主张:第一,中国的不平等在很大程度上是通过集体的中介性因素体现出来的;第二,传统中国的政治意识形态助长了以业绩为基础的不平等,许多中国民众目前还是能够容

① 参见安东尼·阿特金森.不平等,我们能做什么[M].王海昉,曾鑫,刁琳琳,译.北京:中信出版社,2016:208-209, 263-265.

② 道格拉斯·多德.不平等与全球经济危机[M].逸昊,译.北京:中国经济出版社,2011.

③ 马修·德雷南.不平等的收入[M].韩复龄,译.北京:机械工业出版社,2017.书名原文为:*Income Inequality: Why It Matters and Why Most Economicsts Didn't Notice.*

④ 宋晓梧,王天夫,李实,王丰.不平等挑战中国:收入分配的思考与讨论[M].北京:社会科学文献出版社,2013.

忍不平等的现状;第三,目前很多中国人认为不平等是经济发展的一种不可避免的后果,基于此,他认为不平等问题本身在当今中国不太可能造成政治和社会的不稳定。李静君和马克·塞尔登(2011)[①]指出改革开放带来了中国经济的快速增长图景中被人忽视的但持续并加剧了的不平等结构以及这些不平等结构所导致的大量民众反抗行为,该文后来受到学者吴苑华(2017)抨击,其指出两位学者的见解带有严重的偏见和误判,存在很大的商榷空间,并指出对于建国后中国社会的不平等问题需要用历史唯物主义方法来分析,应当看到这一问题的历史成因、地域差异以及外围因素的介入,尤其是看到近来的时间段不平等问题正在不断获得解决。

有大量学者对经济不平等的相关文献进行综述研究。王海港(2005)对收入分配的不平等状况的概念及其度量方法进行了回顾,从实证方法和规范方法两个方面进行,并结合 1988 年与 1995 年的数据对我国城乡分配不平等程度进行了度量,发现无论使用何种度量方法,1995 年我国居民收入分配的不平等程度比 1988 年扩大了。陈建东(2012)较为完整地梳理了国外关于中国收入不平等的文献,包括区域之间的收入不平等、城乡之间的收入不平等、城镇内部和农村内部的收入不平等,新的研究领域如影响收入不平等的新因素以及不平等与福利水平之间的关系等。王原君和游士兵(2014)利用 Web of Science 的搜索功能考察 2009—2014 年初收入不平等领域研究的最新进展、热点与亮点。他们回顾了收入不平等研究领域的奠基性文献和收入分配分析的来龙去脉。文雯和常嵘(2015)对财富不平等理论和政策进行综述研究,按照财富分布的测度、财富不平等的形成机制和抑制财富不平等的政策评估三个方面进行归纳和比较,同时指出国内在上述三个方面的研究都相对不足和滞后。薛宝贵和何炼成(2015)从收入不平等与收入分配不公的概念比较、收入不平等现状、收入不平等扩大的原因、收入不平等对经济增长的影响、对收入不平等的价值判断以及对策等 6 个方面梳理了现有的研究。

① 李静君,马克·塞尔登.中国持久的不平等:革命的遗留问题与改革的陷进[J].张庆红,译.国外理论动态,2011(9),2011(10).

孙敬水(2013a、b)从个体特征与家庭特征、人力资本、物质资本与社会资本、地区因素、劳动生产效率、制度因素等方面分别对我国农村和城镇居民收入不平等形成机理的相关研究进行了较为全面的回顾与综述。陈光金(2010)就中国居民收入不平等的形成机制对已有研究大体归纳为两种模式,第一种为主要甚至完全把这种不平等归因于中国的市场化进程,第二种模式则主要是甚至完全归因于非市场化机制,同时结合微观调查数据进行了实证研究,发现中国收入不平等的成因是复杂的,市场化机制扮演着主要的角色,非市场的结构-制度因素也发挥了不可忽视的作用,还有一些因素所起的作用则具有混合性质。

2.1.2 收入不平等的测度指标

本小节对收入不平等测度的一些常用指标进行简要介绍[①]。包括:份额比例指标、极差、相对平均离差、方差、对数标准差、洛仑兹曲线/基尼系数、广义熵指数、阿特金森指数等。为便于下文描述,统一符号假定为:一个变量拥有 n 个观察值 $y_i, i=1,2,3\cdots n$。平均值为 $\bar{y}$,由此可得每一个观测值的相对份额为 $x_i, x_i=y_i/n\bar{y}$。

1.份额比例测度指标

份额比例测度法又称为库兹涅兹比率,由诺贝尔经济学奖获得者西蒙·库兹涅兹在研究收入分配差距及其度量时提出。份额比例测度法首先将收入数据从低到高进行排序或者分组,然后根据具体方法利用不同分组的不同部分进行计算。可以分为绝对份额比例和分位点比率测度指数两种(刘志伟,2003)。

绝对份额比例测度指数比较典型的有 5 分位和 10 分位比例,把人口按照收入由低到高排序后,在将人口 5 等分或 10 等分,以某个 5 等分或 10 等分人口所占有的收入份额作为收入分配不平等测度指数。

分位点比率测度指数是同样排序后,以某一个高分位点所对应的收

① 关于不平等程度测度方法的详细介绍和综述,请参见刘志伟(2003)、贾俊平和谭英平(2003)、阿玛蒂亚·森(2006)、万广华(2008)、龚志民和熊唯伊(2016)等。

入除以某一低分位数的收入，进而得到一个比率测度指数，最常用的包括如下：

$$90_{th}/10_{th}、80_{th}/20_{th}$$

2. 极差

极差(Range)，又称全距，是统计数据资料中最大值与最小值之间的水平差距，也可以定义为其差距与变量平均值之比。

$$极差 = (Maxy_i - Miny_i)$$

或者，

$$极差 = (Maxy_i - Miny_i)/\bar{y}$$

用来反映变量分布的变异范围和离散幅度。如果变量取值分布绝对平均，那么极差等于零。极差作为一种测度方法有一个明显的缺陷，即它只指明了测定值的最大离散范围，而未能利用全部测量值的信息，不能细致地反映测量值彼此相符合的程度。它的优点是计算简单，含义直观，运用方便，故在数据统计处理中仍有着相当广泛的应用。

3. 相对平均离差

相对平均离差，是比较变量的每个观察值与平均值的差异，将全部差值的绝对值加总，再把这个加总值与变量总和相除。

$$相对平均离差 = \sum |y_i - \bar{y}|/n\bar{y}$$

变量取值绝对平均，那么相对平均离差等于零。相对平均离差越大，说明分配越不平均。相对平均离差的主要不足在于，对位于平均值以下的观察值到以上的值进行转移或者反方向转移时，没有敏感性。

4. 方差

方差是费雪(1918)首次提出，与相对平均离差不同的是，方差是将离差平方以后再相加，是概率论中用来度量随机变量和其数学期望(即均值)之间的偏离程度的一个指标。方差大表明数据波动也大，反之则反。

$$方差 = \sum (y_i - \bar{y})^2/n$$

然而，方差依赖于平均值，也就是说其是一个绝对指标。如果一种分布的平均值更低的话,那么这种分布可能比另一种分布具有更大的相对差距,却有更小的方差。因此方差指标基本上不适用于度量收入分配的不平等(刘丽,2011)。

5. 变异系数

变异系数就是为了解决方差的缺陷而改进的一个指数,它由方差的平方根与平均值相除得到。该系数的大小同样反映出变量取值分布平均程度的大小,变异系数越大,变量值的分布就越不平均。

$$变异系数=\sqrt{\frac{\sum(y_i-\bar{y})^2}{n}}/\bar{y}$$

变异系数在任何取值水平上的转移都具有同样的敏感性,即无论 y 多大多小,从 y 中转移一部分给其他取值,影响都是相同的。并且与方差不同的是,它与平均值无关,不会受到数据量纲的影响,这样就可以进行客观比较。

6. 对数标准差

与方差相比,对数标准差突出了分布在较低位转移的重要性,并且消除了测度单位的任意性和绝对水平,其计算方法是先将变量值和平均值取对数后,再进行标准差计算:

$$对数标准差=\sqrt{\frac{\sum(lny_i-ln\bar{y})^2}{n}}$$

通过对数变换,减少了标准差,由此减轻了不平等程度,但是它不能反映高水平值下不平等的状况,因为不管有多高的取值,经过对数换算后,变量值都收缩了,不能真实地反映高水平值下变量分布不平等的变化。

7. 基尼系数与洛仑兹曲线

基尼系数(Gini Coefficient)是被广泛使用的反映不平等的测度方法,它是由基尼(1912)首先提出,并经由其他学者做出进一步解释和分析。研究基尼系数的一个方法可参考洛仑兹(1905)研究财富分配不平等所提出的洛仑兹曲线,如图 2-1 所示,横轴是人口累计百分比,按照收入由低到高排列，纵轴是与横轴相对应的人口所占有的收入占总收入的累计百分比。从中明显看出，0%的人口占有0%的收入，100%的人口占有100%的收入，于是，洛仑兹曲线就是正方形的左下角到右上角的连线。对角线表示收入是平均分配的，即每个人都有相同的收入；然而现实中低收入阶层占总收入份额较少，所以，洛仑兹曲线一般都位于对角线下方，而且随着人口累计比例增大时，即向更富裕人口移动时，洛仑兹曲线的斜率也会逐渐增加。

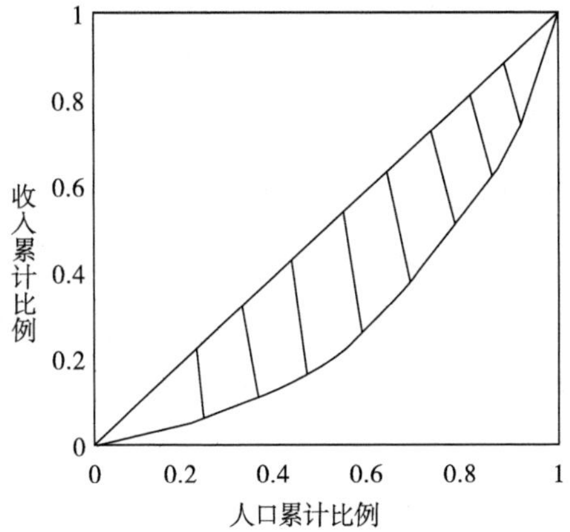

图2－1　洛仑兹曲线

基尼系数是绝对公平线即对角线和洛仑兹曲线之间区域（即图2－1中阴影部分）面积与对角线下方三角形区域面积之比。虽然这一定义极其简单明了，但它并不具有实际的可操作性，许多经济学家和统计学家都进行相关探索，以得到计算基尼系数的可操作的方法和公式。比较流行的是直接计算法，公式如下：

$$\text{基尼系数} = \frac{1}{2n^2\bar{y}}\sum_{i=1}^{n}\sum_{j=1}^{n}|y_i - y_j|$$

很多学者认为，理论上看，只要不存在来源于样本数据方面的误差，就不存在产生误差的环节，如果是个体收入数据，可以认为它是不带任何误差的计算样本数据的基尼系数值。

万广华（2008）指出，基尼系数被广泛应用是因为它有四个特点：首先，它是古老也是最为流行的指数；其次，基尼系数取值介于0～1，其他指数则依赖于样本的数值会处于不同的区间；再次，基尼系数满足学者们提出的相对指标的六个性质①；最后，基尼系数大小本身具有经济学含义，表示在全部收入中，用于进行不平均分配的那部分收入所占的比例。而大多数相对指标的数值没有实质性的经济学含义。在收入分配绝对平均的情况下，X%的人口应该拥有X%的收入，但如果基尼系数等于0.4，那就意味着最富裕的20%的人口占有全部收入的60%，而余下80%的人口只占全部收入的40%，进一步富裕阶层人口的平均收入是穷人的6倍。此外，他也指出基尼系数存在两方面不足，一是基尼系数对富人的观察值比较敏感；二是同一数量的转移收入如果转移到样本众数附近，与同一数量转移到收入底层相比，其带来的不平等下降的幅度更大。

8. 广义熵指数(Generalized Entropy Index)

熵在信息理论中被称为平均信息量，假定x为某事件发生的概率，则反映该事件实际发生的负平均信息量$h(x)$就是x的减函数，则此消息所含的信息量可用公式表示为：

$$h(x) = ln(\frac{1}{x})$$

设一组含有n个事件的完备事件组，各自发生的概率分别为x_1、x_2、$\cdots x_n$，且有$\sum_{i=1}^{n} x_i = 1, x_i \geq 0$，此时，熵的期望值就是由每个事件以其概率加权后的平均信息量的总和。如：

$$EH(x) = \sum_{i=1}^{n} x_i ln(\frac{1}{x_i}) = -\sum_{i=1}^{n} x_i ln(x_i)$$

熵在物理学中用来测量无序程度，塞尔(1967)将其借鉴过来并提出熵也能测量不平等，将收入差距的测量解释为将人口份额转成收入份额(或单个个体收入占总收入的比重)的消息所含的期望信息量。从而得出广义熵指数的定义公式：

$$GE(a) = \frac{1}{a(1-a)}\left[1 - \frac{1}{n}\sum_{i=1}^{n}(\frac{y_i}{\bar{y}})^a\right]$$

① 万广华(2008)分析说，从理论上，好的相对指标需要具备六大性质：匿名性、齐次性、人口无关性、转移性、强洛仑兹一致性、标准化。

上式中的参数 a 为一常数,代表厌恶不平等的程度,其值越小,代表厌恶程度越高。参数 a 也可描述为代表给予收入分配中不同收入之间收入的差距的权重,最常用的取值为 a 趋近 0 或 1。当其趋近 0 时,表示其在整个分配中给予低收入的权重较大;当趋近 1 时,表示其给予不同收入的权重相同(刘志伟,2003)。

当 a 趋近于 0 时,就得到了所谓的平均对数离差指数:

$$GE(0) = \lim_{a \to 0} \frac{1}{a(1-a)}\left[1 - \frac{1}{n}\sum_{i=1}^{n}\left(\frac{y_i}{\bar{y}}\right)^a\right] = \frac{1}{n}\sum_{i=1}^{n} ln\frac{\bar{y}}{y_i}$$

当 a 趋近于 1 时,就得到了所谓的泰尔指数(Theil Index):

$$GE(1) = \lim_{a \to 0} \frac{1}{a(1-a)}\left[1 - \frac{1}{n}\sum_{i=1}^{n}\left(\frac{y_i}{\bar{y}}\right)^a\right] = \frac{1}{n}\sum_{i=1}^{n} \frac{y_i}{\bar{y}} ln\frac{y_i}{\bar{y}}$$

熵指数完全符合洛仑兹准则一致性原则,而且它很容易在各人群间分解不平等,但是这一测度方法带有一定的随意性,并且在计算过程中没有充分的直观感。

9. 阿特金森指数(Atkinson Index)

阿特金森指数是测度收入分配不公平指数中明显带有社会福利规范看法的一个指数。它首先定义了一个总收入的特定分配形式,称之为平均分配的等价收入(the equally distributed equivalent level of income),它是这样的人均收入水平,当每个人的收入都等于该人均收入水平时,福利总值将刚好等于实际收入分配所产生的福利总值。平均分配的等价收入 y_ε 定义为:

$$y_\varepsilon = \left[\sum_{i=1}^{n}(y_i)^{1-\varepsilon}f(y_i)\right]^{\frac{1}{1-\varepsilon}}$$

其中 y_i 为 i 人的实际收入;$f(y_i)$ 为第 i 人占总人口比例的密度函数;ε 为不平等厌恶参数。该参数反映社会对于不平等的厌恶(或对平等的偏好)程度,其取值范围是 $0 < \varepsilon < +\infty$,随着 ε 的增加,社会给予更大的权重给收入相对较低的人群。比较典型的 ε 权重有 0.5 和 2。在定义了 y_ε 后阿特金森指数可以表示为:

$$I = 1 - \frac{y_\varepsilon}{\bar{y}} = 1 - \left[\sum_{i=1}^{n}\left(\frac{y_i}{\bar{y}}\right)^{1-\varepsilon}f(y_i)\right]^{\frac{1}{1-\varepsilon}}$$

面对如此之多的不平等指标,我们该如何选择呢? 万广华(2008)指出:绝对指标基本上不宜采用,在相对指标中进行选择比较困难,因此,他建议最好是同时使用几个指标。

2.2 中国居民收入差距之微观数据简析

本节以中国综合社会调查数据为素材,以调查获取的个人年收入数据[①]来测量我国居民个体收入不平等的一个重要方面:居民收入差距,以此来研究我国居民收入不平等的现实状况和发展趋势[②],重点分析我国居民收入不平等的总体态势、城镇与农村内部、城乡之间的态势及省际态势。

2.2.1 我国收入差距总体情况

图 2-2 绘制了以受访居民个人年收入计算的基尼系数和泰尔指数反映收入差距的趋势图。从中不难看出,2005—2013 年,无论是基尼系数还是泰尔指数,都呈现出 N 形的发展趋势,即先不断增大,在 2010 年达到顶峰,而后逐渐降低。由此说明我国居民的收入差距确实在近年来出现了下降趋势,与国家统计局和其他科研机构的结果是吻合的。

表 2-1 统计了各调查年份收入的 20%、30%、50%、70% 和 80% 的分位数情况及高低分位数比。从时间上看,几乎各个分位数都在增加,由此说明高中低收入群体的绝对收入水平都提高了。从 70/30 以及 80/20 的结果来看,分位数比的情况相对比较平稳,变化有波动。

① 调查问卷中直接询问了受访对象去年的全年个人总收入,只有 2008 年分为个人去年全年职业收入和职业外收入,对此,2008 年的个人总收入由两部分加总得到。此外,对收入数据缺失的样本,我们采用直接删除的方法处理。

② 数据计算结果仅仅表示来自微观调查数据的经验情况,可能与实际情况存在偏差。与官方发布数据有出入并不意味着矛盾。在此分析主要为描述我国收入不平等的发展趋势,以及地区间比较,等等。

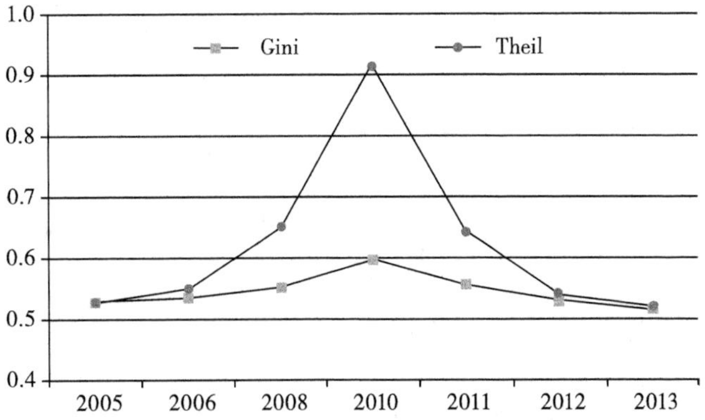

图 2－2　2005—2013 年个人收入差距指数情况①

表 2－1　调查年份个人收入不同分位数情况（元）

	20	30	50	70	80	70/30	80/20
2005	2000	3000	6000	10000	13000	3.33	6.50
2006	2000	3000	6000	10000	15000	3.33	7.50
2008	3000	5000	10000	16000	20000	3.20	6.67
2010	4000	6000	12000	20000	25200	3.33	6.30
2011	3500	5500	11000	20000	26000	3.64	7.43
2012	5000	8000	15000	25000	30000	3.13	6.00
2013	5000	10000	20000	30000	40000	3.00	8.00

2.2.2　我国城镇与农村内部收入差距情况

图 2－3 描述我国城镇居民和农村居民个人年收入的基尼系数和泰尔指数情况。首先，从图中可以看出，城镇居民内部的收入差距与全国基本一致，无论是基尼系数还是泰尔指数反映的收入差距都是先升后降，转折点出现在 2010 年。其次，农村居民群体内部收入差距的发展趋势也表现为先升后降，但转折点在 2008 年，而且到 2013 年又略有升高。最后，分别对比城镇和农村的收入差距两类指数不难发现，除了 2010 年城镇居民群体的泰尔指数高于农村居民群体外，其余都是农村居民内部的收入

① 2003 年仅调查城镇人群，故统计结果未加入。

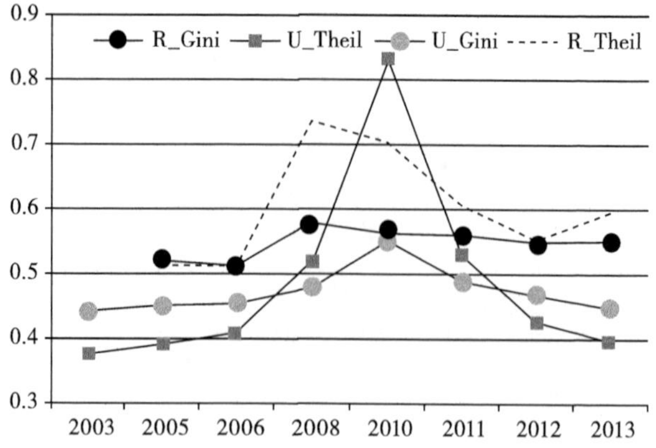

图 2－3　城镇内部与农村内部收入差距指数统计情况

差距高于城镇居民内部。

2.2.3　我国城乡间收入差距情况

图 2－4 绘制了我国城镇居民和农村居民受访个人的人均年收入情况。从中可以看出，无论是城镇还是农村，人均年收入随时间基本上呈现出稳定的上涨态势（除城镇人均年收入在 2011 年出现了下降）。以城镇居民个人人均年收入与农村居民个人人均年收入之比来反映城乡差距，从图中可以看出，调查前四轮城乡差距呈现出波动状，2010 年开始，城乡差距开始呈现逐年下降的态势。

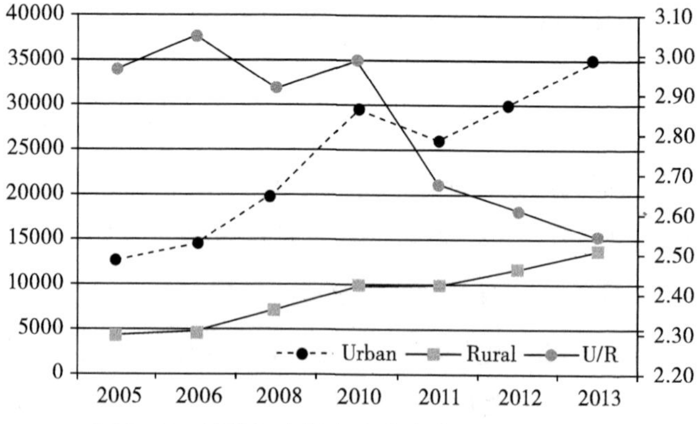

图 2－4　城镇与农村个人人均收入及比值情况

2.2.4　我国东、中、西部三大区域收入差距情况

图2－5是对我国的东、中、西部①三大区域内部各自的收入差距情况进行统计计算。从结果上看，东部和西部地区收入差距的变化趋势与全国基本一致，以2010年为转折点，2010年之前逐年增加，之后逐年降低。中部地区一直处于较为平稳的状态。另一方面调查的各年份都是西部地区居民内部的收入差距高于其他两个区域。

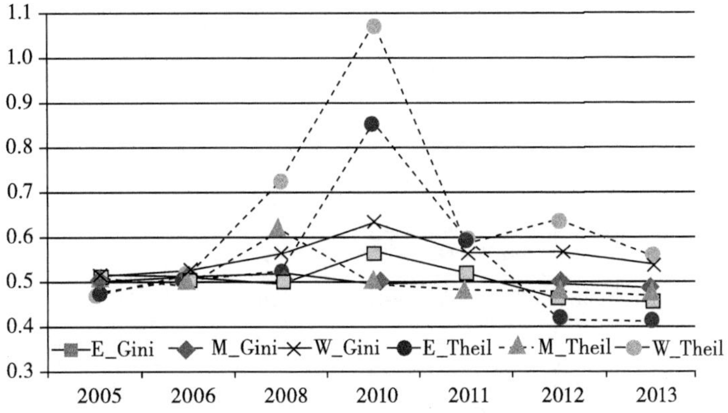

图2－5　东中西三大区域个人收入差距指数情况

2.2.5　我国各省收入差距情况

表2－2统计计算了各调查年份各省（市、自治区）居民群体内部的收入差距情况，各地情况参差不齐，如2005年，基尼系数最低的天津市仅0.327，其泰尔指数也是所有省份中最低的，为0.182，最高为四川省，基尼系数达0.571，其泰尔指数0.608为第二高，第一高是安徽省的0.72（安徽省基尼系数0.565为第二高）；2006年，基尼系数和泰尔指数最低的均为天津市，最高的均为广西壮族自治区；2008年，北京市的基尼系数

---

① 东、中、西部的划分为：东部包括北京、天津、河北、辽宁、上海、江苏、浙江、福建、山东、广东和海南；中部包括山西、吉林、黑龙江、安徽、江西、河南、湖北和湖南；西部包括内蒙古自治区、广西壮族自治区、重庆、四川、贵州、云南、西藏自治区、陕西、甘肃、青海、宁夏回族自治区和新疆维吾尔自治区。

和泰尔指数都是最低的，青海省的基尼系数第一高，泰尔指数第二高，江西省的泰尔指数是最高的，如此等等，详细情况见表2－2。此外还发现了一些规律：如北京、天津两地在调查的7个年份中收入差距基本上都排列在最低五位，四川省、广西壮族自治区等基本上是排列在最高五位。泰尔指数与基尼系数反映的收入差距情况基本上一致。

表2－2　各省各调查年份的基尼系数与泰尔指数统计结果

	Gini							Theil						
	2005	2006	2008	2010	2011	2012	2013	2005	2006	2008	2010	2011	2012	2013
北京	0.373	0.385	0.350	0.411	0.415	0.331	0.299	0.242	0.262	0.210	0.373	0.382	0.213	0.190
天津	0.327	0.289	0.501	0.404	0.493	0.370	0.230	0.182	0.150	0.683	0.291	0.816	0.260	0.093
河北	0.514	0.492	0.360	0.561	0.553	0.534	0.503	0.509	0.443	0.256	0.568	0.534	0.561	0.439
山西	0.392	0.449	0.532	0.424	0.545	0.478	0.425	0.267	0.442	0.482	0.381	0.652	0.435	0.435
内蒙古	0.517	0.496	0.450	0.538	—	0.498	0.423	0.506	0.454	0.341	0.548	—	0.442	0.292
辽宁	0.468	0.460	0.453	0.392	0.434	0.418	0.449	0.415	0.373	0.352	0.327	0.324	0.337	0.380
吉林	0.482	0.341	0.361	0.436	0.443	0.444	0.442	0.410	0.188	0.221	0.337	0.350	0.343	0.336
黑龙江	0.431	0.412	0.507	0.515	0.432	0.465	0.453	0.329	0.310	0.537	0.759	0.318	0.435	0.402
上海	0.448	0.399	0.424	0.622	0.443	0.504	0.446	0.385	0.372	0.323	1.347	0.349	0.504	0.374
江苏	0.543	0.556	0.539	0.656	0.403	0.471	0.489	0.553	0.613	0.783	1.223	0.318	0.385	0.447
浙江	0.562	0.544	0.580	0.540	0.656	0.406	0.440	0.565	0.555	0.736	0.680	1.271	0.284	0.415
安徽	0.565	0.540	0.452	0.521	0.505	0.539	0.567	0.720	0.523	0.394	0.500	0.484	0.518	0.584
福建	0.498	0.530	0.481	0.472	0.643	0.470	0.540	0.429	0.534	0.417	0.389	0.903	0.387	0.585
江西	0.530	0.546	0.615	0.481	0.539	0.477	0.501	0.555	0.561	1.164	0.396	0.568	0.453	0.502
山东	0.495	0.449	0.461	0.609	0.529	0.489	0.494	0.431	0.335	0.376	0.876	0.507	0.421	0.431
河南	0.494	0.513	0.554	0.521	0.521	0.516	0.513	0.414	0.455	0.544	0.507	0.464	0.452	0.448
湖北	0.516	0.516	0.458	0.463	0.477	0.489	0.469	0.467	0.522	0.355	0.401	0.398	0.475	0.420
湖南	0.494	0.526	0.442	0.489	0.399	0.518	0.524	0.431	0.489	0.335	0.411	0.259	0.514	0.505
广东	0.545	0.553	0.451	0.540	0.442	0.371	0.378	0.591	0.649	0.365	0.577	0.370	0.261	0.339
广西	0.515	0.596	0.584	0.490	0.473	0.526	0.564	0.500	0.742	0.902	0.423	0.375	0.479	0.650
海南	0.441	0.326	—	0.450	—	0.594	0.552	0.332	0.175	—	0.425	—	0.722	0.551
重庆	0.397	0.465	0.627	0.571	0.582	0.516	0.486	0.258	0.377	0.839	0.615	0.610	0.455	0.428
四川	0.571	0.555	0.500	0.548	0.596	0.582	0.521	0.608	0.539	0.473	0.543	0.675	0.823	0.499
贵州	0.464	0.421	0.487	0.568	0.409	0.559	0.555	0.393	0.314	0.403	0.685	0.277	0.551	0.564

续表

	Gini							Theil						
	2005	2006	2008	2010	2011	2012	2013	2005	2006	2008	2010	2011	2012	2013
云南	0.499	0.516	0.596	0.553	0.550	—	—	0.425	0.465	0.772	0.552	0.543	—	—
西藏	—	—	—	0.477	—	0.531	0.554	—	—	—	0.383	—	0.481	0.544
陕西	0.450	0.464	0.539	0.653	0.532	0.649	0.516	0.336	0.386	0.732	1.027	0.499	1.015	0.524
甘肃	0.486	0.505	0.545	0.534	0.533	0.493	0.486	0.416	0.473	0.512	0.481	0.479	0.482	0.621
青海	—	—	0.628	0.771	0.477	0.498	0.439	—	—	0.942	1.860	0.394	0.422	0.322
宁夏	—	—	—	0.526	—	0.484	—	—	—	—	0.469	—	0.401	—
新疆	0.515	0.471	0.480	0.505	—	—	—	0.445	0.363	0.606	0.426	—	—	—

3. 幸福理论与国民幸福感现状

3.1 幸福与经济学相关理论和研究综述

3.1.1 幸福的理论基础

幸福一般被认为是人类生活的终极目标，或者是最主要的生活终极目标之一（Ng，1996）。《辞海》解释：幸福属于伦理学的基本范畴，是人们在物质生活与精神生活中，因意识到实现或接近了自己的目的与理想而引起的精神上的满足感。英国哲学家休谟有一句名言"一切人类努力的伟大目标在于获得幸福"，本质上讲，每个人都渴望幸福，并努力追求幸福。那么究竟何为幸福？这个问题随着人类的诞生就一直围绕着人们。许多伟大的思想家都曾就这个问题进行过思考，哲学的很大一部分内容都尝试着对"何为幸福生活"进行定义，心理学家也做了类似的努力，试图找出那些能够使人们幸福或者不幸福的因素与条件。孔刃非（2010）、亓寿伟（2013）等对幸福定义进行了多方面的综述，从宗教的幸福含义、哲学的幸福含义、心理学的幸福含义到经济学的幸福界定，但是始终没有一个得到大家普遍认可的定义。

事实上，由于经济基础、社会环境、胸怀抱负和生活态度等各异，每个人对幸福的理解和感受也各不相同，所以幸福是一个仁者见仁、智者见智的东西，对不同的人来说，幸福会有不同的内容，每个人都有定义幸福的标准，都为自己定义了何为幸福。

有的人开奔驰宝马感到幸福,有的人骑自行车也感到幸福;有的人吃山珍海味感到幸福,有的人吃山珍海味却感到痛苦;有人住茅草屋觉得苦恼,但也有人住茅草屋却感到幸福。总而言之,你有你的幸福,我有我的幸福;你感觉幸福的,我不一定感觉幸福;你感到不幸福的,我不一定也感觉不幸福(孔刃非,2010)。幸福本质上首先体现出一种主观特性①,这种主观特性应当是幸福的一个不争前提(罗敏,2001)。从这个角度上讲,幸福的主观特性就意味着,只有个体本身才是经历和体验幸福的主体,主观特性可以看作是包含在幸福内涵中的一个核心因素。为此,学者们专门提出了一个主观幸福感的概念。

所谓主观幸福感(Subjective Well - being,SWB)就是人们对生活状态的正向情感的认知评价(奚恺元等,2008)。Diener(1984)认为主观幸福感是主体主观上对自己已有的生活状态正是自己心目中理想生活状态的一种肯定的态度和感受,其有三个特点:

(1)主观性(Subjectivity),它依赖于评价者本人的标准而非他人的标准,一个人幸福与否只有他自己的体验最真实,因此幸福感具有很强的主观性;

(2)整体性(Integrantion),主观幸福感不是指个体对某一个单独的生活领域评估后的体验,而是一种综合评价,是对其整个生活评价后的总的体验,包括积极情感、消极情感、对生活满意度三个维度,具有综合性和整体性的特征;

(3)相对稳定性(Stability),主观幸福感主要测量长期情感体验和生

---

① 瑞士学者 Bruno S. Frey & Alois Stutzer(2002)在其著作中讲述幸福概念时提出主观幸福和客观幸福的概念,他们认为:主观幸福可以通过问卷来获得,即在以一个问题或多个问题组合成的问卷的帮助下,获得关于个人对其生活满意度和幸福度的指数,在每个人所显示的指数背后是一个认知性过程,是与其他人、过去经验和对将来的期待进行比较后对幸福所做的评判;客观幸福是一种生理性的研究方法,它通过衡量脑电波记录来获取主观福祉,其阐述的过程表明那只是测量幸福的两种不同方法而已。但也有学者指出幸福具有客观性,主要指由个体幸福体验产生的条件的客观性(李卫东,2009;万树、蒋玉珉,2010)。也就是当个体拥有自由实现条件时,或在实现过程中以及达到实现的状态时,个体自身条件和环境条件就在客观上给个体带来的产生幸福美感的可能性。由于个体生存发展的共性,拥有产生幸福美感的客观性条件,个体就应该体验到幸福。但是,在现实生活中,当特定个体拥有产生幸福美感的客观性条件时,个体却不一定能体验到幸福。

活满意度，通常不随时间或环境的改变发生重大的变化，是一个相对稳定的值。

邢占军(2005)总结了当前主观幸福感的研究并将其分为认知论主观幸福感和情感论主观幸福感，认知论主观幸福感依据自己的标准对生活满意度进行认知评价，表现为总体的生活满意感和具体生活领域满意感，包括对自身发展和自我实现得到满足的评价，情感论主观幸福感则注重人们一定时期内积极或消极的感情反应。同时他自己也提出了体验论主观幸福感的概念，强调基于反省获得的某种切实的、比较稳定的心理感受和理想的或者非常满意的存在状态，包括身心健康以及物质和精神两方面达到的程度和水平。

结合已有的研究，笔者认为，主观幸福感是个体依据自定的标准对其生活质量的整体评价，是衡量个人和社会生活质量的重要综合性心理指标。总而言之，无论哪种主观幸福感都是基于一个基本的认识那就是幸福是人的主观感受，都认为主观幸福感同遗传因素、心理因素和各种社会因素等有关，同时也是出于测量和计算的方便来界定主观幸福感。

奚恺元(2008)认为，用主观幸福感这一概念代替幸福概念有两大好处：

第一，能避开人们对幸福概念的无休止的争论，为众人所接受。无论哪个国家、哪个民族、哪种文化，也不管大家所认同的幸福是快乐主义还是理性主义，是倾向于物质财富还是主观精神，大家都可以在一个共同的平台来探讨幸福问题。

第二，就是能让研究者对幸福进行客观的测量，便于采取实证的方法来研究幸福与其他因素之间的关系。

根据心理学研究成果，普遍一致的看法是，主观幸福感是一种态度，它由认知和情感这两个基本层面组成。情感是情绪和感情，情感代表人们对发生在其日常生活中的事件的实时评估与反应；认知是指主观幸福的理性或智力层面，它往往通过满意度来进行评估，认知层面包括判断与比较等构件，因而幸福不是天生的、一成不变的，而是在一个人的内心中形成的，并且在很大程度上受到这个人所处的社会化的生活在其中的社会环境的影响。Andrewa & Withey(1976)提出主观幸福感由积极情感、消极情感和生活满意度三个部分构成。就目前所知,积极情感、消极情感和生活满意度也具有不同的构成,认知成分的生活满意度和情感成分具有一定的关联,两者均是个体对其生活事件、生活状态的感受评价。但生活满意度是个体对其生存状况的总体评价,是总括性的、长期性的;而情感成分是个体对正在发生的生活事件的情绪体验,是瞬时性、短期性的。前者是后者的累积和总结。它们相互交织、共同产生主观幸福感的评价(娄伶俐,2010)。

幸福感是人大脑功能综合协调的结果,由人的心理活动产生。我国学者娄伶俐(2010)对于主观幸福感产生的神经生理学机制进行了较为详尽的阐述,因此,本书就不再重复叙述①。这里简单介绍一下主观幸福感生成的路线和阶段,见图 3 - 1②。主观幸福感的生成是人类情感中枢和认知中枢交互作用的复杂过程,经历了情绪反应、情感体验和认知评价三个阶段。第一阶段,人会对外界刺激产生低级的情绪反射,这些反射有着较为简单的神经环路,没有进行思维加工。第二阶段为情感中枢的加工,形成丰富的情绪体验。人在进行情感加工的同时会与自己的人生经历、过去的情感回忆相结合。第三阶段即情感的高级加工和认知阶段。情感感受被进一步加工为带有社会价值、文化习俗的社会学认知评价。

目前,描述人类心理机制的理论主要有人格理论、适应理论、期望理论与目标理论、社会比较理论,等等,而这些理论也正是能够对主观幸福感进行解释的理论。

(1)人格。人格是成人独特的性格反应倾向,既表现生物的特质,又有后天习得的成分。人格理论认为事件和环境对主观幸福感有影响,但是从长期看,人格发挥着更大的作用。自尊心、控制感和自我概念都影响主观幸福感(Headey & Wearing,1989),Costa 等对成人的研究发现,人格特质可以预测 10 年后的主观幸福感,这一结论得到了重复证实。正是由

---

① 有兴趣的学者请参阅该著作的第三章:娄伶俐. 主观幸福感的经济学理论与实证研究[M]. 上海:上海世纪出版集团,2010.

② 该资料是学者娄伶俐《主观幸福感的经济学理论与实证研究》P69 中图的一个简略版。

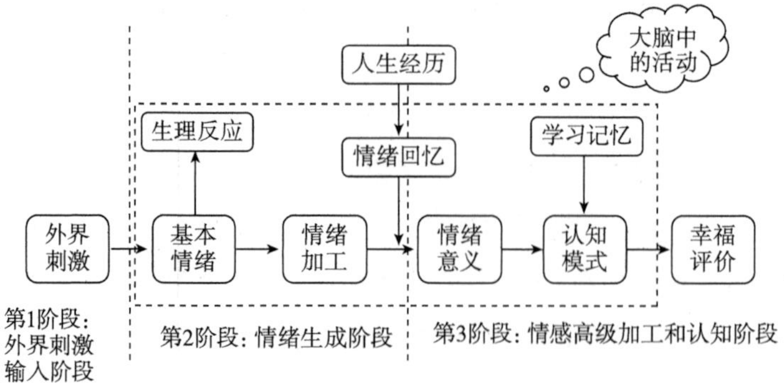

图 3－1　主观幸福感产生的路线及阶段图

于这个原因，Lykken & Tellegen（1996）提出人有着内生的主观幸福感定值，在决定个人幸福水平的因素中，人格扮演了重要的角色，它使得人在整个生命周期里的幸福水平都保持在一个不变的量值上。正是由于基因和人格因素的这种特性，客观环境对人们主观幸福感的影响受到了很大的限制。生活中各式各样的冲击事件如失业、伤病、中奖等只在短期内对人们的主观幸福感产生影响，在适应这种状态后，人们的幸福感水平就会恢复到最初的定值。

（2）适应。H. Helson（1964）提出了适应水平理论（Adaptation－level Theory）①，他认为适应是对重复出现的刺激反应的减弱，重新建构有关刺激的认识，以及刺激对生活影响的认识。人们在一定程度上能够调节良性与恶性事件带来的影响，使其不至于总是狂喜或者绝望，但人们并不能彻底地、迅速地适应所有环境，有些情况的适应非常慢，而有些情况会很快适应。这个理论可以用来解释为什么生活事件对主观幸福感的影响较小。

人们通常会适应新的环境，从而调整他们的主观幸福感水平。因而那种愉悦和快乐性适应可以减少一个人对不断出现的刺激的反应能力。实际上，适应可以包括很多不同的机制，如在习惯化这个过程中，适应就

① Harry Helson, Adaptation－level theory; an experimental and systematic approach to behavior, New York: Harper and Row, 1964.

是一种自动的消极生理反应过程。例如,人们通常会适应接受收入水平的提高,因而他们的主观幸福感会在一定时期内回落到最初的水平。那些中了彩票、财富急剧增加的人并不总是特别兴奋,在经过一段时间的调整后,大多数都会表现出一种比中奖前稍高的幸福水平。人们通常有很强的处理应对不幸事件的能力,也许这里面最明显的例子就是截瘫患者,刚开始,他们的主观幸福感会受到很大的挫折,但随着时间的推移,许多人都会积极地接受与适应他们的不幸,过了一段时间后,他们会表现出一种和不幸发生前差不多的个人幸福水平。这与 Brickman & Campbell (1971)创造的一个形象比喻“享乐水车”效应(Hedonic treadmill)类似,“享乐水车”效应认为,人的积极本性会促使人们去适应新的环境,尤其是对生活中出现的愉悦和快乐性的刺激的适应性更强。

(3)期望与目标。人们通常会根据自己希望所形成的期望值水平来对他们所处的情形进行评估,如果人们的生活达到了他们的期望值水平,那么他们就会对生活感到满足,反之则相反。通常情况下,期望值水平与人们现在或过去的目标实现水平也就是个体的成败经验有着紧密的联系。

期望理论(Expectancy Theory)是由北美著名心理学家和行为科学家 Victer H. Vroom 于 1964 年在《工作与激励》中提出来的激励理论①,其认为人们总是会希望满足一定的需要并努力实现一定的目标,在目标尚未实现前,就表现出一种期望,期望就是个体根据以往的经验和自身的能力,在一定时间内达到既定目标的心理过程。期望值就是个体判断自己实现目标的可能性估计。人们通常会根据自己的期望值对周围的情形进行判断,高期望值是影响幸福感的一种重要指标,期望值与现实情况落差越大,则越容易使个人产生挫败感,从而降低其幸福感。期望值本身的大小并不能代表幸福感水平的高低,期望值本身也不能评判幸福感,但如果与社会经济地位等外在资源和内在资源结合在一起,就可以作为主观幸福感的评价指标。

---

① Vroom V H, Work and motivation. New York: John Wiley and Sons, 1964.

目标是人们期望达到的结果,目标的实现会对人们的主观幸福感产生很大的影响。如果个体达到了目标,则容易产生积极的情感体验,增强幸福感;而如果未能达到目标,就会产生消极的情感体验,降低幸福感。个体想要满足的需要和希望实现的既定目标,往往是他们最在乎的,最能预测主观幸福感的资源,由于不同个人和群体的目标不同,主观幸福感的成因也有所差异。同时,不同的目标内容对主观幸福感的作用也不同。那些满足个体内在需要的目标预示着积极的幸福,而那些反映外在需要的目标则预示着消极的幸福。主观幸福与个人的价值观念息息相关,反映了与价值观念有关的各种实现目标的活动。

(4)社会对比。主观幸福感没有绝对的衡量标准,人们往往拿自己的现有情形与周围人进行比较。社会比较就是把自己的能力、境况、观点等与其自选的参照对象进行比较的过程,社会比较理论(Social Comparison Theory)①是由美国著名社会心理学家 Leon Festinger 在 1954 年首先提出来的,个体都具有一种评价自己的愿望,在缺乏客观的、非社会标准的情况下,往往利用他人作为比较的尺度,来进行自我评价。每个人都自觉或不自觉地想要了解自己的地位如何、能力如何、水平如何,等等,而一个人只有在社会中,通过与他人进行比较,才能真正认识自己和他人。只有在社会的脉络中进行比较,才能认识到自己的价值和能力,对自己做出正确的评价。社会比较能够使人清楚地了解自己和他人,找出自己和他人之间的差距,发现自己的长处,找出自己的不足。社会比较包括平行比较、向上比较和向下比较三种情况,其中,平行比较是指与自己相似的人进行比较的过程,一般来说,相似主要指年龄、环境、背景、职业或群体相同等;向上比较通常是与比自己好的人比较,向上比较会导致不满、被剥削感和气愤,容易产生自我贬损及消极的自我评价;而向下比较则主要是与比自己差的人进行比较,一般认为,向下比较会使心境得到改善,产生心理优越感,导致自我增强。此外,人格会对社会比较的方式产生影响,

---

① Festinger, L. (1954). A theory of social comparison processes. *Human Relations*, 7(2) 117 – 140.

一般来说,抑郁和悲观的人通常倾向于选择向上比较,而乐观和幸福的人通常选择向下比较。许多研究发现与比自己幸福的人相比会降低主观幸福感,而与比自己不幸福的人相比会提升主观幸福感。

3.1.2　幸福的测量方法

主观幸福感研究自20世纪50年代在美国兴起,迄今经历了描述比较、理论构建和测量完善三个发展阶段。在第一阶段,研究者着眼于测量不同群体的主观幸福感状况,并根据测量结果描述不同群体主观幸福感的平均水平。这类描述性研究多以单项目测量主观幸福感。在第二阶段,研究者考察了主观幸福感的理论模型,如揭示主观幸福感的作用机制和影响因素,出现了人格理论、适应理论、目标理论、社会比较理论等理论模型。这一阶段主观幸福感的测量发展到了多项目测验。近年来对主观幸福感的研究已经进入了第三阶段,学者们运用主观幸福感测量理论来整合各种方法,并开始大规模的跨文化研究(邢占军,2002)。

对幸福的测量由来已久,最早可追溯到古希腊哲学家柏拉图,他计算出王者的生活比独裁者的生活快活729倍[①]。长期以来,主观幸福感测量成为社会学和心理学共同探讨的话题。为此,邢占军(2002)对主观幸福感测量研究的渊源以及国内外研究进展进行了综述。尽管主观幸福感有其重要的、起决定作用的生理基础,但其测量目前仍不能完全通过直接的生理数据测量来完成(肖仲华,2010)。目前测量主观幸福感的方法大致可以分为四类:自陈报告法、旁观者报告法、任务完成法和生理测量法[②]。

自陈报告法主要是依据影响幸福的诸因素来设计幸福量表,通过提问、填表方式对被测试者的各种积极情感、消极情感以及整体生活满意度进行测量。自陈报告法的量表的内容分为单项目和多项目。通过提出一个问题所获得的答案来分析被测试者对生活的主观感受的方式为单项目量表。该方法主要是在20世纪80年代以前应用,此时的方法相对比较

① 柏拉图.理想国[M].吴献书,译.北京:北京理工大学出版社,2010.

② 本书对主观幸福感测量方法的分类介绍主要参考奚恺元等(2008)、肖仲华(2010)、娄伶俐(2010)。

简单,要么采用单项目量表,要么采用统计的方法从多方面满意度的得分中整合出能够代表整体的满意度得分。后来,研究不断开始尝试建立多项目的自陈量表。使用结构化问卷测量幸福感是现代最流行的调查方法,专家们经过研究认为如果结合多样化的评价技术结果会更为理想,并且测量的多样化使我们对理论框架的理解更深入。20 世纪 90 年代后,用来评估幸福感的工具得到了不断的丰富和发展。然而,量表在使用的过程中,受人的情感心理的影响,不可避免地存在着一些小的偏差。首先,人们在报告自己的幸福感时会受到社会期望标准的影响,也就是社会期望自己成为怎样的人的影响。其次,由于自卫心理的作用,人们往往会故意压制自己的负面情感,出现一个非常不幸福的人报告一个很高生活满意度的情况。此外,人们在报告自己的主观幸福感时还受到自己的情感、生理状况、调查环境、理解和表达能力等等的影响,这些都会使报告与真实情况发生偏离。尽量这些测量偏差是客观存在的,也可能是偶然产生的,但人们对此并没有自觉的意思,所以在大样本调查中,这些偏差会相互抵消,并不会影响测量结果在平均水平上的准确性。所以说人们对这些问题的主观回答能够充分反映人们有多享受他们的生活,人们能够就自己的总体幸福状况做出评价。

旁观者报告法主要是为了避免被测试者故意隐瞒真实情感造成的误差,通常可以通过受过训练的旁观者或者被测试者的亲戚朋友来提供一些补充信息。但由于旁观者评价通常只是建立在对被测试者的某一方面理解的基础上,容易产生评价的片面性,而且旁观者往往以旁观者自身评判标准来回答这些问题。这可以通过采集多位旁观者评价的方式来降低这种误差。

任务测量法,由于幸福的人往往能够比不幸福的人更好地完成某些任务,因此可以通过被试者完成任务的情况来判断其幸福水平。比如,给被测试者一段分别包含积极情绪体验和消极情绪体验的材料,让被测试者学习之后进行回忆,如果被测试者对材料中积极情绪部分的回忆更加详细、准确,那么就可以判断他自身处于积极情绪状态的可能性较大;反之则反是。

生理测量法，一定的情绪体验总会伴随着相应的生理反应、皮电反应和神经放电量的变化，同时也会激活大脑特定的功能区域。这些反应都可以借助现代医疗器具进行检测，获得相应的生理指标。一般来讲，主要是通过测试被测试者的心律、心动加速率、血压、体温、呼吸频率、皮肤导电系数、脑电图及核磁共振成像等生理指标来判断其情感体验。这种方法目前只能判断出被测试者的情感是积极的还是消极的，不能进行定量分析。

自陈报告法经过几十年的反复验证，被证明具有良好的可靠性、有效性、一贯性和可比性等测量学特性，能够胜任大多数的研究任务。学者们一般认为，自陈报告法能够有效地完成对主观幸福感构成的测量任务，而其他的测量方式则能够提供进一步的相关信息，获得对主观幸福感更丰富更全面的理解。而在条件不允许的情况下，自陈报告法一般被各类社会调查作为研究工具的首选。例如，美国综合社会调查（The General Social Survey）关于幸福感的问题表述为“综合各方面因素，你觉得最近的生活怎么样？”，要求受访者从“非常幸福、幸福、不太幸福、不知道”中进行单选①；世界价值观调查（World Values Survey）的问题为“将所有的情况都考虑进来，目前您生活得愉快吗？”，受访者在“非常幸福、比较幸福、不太幸福、一点都不幸福”中进行单选②；中国居民收入调查项目中为“考虑到生活的各个方面，您是否觉得幸福”，选项为“很幸福、比较幸福、不太幸福、很不幸福”③。

虽然通过自陈报告获得受访者幸福感的方法已被学界广泛接受，但仍有一些学者对其“有效性”存在疑虑，即怀疑该数据是否准确地反映了人们真实的幸福感受。针对上述疑虑，大量学者从不同角度为自评幸福

---

① 原文为：“Taken all together, how would you say things are these days—would you say that you are very happy, or not too happy?” 选项为“Very happy, pretty happy, not too happy, don't know, refused”。

② WVS 的 2010—2012 轮相应问题原文为：“V10. Taking all things together, would you say you are (read out and code one answer)?”选项为“1. Very happy ;2. Rather happy ;3. Not very happy ;4. Not at all happy”。

③ 上述是该调查 2007 年的问题和选项，CHIP2002 年略有不同，为“现在幸福吗？”，选项为“非常幸福、比较幸福、不好也不坏、不太幸福、很不幸福、不知道”。

感的有效性进行辩护。第一，大量研究发现，自评幸福感不但与其他衡量幸福感程度的变量如抑郁和焦虑程度等呈明显相关性，而且也与一些被认为能够影响幸福感的变量高度相关，如健康状况、失业、离婚等，同时，其能够在一定程度上预测人未来的行为；第二，心理学研究表明，自陈报告的幸福感与真正的微笑存在相关性等；第三，现代神经科学的研究为幸福感的有效性提供了客观而科学的证据。人积极的情感与左侧前额叶皮层的大脑活动相对应，而消极的情感则与右侧相应位置的大脑活动相对应。实验表明，自评幸福感数据以及杜氏微笑的确与前额叶皮层的大脑活动高度相关①。

尽管学者对幸福感的有效性基本持肯定的态度，但不得不承认这一测量方法并不是完美的。一方面，自我测评的幸福感极易受到个人情绪波动、生活琐事甚至天气好坏的影响。另一方面，幸福感调查的问卷结构和问题措辞也能够影响个人对幸福感的自我测评。这些都是导致自评幸福感指数有效性不足的可能原因，因而学者建议，利用多题项自评量表对个人幸福感进行重复测量、采用标准化幸福感调查问卷都是提高幸福感数据有效性的可行方案。

本书使用的数据本身在调查时也采用自陈报告法来测量居民的主观幸福感，因此，本书主要是采用自陈报告法测量居民主观幸福感。

3.1.3　幸福经济学理论基础

学者娄伶俐(2010)指出，虽然“幸福经济学”一词经常出现在报刊、网络之中，甚至也有以“幸福经济学”为名的专著，但实际上，经济学对幸福理论的研究还是非常薄弱，还不能形成一门具有比较独立的分析方法、比较完善的理论体系的学科。然而，早期的经济学家正是以个人对幸福的感受为研究起点开始经济学研究的，这里最直接的证据可参见由傅红春和蒲德祥(2014)编著的《幸福经济学选读——欧美(前400年—1900)分册》，欧美两千余年历史中，色诺芬、魁奈、休谟、斯密、边沁、马尔萨斯、

① 有关幸福感数据有效性的描述摘自潘春阳(2011)。

李嘉图、马歇尔等36位世界级经济学家40部传世巨著中,均论及幸福。阿玛蒂亚·森(2003)指出现代经济学是作为伦理学的一个分支发展起来的,在上述的经济学家著作中都可以找到,一些学者比较关注经济学的伦理问题,一些学者比较重视逻辑问题,但是在现代实证经济学中,伦理学方法的重要性已经被严重淡化。随着经济学的发展,经济学逐渐从伦理学中分离,进而发展成为一门可以用数学量化的科学,即用货币收入来衡量个人福利,采用对社会成员的货币收入加总来衡量社会的总体福利,从而使得经济学研究偏离最初的初衷。傅红春(2007)讲到,国内外越来越多的经济学家认识到,"财富增长促进幸福增长"只是一个隐含的假定逻辑关系,即财富的多少决定幸福的水平,然而这并非是一个绝对的普遍真理,在现代经济学对幸福的回归中,许多研究都表明,财富增长不一定带来幸福增长。从而使得经济学的研究又开始回归幸福,但并不否定已有经济学的成就,幸福经济学作为分析和追求效率的科学,成本和收益不只是货币计量的所费和所得,其终极目标是幸福最大化。

我国学者肖仲华(2010)的《西方幸福经济学理论研究》与娄伶俐(2010)的《主观幸福感的经济学理论与实证研究》等著作对幸福经济学进行了较为全面的论述,对包括理论概念的界定,主流经济学(包括古典经济学、新古典经济学和福利经济学)的幸福理论、经济学各分支学科如行为经济学、实验经济学等学科中的幸福理论,幸福经济学的基本问题、研究方法以及幸福经济学理论的研究现状和趋势进行了非常全面的阐述,在本书中不再累述。

3.1.4 幸福经济学经典文献研究综述

一直以来幸福似乎只是心理学家、社会学家、哲学家和伦理学家讨论的话题;其实不然,从经济学诞生之日起,幸福就是这门学科研究的核心问题。在经济学鼻祖亚当·斯密的经济学思想框架里,幸福或者说人类福祉一直是一个核心问题,在其《国富论》中,他并没有将财富作为唯一的核心研究目标,而是认为人类经济行为的核心价值是社会的和谐与人类福祉的提升。斯密在《国富论》中还令人信服地论证了人类幸福与收入的关系:在某一个极限点,高收入对一个人的幸福根本不起作用(王曙光,2006)。边际效用理论开创者 William Stanley Jevons(1871)则直接把经济学作为一门愉快与幸福计算的学问,他认为物品能给人们带来快乐或者减轻痛苦的性质便是物品的效应,财富与价值的性质,由无限小量的快乐与痛苦之考虑来说明①,快乐与痛苦无疑是经济计算的最终目的,以最小努力满足最大欲望,以最小厌恶的代价获取最大欲望的快乐,使快乐增至最大限度,为经济学的任务②。因此,经济学演化成为一门对效用或幸福进行研究的学科。

然而,随着效用理论特别是序数效用理论的出现,作为经济学分析基础的效用就逐渐丧失了它有关幸福的内涵。Vilfredo Pareto(1896)最早发起了"去心理化"的效用理论革命,将情感因素从经济理论中驱逐出去,以偏好代替了享乐体验,使效用仅仅成为一种能够显示行为偏好顺序的函数。后来,希克斯和艾伦在 20 世纪 30 年代证明建立在基数效用基础上的分析并不是经济学理论中必要的组成部分,而建立在序数效用基础上的偏好显示和选择行为,才是构成经济学大厦的必要基石。每个人的内心状态和价值判断都不相同,因此基数效用在操作上完全不可行。序数效用决定了每个人内心的偏好顺序,这种偏好顺序又由消费者无差异曲线表示出来,因而也就合乎逻辑地以偏好建立了需求理论的基础。萨缪尔森更是认为效用就是偏好,并通过偏好和选择行为建立了标准的经济学理论。从那之后的很长一段时间里,经济学逐渐偏离了对幸福的研究,幸福逐渐淡出了主流经济学的视野,经济学家们不再深入探讨人类欲望的本质问题,而将精力放在度量主观满足的客观对应物上,例如经济增长、通货膨胀、失业,财富、收入、消费等,经济学逐渐演变成一门分析与描述财富生产、分配和消费的社会科学。

直到 1974 年美国南加州大学经济学教授 Easterlin 发表了《经济增长可以在多大程度上增进人们的幸福》的论文,文中提出了著名的"幸福悖

① 斯坦利·杰文斯.政治经济学理论[M].郭大力,译.北京:商务印书馆,1984:2.
② 斯坦利·杰文斯.政治经济学理论[M].郭大力,译.北京:商务印书馆,1984:37.

论”，后来也被称为“伊斯特林悖论（Easterlin Paradox）[①]”，他的研究发现：在某一个时点上，收入和幸福之间呈现正相关关系，但随着时间推移，居民主观幸福感并不随收入的增长而持续增加。随着这一开创性研究的问世，经济学家才又开始意识到经济学有必要研究幸福。在经济学领域，很多经济现象如经济增长、失业、通货膨胀和制度因素等如何影响幸福，引起了众多经济学者的研究兴趣，并对此展开深入广泛的研究。许多学者对这方面研究进行了专门的综述[②]，因此，本书在此就只作简要的回顾。

1. 收入与主观幸福感。事实上，收入与主观幸福感之间的关系吸引了最多的关注，Clark 等（2008）对这一方面的研究文献进行了较为全面的综述。其中绝对收入主要是从三个层面进行考察：①在特定时点上，高收入者是否比低收入者更幸福；②在一段时间内动态地看，收入增长能否提高居民的幸福水平；③不同国家之间，富裕国家的人们是否比贫穷国家的人们幸福。研究结果发现：无论是在发达国家内部还是在发展中国家内部，在一个时点上，高收入者均比低收入者幸福感更高（Easterlin，1974、1995、2005；Graham 和 Pettinato，2002；Blanchflower 和 Oswald，2004；Lelkes，2006）；在短期内，收入增长和主观幸福感之间存在着正相关关系（Stevenson 和 Wolfers，2008；Easterlin 等，2010），而长期，收入增长不能持续提高主观幸福感（Blanchflower 和 Oswald，2004；Easterlin 等，2010）；富裕国家居民的主观幸福感更高（Easterlin，1995；Di Tella 等，2003；Alesina 等，2004；Leigh 和 Wolfers，2006；Clark 等，2008）。这是因为更高的收入更容易满足人们的基本需求，因而幸福感也更强。

相对收入也被视为影响主观幸福感的重要因素。相对收入对主观幸福感的影响取决于随着时间变化的个体期望和个体进行社会比较的标准。比如，个体现在和以前的经济状况比较，个体拥有的财富与其他参照个体进行比较。因此，相对收入一般分为自我比较的相对收入和与他人比较的相对收入两种，即纵向相对收入与横向相对收入。研究者通常会

---

① 这样命名的原因是该悖论起源于 Richard A. Easterlin 教授的奠基性研究。

② 关于主观幸福感影响因素的经济学研究更为详细的文献综述参见 Diener 等（1999），Frey 和 Stutzer（2002），Dolan 等（2008），杨雪锋（2008），娄伶俐（2009），鲁元平、王韬（2010）。

假定存在某个参照组，个人的主观幸福感水平往往与对照组的收入水平之间负相关（Easterlin，1995）。此外，也有大量研究收入不平等对幸福感影响的国内外文献，这部分文献的回顾放在本书的第五章进行综述。

2. 失业与主观幸福感。学者对失业与主观幸福感关系的研究取得了较为一致的结论：个体失业对个体的主观幸福感有着较大的负面影响（Clark 和 Oswald，1994；Winkelmann 和 Winkelmann，1998；Frey 和 Stutzer，2000；Di Tella 等，2001；Helliwell，2003；Lelkes，2006），普遍失业也就是宏观失业率对居民主观幸福感也具有负效应（Di Tella 等，2001、2003；Alesina 等，2004）。这可能是因为个体失业者会受到实质上的损失，包括心理损失和社会损失；而普遍失业就意味着社会不稳定不和谐，发生许多不利于居民主观幸福感事件的风险将增加。即使未失业者也可能惧怕失业会发生在自己头上，从而降低居民的主观幸福感。国内学者罗楚亮（2006）发现，相对于没有失业成员的家庭住户，有失业成员的城镇住户的主观幸福感更低，且这种幸福差异主要是由收入效应导致的。

3. 通货膨胀与主观幸福感。通常而言，人们不太喜欢通货膨胀。目前绝大多数研究都发现通货膨胀对主观幸福感会产生负面影响，例如对欧洲（Di Tella 等，2001、2003；Wolfers，2003；Alesina 等，2004），拉丁美洲（Graham 和 Pettinato，2001），美国（Di Tella 等，2003；Alesina 等，2004），转型国家（Teksoz，2005）的研究均发现了这样的结论。但也有研究发现通货膨胀与人们的主观幸福感之间并不存在显著的相关关系（Veenhoven，1993；Bjornskov，2003）。这在很大程度上取决于发生了怎样的通货膨胀，通货膨胀是否被人们形成预期。

4. 国内经济学者的幸福研究。我国研究者对主观幸福感问题的关注[①]是从 20 世纪 80 年代中期开始的（邹琼，2005），而经济学者对其的研究则更晚，基本上都是最近几年才开始，目前，利用规范经济学理论分析幸福感的文献十分匮乏，田国强和杨立岩（2006）基于攀比理论和“忽略变量”理论的基本思想，建立了一个同时考虑收入和非收入因素的规范

① 国内各学科对主观幸福感研究的文献综述参见李志、谢朝晖（2006）。

经济理论模型,在个人理性选择和社会福利最大化的假定下研究人们的幸福问题,从而将幸福研究整合到主流经济学中来。何强(2011)整合了经济学、心理学和生物学研究中提出的攀比效应和棘轮效应,结合影响幸福感的非物质因素,构建了一个相对规范的幸福感分析框架,并沿用现代经济学中经典的理性人假设,对幸福悖论进行了多角度的解释。其余的研究主要采用实证性的研究方法来研究中国居民主观幸福感的决定因素问题。例如考察收入因素(赵奉军,2004;朱建芳、杨晓兰,2009;罗楚亮,2009;官皓,2010;谢识予、娄伶俐、朱弘鑫,2010;裴志军,2010;张学志、才国伟,2011 等);收入分配因素(彭代彦、吴宝新,2008;王鹏,2011;鲁元平、王韬,2011;何立新、潘春阳,2011 等);制度因素(罗楚亮,2006;李涛、史宇鹏、陈斌开,2011;等)。

3.2　中国居民幸福的微观调查分析

以中国综合社会调查数据为分析素材,调查采用受访者自陈的幸福感作为主观福祉水平的测度指标,对 5 个备选项依次赋值为 5、4、3、2、1,数字越大,幸福感越强,意味着主观福利越高。以此来剖析中国居民幸福感的现实状况和发展趋势。

3.2.1　中国居民幸福感的总体态势

如表 3 - 1 所示,中国综合社会调查数据显示,我国居民在 2003—2013 这 10 年里,总体上感觉到幸福和非常幸福的比例分别达 49.87% 和 12.61%,有 28.08% 的居民感觉一般,也有 9.45% 的人感觉生活不幸福或非常不幸福。幸福感分数均值为 3.64(满分 5 分),平均水平介于幸福感一般和幸福之间。可见,无论是从幸福感的分布还是从平均分来看,我国居民总体上都还算比较幸福的。

从表 3 - 1 中也可以看到幸福感在各调查年份的分布情况以及变化趋势。总体上看,2003—2011 年间,回答为幸福或非常幸福的占比从 2003 年的 37.37% 一直上升到 79.94%,幸福感均值也从 3.27 分一直上升到3.90分，而“不幸福”的占比在这个时间段除了2005和2006年外，基本上又显示出下降的趋势，这说明在这段经济快速增长的时间里，中国居民的幸福感呈现上升趋势。2011年为转折点，之后的两年“幸福”的比例都在一直下降，“不幸福”的占比又一直提升，而幸福感均值分数也在下降，总体上表现出下降态势，但整体上幸福感水平仍高于2003年。从而反映出调查的10年间我国居民的幸福感水平呈现为先上升而后下降的总体趋势，虽然近来又有下降趋势，但相比10年前，幸福感水平还是有明显的提升。

表3-1　中国人幸福感总体分布情况及趋势

	2003	2005	2006	2008	2010	2011	2012	2013	总体
非常不幸福(%)	2.28	1.40	1.01	2.32	2.11	2.00	1.51	1.56	1.70
不幸福(%)	10.54	7.73	6.72	9.27	7.69	6.64	7.39	7.44	7.75
一般(%)	49.81	45.06	46.12	24.43	17.69	11.42	15.90	18.72	28.08
幸福(%)	32.28	40.13	40.60	42.95	56.53	59.60	59.18	58.46	49.87
非常幸福(%)	5.09	5.68	5.55	21.03	15.99	20.34	16.03	13.81	12.61
样本数	5784	10372	10151	6000	11767	5614	11724	11380	72882
均值	3.27	3.41	3.43	3.71	3.77	3.90	3.81	3.76	3.64
“幸福”占比(%)	37.37	45.81	46.14	63.98	72.52	79.94	75.20	72.28	62.47
“不幸福”占比(%)	12.82	9.13	7.73	11.58	9.80	8.64	8.90	9.01	9.45

注：数据来源于中国综合社会调查；“幸福”包括回答为幸福和非常幸福，不幸福和非常不幸福重新组合为“不幸福”。

3.2.2　中国居民幸福感的区域差异与态势

上一部分从总体上分析了我国居民幸福水平和变化趋势，但我国幅员辽阔，区域发展差异明显，不同区域呈现出很多不同的特征，为此，本部分将从城乡，东、中、西部和省际视角进行幸福感水平的区域比较分析。

表3-2以调查地点区分城乡，描述了我国城镇和农村居民幸福感水平的情况。从中可看出，城镇居民“幸福”的比例除2011和2013年外均略高于农村，而城镇各年的“不幸福”的占比均低于农村；从均值上也可以看出，农村居民在2003—2013年的各调查年度幸福感平均分均低于城镇。因此，总体上表明城镇居民的幸福感略高于农村居民。此外，无论是

城镇还是农村，都呈现出幸福感水平先升后降的态势。相比 2005 年，2013 年城镇和农村感觉“幸福”的人群比例分别提升了 24.30 和 29.69 个百分点，而感觉“不幸福”的人群变化不大。

表 3－2　城乡居民幸福感分布情况及变化趋势（以调查点划分城乡）

		2003	2005	2006	2008	2010	2011	2012	2013	总体 1	总体 2
“不幸福”（%）	城镇	12.82	8.13	6.72	9.54	8.34	7.91	7.75	8.20	8.63	8.02
	农村	——	10.55	9.21	15.61	12.11	9.62	10.64	10.26	10.88	10.88
“幸福”（%）	城镇	37.37	47.02	47.43	66.88	74.44	79.90	75.96	71.32	62.13	65.72
	农村	——	44.08	44.27	58.28	69.48	80.00	74.07	73.77	63.07	63.07
均值	城镇	3.27	3.44	3.45	3.77	3.81	3.90	3.84	3.76	3.65	3.70
	农村	——	3.36	3.39	3.59	3.69	3.89	3.77	3.74	3.62	3.62
样本数	城镇	5894	6098	6013	3982	7222	3229	7077	6954	46469	40575
	农村	——	4274	4138	2018	4561	2391	4688	4484	26554	26554

注：数据来源于中国综合社会调查；“幸福”包括幸福和非常幸福，不幸福和非常不幸福重新组合为“不幸福”；总体 1 包括 2003 年在内的全部样本，总体 2 是剔除 2003 年后的样本。

以调查地点在城市还是农村划分城乡可能会遇到农村户籍的劳动力去城市打工或农村户籍者去城市探亲之类的，反之也可能。表 3－3 是以受访居民的户籍为农村户籍还是城镇户籍①进行的城乡统计结果，所得结果与以调查地点划分城乡基本上一致。

表 3－3　城乡居民幸福感分布情况及变化趋势（以户籍划分城乡）

		2003	2005	2006	2008	2010	2011	2012	2013	总体 1	总体 2
“不幸福”（%）	城镇	12.52	8.18	6.79	9.29	8.03	7.55	7.19	7.88	8.46	7.79
	农村	16.59	10.39	8.73	14.62	11.48	9.49	10.38	9.92	10.57	10.49
“幸福”（%）	城镇	37.64	47.52	48.90	67.84	75.08	80.46	77.03	72.39	61.76	65.72
	农村	34.35	43.62	43.24	58.89	70.07	79.54	73.59	72.22	63.29	63.66
均值	城镇	3.28	3.45	3.47	3.79	3.83	3.91	3.86	3.78	3.65	3.71
	农村	3.21	3.36	3.39	3.60	3.71	3.88	3.76	3.73	3.63	3.64

① 事实上，从两类划分方式的城乡样本量也可能看出二者还是略微存在差异，而且调查地与户籍之间的相关系数仅为 0.7051，并没有想象中的那么高。

续表

		2003	2005	2006	2008	2010	2011	2012	2013	总体1	总体2
样本数	城镇	5453	5783	5200	3414	5734	2455	5490	5091	38630	33167
	农村	433	4560	4951	2586	6040	3164	6263	6333	34330	33897

注：数据来源于中国综合社会调查；"幸福"包括幸福和非常幸福，不幸福和非常不幸福重新组合为"不幸福"；总体1包括2003年在内的全部样本，总体2是剔除2003年后的样本。

图3-2描绘了2003—2013这10年间我国东、中、西部区域居民群体的幸福感情况。首先，从感觉到幸福和非常幸福的占比看，除2003和2013年外，其余年份均是东部地区占比最高，中、西部地区各年差异不大，尤其是最近两年，这一数据在三个区域还表现出趋同。总体态势上，三个区域均在2011年前上升，2011年之后下降，这也同我国居民幸福感变化的总体情况相呼应。但是整体上东部、中部和西部三大区域的幸福感2013比2003年都提高了将近一倍。再者，从各区域幸福感均值分析，除2003年外，其余年份均是西部地区的平均分最高，结合前面分析表明，西部地区民众的幸福感水平横向比较更加幸福。在时间趋势上，东、中、西部三大区域平均分也表现出了同全国居民幸福感总体情况相一致的先升后降的态势。

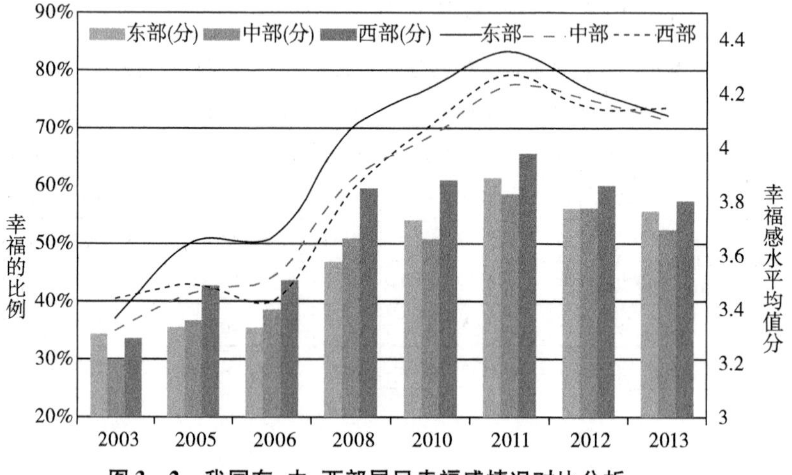

图3-2　我国东、中、西部居民幸福感情况对比分析

注：数据来源于中国综合社会调查。

表3－4统计了各省(自治区、直辖市)在各调查年份的幸福感均值[①]。在2003—2013年的10年间,总体上看,山东省居民幸福水平最高,平均分达到3.8866;广西壮族自助区的分值最低,为3.3747;而经济发展和地理位置均被认为非常好的北京市和上海市排名仅位列中间位置。

表3－4　中国省际幸福感情况及变化趋势

	2003	2005	2006	2008	2010	2011	2012	2013	总体
北京	3.3864	3.4005	3.5470	3.8417	3.9710	3.9189	3.8214	3.7926	3.7238
天津	3.1980	3.5975	3.5181	3.5417	3.9347	3.8681	3.8123	3.5648	3.6136
河北	3.3425	3.5262	3.5875	4.0208	4.1220	4.1076	3.9532	3.9020	3.8123
山西	3.4177	3.5663	3.5813	3.7917	3.8843	3.9791	3.9400	3.7651	3.7910
内蒙古	3.4625	3.5629	3.5357	3.8944	4.3600	—	4.1600	4.1200	3.8335
辽宁	3.2318	3.4255	3.4975	3.7625	3.6583	4.0132	3.9875	3.7481	3.6651
吉林	2.8333	3.3743	3.5371	3.7042	3.7598	3.9472	4.0380	3.7149	3.7435
黑龙江	3.0463	3.2810	3.6325	3.7708	3.6036	3.8200	3.8557	3.8047	3.6450
上海	3.1759	3.4025	3.3400	3.9000	3.8438	3.8646	3.8439	3.9516	3.6645
江苏	3.3346	3.5122	3.5536	3.7708	3.8281	3.9688	3.9402	3.8944	3.7143
浙江	3.3000	3.3261	3.4656	4.1000	3.8759	4.3158	3.8520	3.9592	3.7650
安徽	3.4481	3.5172	3.4792	3.4625	3.7946	3.7626	3.7731	3.7750	3.6364
福建	3.3116	3.3988	3.3396	3.6833	3.8251	3.5938	3.7993	3.7900	3.5942
江西	2.9328	3.2905	3.3042	3.5875	3.4989	3.8897	3.5271	3.7099	3.5317
山东	3.4353	3.7414	3.7204	4.0125	4.0431	4.0615	4.0520	3.9883	3.8866
河南	3.3262	3.4036	3.4045	3.7704	3.7444	3.8594	3.7454	3.5976	3.5934
湖北	3.1583	3.2138	3.1854	3.6208	3.5654	3.6589	3.7279	3.5763	3.4831
湖南	3.3262	3.2770	3.2792	3.4778	3.5597	3.7634	3.6553	3.6774	3.4839
广东	3.2310	3.3761	3.3959	3.8238	3.7509	3.8211	3.5546	3.2355	3.5018
广西	3.2092	3.0878	3.0950	3.0222	3.5707	3.6804	3.6486	3.5850	3.3747
海南	3.4500	3.4625	3.3250	—	3.6465	—	—	—	3.4828
重庆	3.0244	3.6000	3.4750	3.7333	3.5714	3.6667	3.6722	3.7391	3.6358
四川	3.3359	3.4012	3.4006	3.8333	3.7488	4.0510	3.6990	3.8400	3.6098
贵州	3.1583	3.2836	3.1625	3.4917	3.5493	3.8737	3.5918	3.6623	3.4493

① 海南、西藏、青海、宁夏等四省(自治区)接受调查的年份较少,共8轮,这些省份均不足5轮,因此,它们不参与讨论和比较。

续表

	2003	2005	2006	2008	2010	2011	2012	2013	总体
云南	3.2313	3.2844	3.3591	3.1917	3.6701	4.0674	3.6900	3.7463	3.5675
西藏	—	—	—	—	3.3205	—	—	—	3.3205
陕西	3.2030	3.4461	3.4500	3.5433	3.7167	3.8299	3.7698	3.6905	3.6079
甘肃	3.6812	3.2795	3.3065	3.9833	3.9050	4.0684	4.1206	3.9200	3.7327
青海	—	—	—	—	3.9300	4.0417	4.1500	3.8900	4.0025
宁夏	—	—	—	3.7000	4.1100	—	3.9100	3.9600	3.9095
新疆	3.5125	3.3375	3.5250	3.7333	4.3100	—	4.3400	—	3.8177

注:数据来源于中国综合社会调查。

从单个调查年度看:2003 年,排名前三的分别为甘肃省、新疆维吾尔自治区和内蒙古自治区,排名后三位的是重庆市、江西省和吉林省;2005 年前三为山东省、重庆市和天津市,后三为湖南省、湖北省和广西壮族自治区;2006 年前三位为山东省、黑龙江省和河北省,后三位为湖北省、贵州省和广西壮族自治区;2008 年前三位分别为浙江省、河北省和山东省,后三位是安徽省、云南省和广西壮族自治区;2010 年前三是内蒙古自治区、新疆维吾尔自治区和河北省,后三是湖南省、贵州省和江西省;2011 年前三是浙江省、河北省和甘肃省,后三位是重庆市、湖北省和福建省;2012 年前三是新疆维吾尔自治区、内蒙古自治区和甘肃省,后三是贵州省、广东省和江西省;2013 年前三分别是内蒙古自治区、山东省和浙江省,后三位是湖北省、天津市和广东省。最后,从各省的变化情况看,大多数省份的平均分都是在 2011 年达到顶峰,也有少量省份在 2010 年和 2012 年,基本上也表现出与总体相呼应的先上升后下降的态势。

3.2.3 中国居民幸福感的群体结构与变化态势

本小节根据性别、政治面貌、教育程度、婚姻状况、民族和年龄段等人口社会经济指标比较各群体的幸福感状况以及 2003—2013 年这 10 年间各群体幸福感变化情况。

图 3－3 绘制了男性与女性居民群体的幸福感状况,从图中可以看出,无论是从自感“幸福”的占比,还是从幸福感得分均值来看,除了 2003

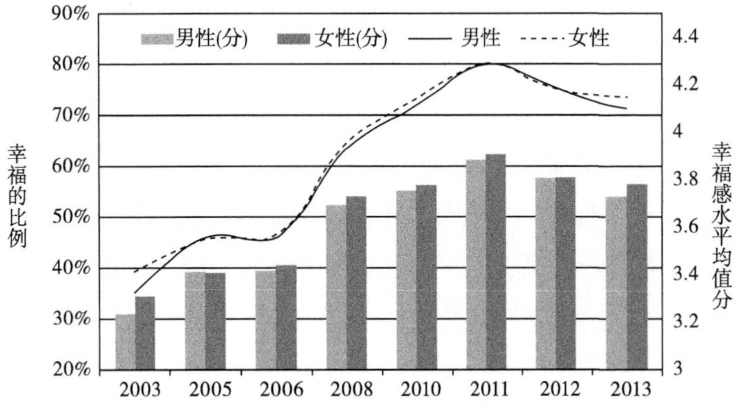

图 3－3　男性与女性群体幸福感变化趋势

注：数据来源于中国综合社会调查。

和 2013 年女性群体在两个方面略高于男性外，其余调查年份，男女群体几乎是重合的，表明我国居民在性别之间的幸福感差异并不明显。此外，在趋势上男女群体都表现出和总体极为一致的先上升后下降，转折点也都出现在 2011 年。

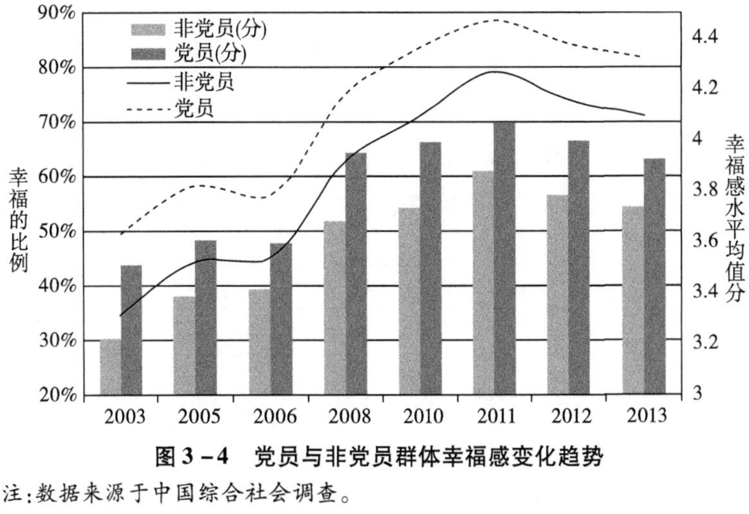

图 3－4　党员与非党员群体幸福感变化趋势

注：数据来源于中国综合社会调查。

图 3－4 是基于政治面貌特征进行统计的结果。从图中可以明显看出，共产党员的幸福感水平都显著地高于非共产党员群体。几乎每年党员群体幸福的比例都超出非党员群体 10 个百分点；两类群体的幸福平均分值相差都在 0.2 左右，最高甚至接近 0.29，最小也相差 0.18。但是两

类群体幸福感的变化并不因受访者的政治属性有异，两类群体都表现出一致的先升后降的趋势，都以2011年为界。

不同受教育状况的人对于幸福的理解可能存在差异，根据受访者对受教育程度的回答，将教育分为初等教育、中等教育和高等教育群体，图3-5是三类教育群体幸福感统计情况。分析发现，整体而言，无论是幸福比例还是平均分值都表明受教育程度越高的人群越幸福。另外，初等、中等和高等教育群体也如同整体一样，均表现出幸福感先提升而后几年又有所下降的态势。

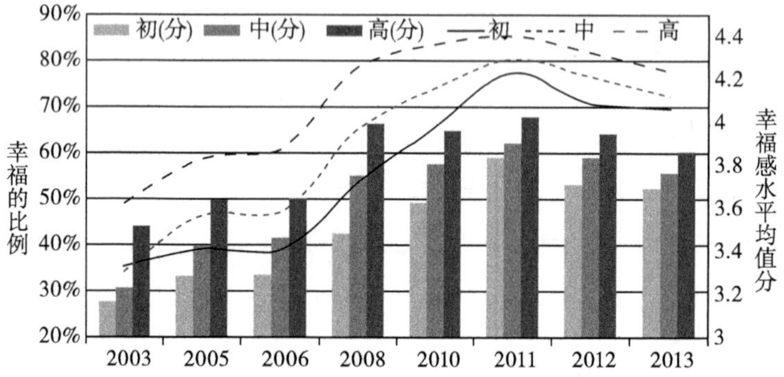

图3-5　初、中、高等教育程度群体幸福感状况及变化趋势

注：数据来源于中国综合社会调查。

图3-6是已婚群体和其他婚姻状况群体的对比结果图。除2008年外，其余年份均是已婚群体更加幸福快乐。趋势上也是幸福感先增加后下降。

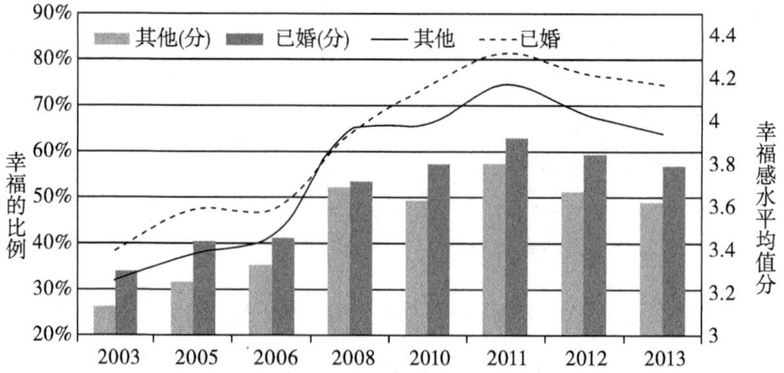

图3-6　已婚与其他婚姻状况群体幸福感状况比较及变化趋势

注：数据来源于中国综合社会调查。

图 3－7 是民族属性的统计情况。不难发现，2010 年之后，少数民族群体的幸福感要高于汉族民众。2013 年相比 10 年前，两类人群的幸福感水平都有较大的提升。

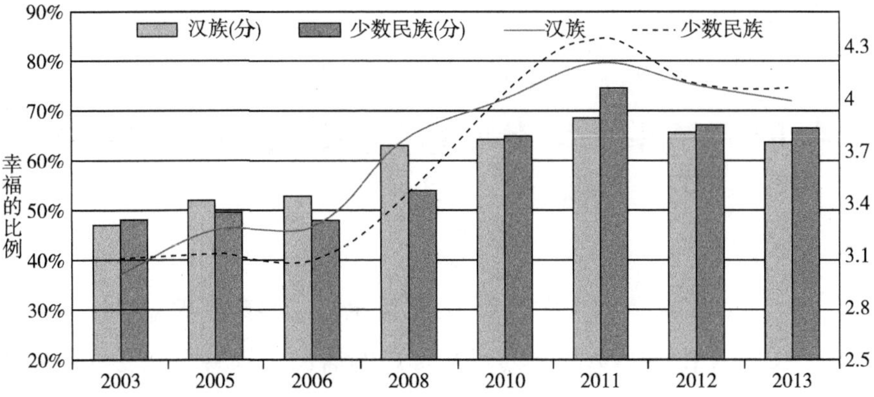

图 3－7　汉族与少数民族群体幸福感状况比较及变化趋势

注：数据来源于中国综合社会调查。

图 3－8 描绘了不同年龄段①人群的幸福感状况。除 2006 年外，其余各轮调查结果均显示为青年人和老年人比中年人更幸福，这与国内外已有研究结论非常吻合。在时间上，三类年龄人群基本表现出幸福感先提升，在 2011 年后的最近三年又有下降趋势。

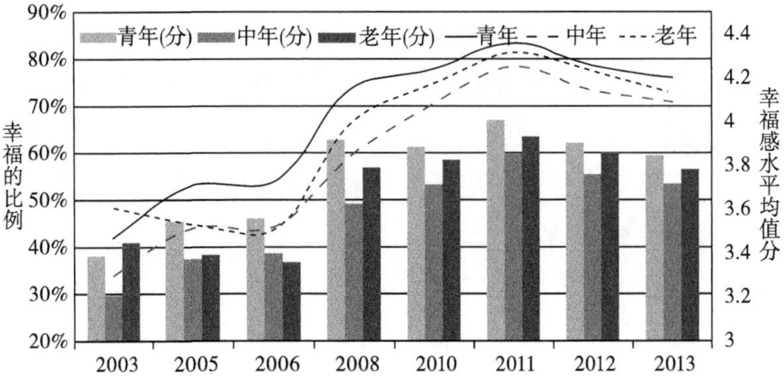

图 3－8　青年、中年和老年群体幸福感状况比较及变化趋势

注：数据来源于中国综合社会调查。

---

① 年龄段的划分采用 15—30 岁为青年；31—59 岁为中年；60 岁以上为老年。

4. 收入不平等与幸福感关系理论基础与机制

人生幸福的条件因素实在太多，幸福感是这些条件因素引发的心理状态。长期以来，国内外学者对不平等影响居民幸福感的内在机制展开了深入而广泛的研究。威尔金森和皮克特（2010）在其著作《不平等的痛苦：收入差距如何导致社会问题》[①]中，从社区社会和社会关系、精神健康和药品使用、身体健康与预期寿命、肥胖、教育表现、青少年怀孕、暴力、监禁与惩罚、社会迁移等视角广泛分析了不平等的代价，并指出社会中的个体极易受到不平等状况的影响是因为人们拥有一些共同的心理特性，如严重的不平等状况导致人们对社会评价产生焦虑感和社会不安全感，而这些又会对幸福感产生影响。

收入差距或者收入不平等是经济不平等的重要维度，因此，不平等影响民众幸福感的内在机制也就是收入差距影响幸福感的潜在机制，而这些影响机制同样也是通过收入差距作用于人们的心理，进而通过幸福感的心理产生机制对幸福感产生影响。本书就目前关于收入差距和幸福感研究文献进行简要归纳总结。

① 原版英文著作有两个版本，其中2009年书名The Spirit Level—Why More Equal Societies Almost Always Do Better；2010又出版了更新版本，书名修改The Spirit Level：Why Equality is Better for Everyone.

4.1 收入差距影响幸福感的理论基础

4.1.1 纯粹的不平等厌恶,“不患寡,而患不均”①

亚当·斯密在其《道德情操论》(1759)中认为,追求公平正义的强烈愿望和对不平等的强烈怨恨是人类的一种基本情感(乔洪武、沈昊驹,2011)。社会学中一直存在这一假设:由于不均等会给自己带来负面情绪影响,人们倾向于减少不平等,也就是说人们普遍厌恶不平等(inequality - averse social preferences),期望均等。当出现不公平的情形时,人们会表现出不满和怨恨。以费尔为代表的实验经济学和行为经济学家们称这一现象为“不公平厌恶(Inequity Aversion)”(Ferh & Schmidt,1999;Bolton & Ockenfels,2000;Kahneman et al,2006)。有大量的行为学和人类学证据与这些理论预测的结果相符合,与不平等厌恶结果一致的许多行为也可以通过人们对社会现象或互惠的关注来解释,因此这需要直接的神经学证据来证明人类有反对不平等的社会偏好。最近在《自然》上发表的美国科学家 Elizabeth Tricomi 等(2010)的研究成果提供了这方面的证据,他们采用功能性 MRI 来直接测定人类大脑存在反对不平等的社会偏好②。中国人一直有不平等厌恶的思想,《晏子春秋·内篇·问上》中晏婴在回答齐景公“古之盛君”的行为准则时讲“其取财也,权有无,均贫富,不以养嗜欲”。孔子的《论语·季氏》:“闻有国有家者,不患寡而患不均,不患贫而患不安。盖均无贫,和无寡,安无倾。”北宋农民起义领袖王小波对贫苦农民说:“吾疾贫富不均,今为汝辈均之。”(《宋史·樊知古

① 出自孔子的《论语》季氏第十六篇。

② Elizabeth Tricomi, Antonio Rangel, Colin F. Camerer & John P. O'Doherty, Neural evidence for inequality - averse social preferences, Nature 463, 1089 - 1091 (25 February 2010). 他们通过纳入两组受试者并给其中一组一大笔钱来制造不平等现象。当两组人在关注他们的财富转移过程时,包括转移给自己或者是把自己的转移给别人,测量了复侧纹状体和腹内侧前额皮质的神经反应,在社会和非社会环境下,对金钱和基本回报评价时都涉及这两个区域。与反对不平等社会偏好的模型一致,试验结果发现对“富”的实验对象来说,其纹状体和前额皮质中的神经反应在另一个实验对象得到更多钱时更强烈;对“穷”的实验对象来说,其脑中同一区域的神经反应在他们自己得到钱时更强烈。这些结果为这类模型有效性提供了直接的证据,并证明大脑的奖励回路对有利和不利的不平等都是敏感的。

传》)南宋农民起义领袖钟相提出“等贵贱,均贫富”(《建炎以来系年要录》卷三一),等等,则反映了古代农民反对封建剥削的朴素平均要求。

4.1.2 相对剥夺理论

Runciman(1966)提出了相对剥夺(Relative Deprivation)理论,即人们通过与其自选的参照群体的比较而发现自己处于劣势时所产生的一种被其他群体剥夺的负面心理体验,进而产生消极感受。当收入成为比较的对象时,收入不平等程度的提高就导致相对剥夺感的上升,从而损害幸福感。Yitzhaki(1979)通过收入正式阐述了这一概念,提出了使用与所有收入人群中高于自己收入的差距的总和来度量相对剥夺感,而且证明了这种度量事实上就等价于绝对基尼系数。相对剥夺是一种个人的心理感知,也是社会心理视角中的重要概念。它的产生并不是基于客观标准,或社会关系的相对位置,而是通过社会互动的象征意义实现的心理过程。当人们发现自己在比较中处于劣势时,就会体验到相对剥夺感,从而激发消极的心理感知(默顿,2006)。与自选参照群体相比,个人的相对剥夺感越强,对幸福的感知程度就越低(McRride, 2001; Ferrer - i - Carbonell, 2005)。

郭星华(2001)提出,转型时期不均衡的经济发展造成中国的贫富差距日益扩大,部分群体因未能共享社会进步成果,或被原有既得利益群体剥离,处于经济劣势的地位。与其他群体相比,他们感受到强烈的挫败感与相对剥夺感。由此可见,中国在由计划经济转向市场经济的过程中,打破了原来均等化的收入分配格局。当利益期待与现实满足之间出现了负向偏差,导致自身欲望实现速率不及参照群体时,由此产生的相对剥夺感将弱化他们对幸福的积极体验(黄嘉文,2016)。相对剥夺理论预言不断扩大的收入差距增加了相对剥夺感,从而降低了人们的幸福感。

4.1.3 改变预期说、社会流动、隧道效应等理论

在一些社会流动性比较高、不确定性比较大的社会中,由于社会不再被看作是一种静止的状态,其他人的收入可以作为一种信息或信号,作用于个人对自己未来收入的预期,从而改变个人的幸福感。

在这种情况下，其他人收入的提高可能会预示着自身收入将会提高，这种现象被称为示范效应。Hirschman & Rothschild(1973)最早提出了隧道效应(tunnel effect)①的概念，他们使用隧道中的堵车作类比，指出在隧道中堵车的时候，尽管自己所在车道的汽车没有移动，但如果看到旁边车道的车开始向前移动，那么司机可能会推测前方堵车状况得到了好转，进而可以预期自己所在车道也会很快向前移动。但是如果旁边车道的车不断向前移动，而自己所在的车道却纹丝不动，那司机心情就会更糟。通过这个比喻，他们认为当人们发现身边有人经济情况开始变好时，往往也会对自己的未来有一个好的乐观的预期，这会提高人们的幸福感。这被学者称为"正向隧道效应"，在这种情况下，人们会对更高的不平等程度有更高的忍耐度。但他们同时也指出如果经济增长只是惠及小部分人，大部分人长期被抛离在经济繁荣的成果之外；或者说收入差距过大，而低收入者依旧没有达到预期，那隧道效应就将展现出狰狞的一面，人们的乐观预期就会消失，取而代之的是不满、愤怒、沮丧和急躁的心态，这可能激化社会矛盾，降低人们的幸福感，这一机制称为"负向隧道效应"。

4.2 收入差距影响幸福感的间接路径机制

收入差距会带来许多的社会问题，诸如健康恶化、暴力犯罪、社会信任危机等等，而这些社会问题又直接影响着人们的幸福感。收入差距对主观幸福感影响的间接效应包括：

---

① "隧道效应"概念是依据生活中的堵车现象提出的，当你开车进入一个同方向双车道的隧道时，遇上严重的交通堵塞，你的车停在其中一条车道上，动弹不得，你感到不好受，但是由于大家都堵着，所以也还有耐心等下去。等了一会儿，旁边车道的车开始移动，这时你的心情起了什么变化呢？似乎要取决于旁边车道的车移动状态。当旁边车道的车开始向前移动时，你预想到前方的交通事故已经处理完毕，你所处的车道马上也会恢复通车，这时你的心情会很舒畅。但如果旁边车道的车移动的速度继续加快，而你所在的车道纹丝不动时，你的耐心就会迅速消失，心情比堵车时更糟糕，下一步你可能强行开入旁边车道，于是导致了更严重的交通堵塞。

4.2.1 健康

De Vogli 等(2005)对意大利和 21 个工业国家研究发现,经济不平等越严重的发达国家或地区,期望寿命越低。Kondo 等(2009)利用元分析(Meta - analysis)对总共包括近 6000 万个样本的大量研究综述发现:生活在高收入差距地区的人有过早死亡和自评健康不佳的高风险,而且这还与他们的社会经济状况、年龄和性别无关。Offer 等(2012)发现国际儿童肥胖与收入差距呈正相关关系,但国家之间的差距要小些。Burns 等(2013)对 1975—2011 年研究精神分裂症的相关文献进行系统回顾,发现生活在高不平等国家的人患精神分裂症的风险会增高。威尔金森和皮克特(2010)利用发达国家和美国各州数据研究发现,相对平等的社会,期望寿命更长,成人死亡率、婴儿死亡率、精神疾病患病率和肥胖率等均更低①。Rowlingson(2011)指出收入差距明显影响健康和社会问题的最合理解释就是"身份焦虑"(Status anxiety),收入差距使得人们处于一个陡峭的社会层次结构中,那里充满了紧张、压力和地位竞争,进而导致健康不良,因此,收入差距是有害的。然而,健康对于追求幸福的人来讲,其重要性就毋庸置疑,是影响个人幸福非常重要的因素。

4.2.2 信任

Uslaner(2002)表明不平等影响到信任,但信任对不平等没有任何直接的影响,在因果关系中,不平等是起因。Rothstein & Uslaner(2005)研究发现过度的不平等强化了地位的差异性,容易造成人际隔阂与疏离。Paskov & Dewilde(2012)研究表明收入差距会增加社会成员的距离感,使得你认为社会其他成员越来越远离你,这会导致你越来越难以信任他们,难以与他们建立关系。威尔金森和皮克特(2010)使用简单的方法考察

---

① 详见威尔金森和皮克特(2010)《不平等的痛苦:收入差距如何导致社会问题》,P20 - 21,第五、六章。另外,搜狐财经综合报道题为"三张图告诉你:'收入不平等'真的会害死人"的报告,实际上就是引用了威尔金森和皮克特(2010)中的三张图。详见 http://business. sohu. com/20130930/n387517934. shtml.

了收入不平等与信任的关系：低水平的信任与高程度的不平等相关（见图4－1）。Jordahl（2007）研究也发现一个国家收入差距的增加会导致更低的信任。Oishi 等（2011）利用美国综合社会调查 1972—2008 年数据研究发现，收入差距趋于严重化时，人与人之间的信任关系将被侵蚀，并影响人们的幸福感知。Krause & Wulff（2005）发现在关系信任较高的社会中，个人很容易得到精神慰藉，以摆脱情感体验中的不愉快感觉。Rothstein（2012）也指出信任他人，会让自己对生活机遇更加乐观，同样重要的一点是，觉得生活越来越美好。威尔金森和皮克特（2010）指出信任不仅影响到个人的幸福，同时还影响到公民社会的幸福。申云和贾晋（2016）通过考察社会资本在收入差距与幸福感关系中的作用发现这一路径的存在。这些足以表明关系信任是个人幸福的重要因素。

4.2.3　公共资源

幸福被视为与一系列社会政策相关的政治目标（Smith & Egger，1996），作为衡量社会政策质量的重要指标，政府的公共服务供给将直接影响民众对幸福的感知程度，李森圣（2015）指出基础设施等公共资源会影响福利水平。Oswald & Powdthavee（2008）和谢舜等（2012）研究发现改善社会福利体系、增加公共财政支出和提升公共医疗卫生水平都能有效促进民众的幸福感。黄嘉文（2016）指出收入分配制度和政府的公共服务供给均受到宏观结构因素的制约，是历史、政治、经济和文化交互影响的产物。Kaplan 等（1996）发现一个地区收入差距与其基础设施建设、社会福利和社会保障水平高度相关。斯蒂格利茨（2013）阐述了高度不平等降低了公共投资，并进行了这样的解释：当一个社会在财富方面变得越分裂，那么富人就越不愿意在公共需求方面花钱。富人不必依赖政府来获取如公园、教育、医疗或人身安全等方面的服务，这些东西他们自己都能花钱买得到，于是他们与普通人之间的差距就更大了[1]。同样的，收入差距较大的地区或国家，由于富裕阶层对于基本层次的服务需求很低，他

① 约瑟夫 E. 斯蒂格利茨. 不平等的代价[M]. 张子源，译. 北京：机械工业出版社，2013，P85.

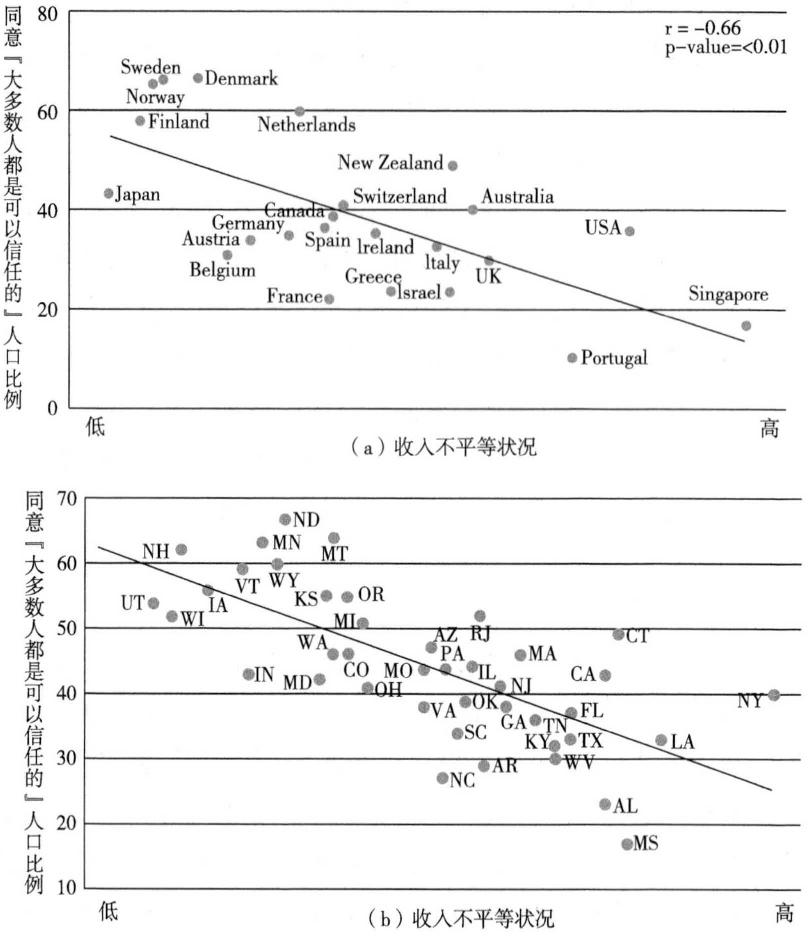

图 4-1　不平等与信任

资料来源:转引自威尔金森和皮克特(2010),《不平等的痛苦:收入差距如何导致社会问题》。(a)较平等的国家,信任的人口比例较高;(b)美国较平等的州,信任的人口比例较高。

们会寻求高层次的服务,这会使得其转向服务条件好的地区或发达的国外服务,而对本地区的公共服务资源并不在乎,这可能导致政府公共资源投入和供给相对不足,从而导致当地基础设施、社会保障和医疗健康等基本公共服务较为落后,从而影响民众的健康幸福水平。Ross 等(2000)和 Lynch 等(2004)研究发现政府公共资源投入是影响收入差距与个体幸福感关系的重要机制。

4.2.4 暴力、犯罪与社会安定

经济不平等与财产犯罪或暴力犯罪间关系已被大量学者研究发现(Krahn, et al. ,1986; Kawachi et al. ,1997;Kawachi et al. ,1999;Daly et al. ,2001;Uslaner,2002;Rothstein & Uslaner E,2005;Elgar & Aitken,2011;Elgar et al. ,2013;Rufrancos et al. ,2013)。Hsieh & Pugh(1993)发现越不平等的社会,犯罪率越高。Whitworth(2012)对英国的研究也得到了同样的结论,该研究发现即使在许多不同的环境中,使用不同方法和控制了许多影响犯罪的因素如低收入、失业、青少年未婚生育率等之后,不平等依然与所有五种犯罪指标高度正相关,结果非常稳健。Fajnzylber 等(2002)发现西班牙和加拿大不平等水平有一个持续的小量降低,导致凶杀案降低 20% 和抢劫案下降了 23%。社会安定对幸福感的影响是心理学家关注的话题,研究发现高犯罪地区或者受过犯罪侵害的居民,会出现包括抑郁、焦虑、压力紊乱以及情感上的敌视等心理问题(Davis & Friedman,1985;Sorenson & Golding,1990;Norris & Kaniasty,1992)。Michalos(2000)研究发现这些心理问题对居民的幸福感或生活满意度都有显著的负面影响。鲁元平、王韬(2011)通过分析发现收入不平等通过社会犯罪这一路径影响中国居民幸福感是存在的。

以上这些学说从不同的角度揭示了收入差距对幸福感的影响机制,事实上,学者们最后得到的研究结论往往是幸福感是这些不同机制综合作用的结果,只是说在某一阶段,某种学说的作用更加突出而已。

5. 收入不平等影响民众幸福感的实证检验[①]

对于一个社会来说，重要的不是仅仅拥有财富的问题，而是财富的正确分配问题……人要想快乐，便脱离不了享受的物质手段，这在一切文明社会里主要就是财富，但是人们可以在拥有较少财富的情况下达到前所未有的快乐境地，而在财富极为充裕的情况下，却仍可能非常痛苦。和社会利害攸关的主要是财富的使用和分配问题，而不是财富的多寡。

——英国经济学家威廉·汤普逊

5.1 引言

我国的经济改革和经济转型促进了国民经济的持续增长，这也导致了居民收入水平的不断增长和人民生活水平的不断提高。然而，伴随着经济的增长，我国的贫富差距或者说收入差距问题变得越发严重，据国家统计局的统计数据显示，1978 年我国的基尼系数为 0.317，2000 年为 0.412，超过了国际警戒线 0.4，并呈不断上升趋势，到 2004 年，超过0.465，逼近 0.47，这也是国家统计局在 2012 年以前最后一次公布基尼系数，之后的基尼系数大都是由经济学者或研究机构根据调查数据做出的估计，中国社科院的一份报告称，2006 年中国的基尼系数已经达到了 0.496，

① 本章原文《收入差距对中国居民主观幸福感的影响分析》发表于 2011 年《中国人口科学》第 3 期，在原文基础上进行了进一步分析和修改完善。

2010 年新华社两位研究员判断我国的基尼系数实际上已超过 0.5。直到 2013 年,国家统计局[①]公布了我国 2003—2012 年全国居民收入基尼系数,分别为:2003 年 0.479,2004 年 0.473,2005 年 0.485,2006 年 0.487,2007 年 0.484,2008 年 0.491,达到峰值,然后逐步回落,2009 年 0.490,2010 年 0.481,2011 年 0.477,2012 年 0.474。总而言之,改革开放近 40 年来,我国收入差距总体趋势上不断扩大,这一论断得到了国内外学者的基本认同(李实等,1999)。

大量的研究发现:不断扩大的收入差距已经并还将继续对社会经济发展和人民生活的诸多方面产生严重的影响,比如可能阻碍经济的可持续增长(Aghion 等,1999;Benjamin 等,2006),导致频繁的社会冲突(Alesina 等,1996),较高的暴力犯罪水平(Hsieh 等,1993),对居民的健康也是一个极大的威胁(Asafu - Adjaye J,2004;Hongbin Li 等,2006),降低了人们的社会信任水平(Rothstein & Uslaner,2005;Jordahl,2007),致使国民"弱势心理"蔓延(人民日报,2010),如此等等。人们追求尽可能好的工作、尽可能高的社会地位、尽可能多的权力和金钱,相信人们不是为了这些东西本身,而是因为通过它们能够给人带来幸福(Frey 等,2002),幸福才是人们生活的终极目标(Ng,1997)。那么收入差距对居民幸福感是否有着重要的影响呢?社会经济发展不是我们的最终目标,其仅仅是实现我们终极目标的手段。社会活动和社会政策的目标也应该是为了给人们带来尽可能多的幸福。收入分配制度所导致的收入不平等问题是否也符合这一原则呢?收入不平等有利于还是有害于我们生活所追求的终极目标?而且这种影响到底是什么样的关系?这些都是本章所关心的问题。

除了引言部分,本章余下的内容结构安排如下:第二部分是对国内外研究收入不平等对居民幸福感影响的相关文献进行综述,第三部分是研究数据、变量及分析方法的介绍,接下来是本章的核心部分,实证和结果

① 2013 年国家统计局局长马建堂在国务院新闻办公室新闻发布会上就 2012 年国民经济运行情况答记者问时描述的,见 http://www.stats.gov.cn/tjgz/tjdt/201301/t20130118_17719.html.

分析，最后是本章小结。

5.2 文献综述

主观幸福感是个体依据自定义的标准对其生活质量的整体评价，是衡量个人和社会生活质量的重要综合性心理指标。心理学家和社会学家对居民幸福感决定因素进行了长期的研究（Wilson，1967；Argyle，1987；Diener 等，1999；Kahneman 等，1999）。这一问题一直没有进入经济学家的研究视野，直到 1974 年，Easterlin 发表了论述美国跨期收入变化与主观幸福感变化之间的关系的文章，从经济学角度研究主观幸福感的文献才大量出现。然而研究收入分配和收入不平等对主观幸福感影响的文献并不多，研究的结论也不尽相同，实证结果大致有负相关、正相关和不相关关系。

收入差距通常被认为具有负的公共物品特征，收入差距越大，人们受到的负面影响也就越大（Thurow，1971；Pauly，1973），幸福感越低。Morawetz 等（1977）通过以色列两个收入差距悬殊的社区案例分析验证了这一假说，他们的计量分析结果表明，在收入差距较大的社区，居民的幸福感显著低于收入分配较为平均的社区居民，同时，他们自己也承认研究设计不够完美。Hagerty（2000）利用 8 个国家 25 年的数据研究发现，一个国家收入分配差距的降低将增加整个国家的平均幸福感水平，平均幸福水平在那些收入差距更大的国家更低。Alesina 等（2004）对美国和欧洲的研究也发现收入不平等对主观幸福感有负的影响，但在不同的群体之间又不一样。当不平等程度较高时，居民会倾向于报告较低的幸福感水平。然而在欧洲，穷人和政治左派对不平等的反应较为明显；在美国，政治左派和穷人的幸福感水平与不平等程度的相关程度不高，富人反而对不平等感到烦恼。他们解释说美国人生活在一个流动的社会中，个人可以凭借自身的努力而提高自己的收入水平，相比较而言，欧洲人则认为他们生活在一个较为不流动的社会中。Graham 等（2006）利用一个非营利性组织在拉丁美洲 18 个国家的调查数据，以相对财富水平作为不平等的衡量,研究发现不平等对居民幸福感有负向影响,在拉丁美洲,不平等似乎被视为持续性不公平的信号。Schwarze & Harpfer(2007)利用联邦德国在1985—1998年的14次社会经济调查面板数据(GSOEP)进行研究,运用有序概率模型和固定效应模型考察了联邦德国75个地区的基尼系数与当地居民的生活满意度之间的关系,研究发现基尼系数对居民生活满意度有着统计显著的负面影响,而这种影响不因被调查者的穷富而有所差别。Oshio等(2011)分析了日本各地区间收入不平等与幸福感之间的关系,发现生活在高收入不平等地区的人易于报告他们更加不幸福,同时指出幸福感不仅依赖收入而且依赖收入不平等,并认为该结论表明收入再分配对于个人的幸福感至关重要。Oishi等人(2011)利用美国1972—2008年的综合社会调查数据发现,平均而言,美国人在收入差距小的年份要比大的年份更加快乐。

其次,有一些学者研究发现二者之间存在着正向关系,Tomes(1986)研究加拿大不同地区之间男性居民时,发现收入不平等对主观幸福感有正向影响,这一结论后来得到了Clark(2003)研究的进一步支持,其采用1991—2002年英国住户调查的面板数据,发现地区之间的不平等与生活满意度正相关,他将其解释为对于这些被访者来说,不平等就意味着机会。Ohtake等(2002,2004)对日本研究均发现基尼系数和主观感知到不平等加剧都与幸福感存在微弱的正相关。

最后,还有学者发现二者没有关系,Helliwell(2003)利用世界价值观调查的前三期数据,在控制了绝对收入和相对收入之后,没有发现基尼系数与生活满意度之间有显著的相关关系。Senik(2004)利用俄罗斯纵向监测调查数据发现俄罗斯地区基尼系数水平与幸福感之间没有关系。Graham等(2006)也没有发现基尼系数与幸福感之间有显著的关系,Berg等人(2010)在国家层面上也没有发现国家之间的收入差距与其平均国民幸福感之间存在关系。

而我国在这方面的研究文献十分有限。Smyth等(2008)利用个体对收入分配的主观公平感知作为不平等指标分析了中国城市人群幸福感与不平等之间的关系,他们发现那些觉察到收入分配不公平的人群报告了更低的幸福感，而这种反应在高收入和低收入人群是不一样的，高收入的人群觉察到分配不公后报告更高水平的幸福感，而低收入则报告更低的幸福感。彭代彦和吴宝新（2008）利用湖北和湖南两省收集到的农户调查数据研究发现，村庄内部的农业收入差距越大，农民的生活满意度越低，但是村庄内部的非农业收入差距对农民的生活满意度并没有显著的不利影响。Brockmann 等（2009）利用世界价值调查数据研究发现，收入差距扩大带来的相对剥夺感是导致我国居民幸福感下降的重要原因。Knight 等（2009）发现我国农村居民主观幸福感与县级层面的收入基尼系数显著正相关，他们对此用了隧道效应来解释，中国经济的快速增长，不断扩大的收入差距让人们对自己未来收入有更高的期望，所以幸福感更高。王鹏（2011）利用中国综合社会调查数据研究发现收入差距与居民主观幸福感之间存在倒“U”形的关系。何立新与潘春阳（2011）从分配过程中的机会不均和分配结果收入差距等两大社会不平等维度探讨了中国的“幸福 - 收入之谜”，发现这两大因素均对居民幸福感有负面影响。

不同的研究者在数据、变量的选择与度量、研究方法等方面存在差异，致使研究结果之间也存在较大的差异，甚至得出相反结论（Paolo Verme，2011）。而这些不同甚至相反的结论又分别受到不同学说理论的支持。Hirschman & Rothschild（1973）提出了隧道效应（tunnel effect），他们认为当人们发现周边人的经济情况开始变好时，往往也会对自己的未来有一个好的乐观的预期，这会提高人们的幸福感。这被学者称为“正向隧道效应”。但他们同时也指出如果经济增长只是惠及小部分人，大部分长期被抛离在经济繁荣的成果之外或者说收入差距过大，而低收入者依旧没有达到心中预期，那隧道效应就将展现出狰狞的一面，人们的乐观预期就会消失，取而代之的是不满、愤怒、沮丧和急躁的心态，这可能激化社会矛盾，降低人们的幸福感，这一机制称为“负向隧道效应”。Runciman（1966）提出了相对剥夺理论，即人们通过与其自选的参照群体的比较而发现自己处于劣势时所产生的一种被其他群体剥夺的负面心理体验，进而产生消极感受。Yitzhaki（1979）通过收入正式阐述了这一概念，提出了使用与所有收入人群中高于自己收入的差距的总和来度量相对剥夺感，而且证明了这种度量事实上就等价于绝对基尼系数。相对剥夺理论预言不断扩大的收入差距增加了相对剥夺感，从而降低了人们的幸福感。另外，大量的研究证实：人们有一种与生俱来的对收入不平等厌恶的社会偏好，纯粹的厌恶。这个观点在神经科学（Tricomi 等，2010）、人类学（Fehr & Schmidt，1999）、行为科学（Kahneman 等，2006）等领域均得到证实。因此，收入差距过大会对人们的主观幸福感产生直接的负面影响。尽管这些学说从不同的角度揭示了收入差距对幸福感的影响机制，事实上，最后得到的研究结论往往是这些不同机制综合作用的结果，只是说在某一阶段，某种学说的作用更加突出而已。

我国市场化改革打破了平均主义的传统分配模式，鼓励一部分人、一部分地区通过合法劳动先富起来，再通过先富者带动后富者，最终实现共同富裕，在这种政策引导下，不管先富裕者有没有起到带动作用，其至少起到了示范作用，使得那些还没有富裕起来的劳动者劳动积极性增强。因此，适当的收入差距可能有利于调动生产积极性，促进经济发展，提高人民幸福，收入差距对我国居民幸福感的影响可能存在“正向隧道效应”；但当收入差距过大，会带来了许多社会问题，阻碍经济的发展，妨碍人民的生活，降低人们的幸福感，也就是说在收入差距过大的情况下，“负向隧道效应”也可能存在。基于这样的认识，我们提出这样的假设：收入差距对我国居民幸福感的影响可能是非线性的，具有倒“U”形特征。

从以上文献回顾可以看出，国内外对于这一研究课题没有最终定论，目前我国经济处于转型的关键时期，党和政府越来越关注民生，追求民生幸福。理清收入分配制度所产生的收入差距问题究竟对我国居民的主观福利水平产生了什么样的影响，将对我国深化收入分配制度改革，进一步完善收入分配制度和缩小收入差距具有重要的指导意义。因此，对这一课题非常有必要进行系统而深入的研究。

5.3 研究设计

5.3.1 数据来源

本章所使用的数据来源于中国人民大学社会学系与香港科技大学调查中心在全国开展的社会基本状况调查——中国综合社会调查数据(China General Social Survey,CGSS)。该调查是中国第一个全国性、综合性、连续性的大型社会调查项目。从2003年开始第一次调查,之后每年一次,直到2006年,此后隔一年调查一次,2008、2010年也开展了调查,再后来2011、2012、2013年又进行了调查,本章研究主要使用该调查项目2006年数据,调查采用分层的四阶段不等概率抽样:区(县)、街道(镇)、居委会(村)、住户和居民,前三级依据"第五次全国人口普查资料"完成抽样;共涉及全国28个省市的125个区(县),500多个街道(乡、镇),1000多个居委会(村),10000户家庭中的个人,覆盖了我国东、中、西部。该年度数据调查对象均为18周岁以上、70岁以下人口,总共调查了10151人,除去居民收入数据缺失的1932个样本和其他变量有缺失的11个样本后,最后形成有效样本共8208个,其中城镇居民4633人,占56.44%;女性4144人,占50.49%。

5.3.2 关键变量操作化定义

1. 主观幸福感

对幸福进行准确的衡量无疑是困难的,实际上,幸福作为对一定人生阶段的生活水平和生活质量的总体评价,用自陈报告法来测量最为合适,而且研究者也较多地使用主观幸福感来代替幸福。我们的调查问卷中通过询问被访者"总体而言,您对自己所过的生活感觉是怎么样的呢?您感觉您的生活是"这个问题,要求被访者在"非常不幸福、不幸福、一般、幸福、非常幸福"中做出选择。尽管这种主观幸福度的测量很简单,但是研究表明这一指标具有心理测量学的充分性,有充分的效度和信度(Veenhoven,1996)。因而,我们选取其为被解释变量,分别对其赋值为1、2、3、4、5,数字越大就表示幸福感越强。

2. 收入差距

本章重点检验一定区域内的收入差距对居民主观幸福感的影响，以居民年收入作为收入指标①，选取基尼系数②来度量区（县）级范围的收入差距，分别计算每一个区（县）的基尼系数③，125 个区（县）对应 125 个基尼系数，最小值为 0.194，最大值为 0.662，均值为 0.428，标准差为 0.0818。另外，选择泰尔指数和最富裕 50% 人口的收入占总收入份额这两个收入差距指标进行稳健性检验，旨在全面反映收入差距与居民主观幸福感之间的关系。

3. 其他控制变量

除核心解释变量收入差距之外，我们也选取和定义了主观幸福感影响方程中通常被控制的变量（Argyle, 1999; Frey and Stutzer, 2002; Alesina, et al., 2004; Dolan, et al., 2008; Smyth and Qian, 2008; Knight, et al., 2009; Jiang, et al., 2012），包括居民的个体人口学特征、家庭特征、社会经济状况和地区变量。变量的定义和描述统计分别见表 5 - 1 和表 5 - 2。

表 5 - 1 变量的定义

变量名称		变量解释
被解释变量：		
	主观幸福感	非常不幸福、不幸福、一般、幸福、非常幸福，分别取值 1、2、3、4、5
收入差距：		
	基尼系数	区（县）水平上以居民年收入计算的基尼系数
	泰尔指数	区（县）水平上以居民年收入计算的泰尔系数

① 收入差距的计算应该以家庭为单位还是以个人为单位是一个有争议的问题。李实（2003）强调在估计收入差距指数时应该把个人而不是住户（或家庭）作为一个分析单位或一个观测值。如果以住户为分析单位，不论是用住户总收入还是人均收入都会导致收入差距指数估计上的偏差。

② 基尼系数（Gini coefficient）是 20 世纪初意大利经济学家基尼根据洛仑兹曲线提出的判断分配平等程度的指标，其值介于 0 到 1 之间，若为 0，则分配完全平等；若等于 1，则分配绝对不平等；该系数在 0 和 1 之间取任何值，收入分配越是趋向平等，洛仑兹曲线的弧度越小，基尼系数也越小，反之，收入分配越是趋向不平等，洛伦茨曲线的弧度越大，那么基尼系数也越大。

③ 基尼系数的计算，本书采用 STATA11.2 中 gini( ) 函数命令，其优点相比其他如 ginidesc、inequal、ineqdeco 或者 ineqerr 等传统命令，可以直接在数据库中生成变量。

续表

变量名称	变量解释
收入份额	区(县)水平上最富裕的50%人口的收入份额
个体特征:	
年龄	受访者在调查时的实际年龄数
性别	如果是女性,变量值为1,否则为0
居住地	如果样本来自城市,取值为1,否则为0
户籍	如果是非农业户口,变量值为1,否则为0
民族	如果是少数民族,变量值为1,否则为0
政治面貌	如果是中共党员,变量值为1,否则为0
婚姻状况:	
单身	如果婚姻状况为单身,变量值为1,否则为0
在婚	如果已婚有配偶,变量值为1,否则为0
其他婚姻状况	如果是其他婚姻状况,变量值为1,否则为0
人力资本:	
健康	如果自评非常满意和比较满意,变量值为1,否则为0
教育	受访者在调查时已接受的学校教育年数
社会资本:	
社会关系	自感人际关系非常满意和比较满意,取值为1,否则为0
工作状况:	
工作	如果目前有工作,取值1,否则为0
从未工作但正在找工作	如果从未工作但目前正在找工作,取值1,否则为0
失业后找工作	如果是失业,目前正在找工作,取值1,否则为0
学生或服兵役	如果是学生或者服兵役,取值1,否则为0
退休	如果是退休,取值1,否则为0
料理家务	如果是料理家务,取值1,否则为0
其他工作状况	如果是其他工作状况,取值1,否则为0
家庭特征:	
家庭规模	家庭人口数(居住在一起)
社会经济状况:	
年收入	2005年居民个人全年总收入
横向相对收入	与区县平均收入比较,大于平均收入取值1,否则为0
纵向相对收入上升	与三年前收入相比,上升取值1,其他取0
纵向相对收入不变	与三年前收入相比,不变取值1,其他取0

续表

变量名称	变量解释
纵向相对收入下降	与三年前收入相比,下降取值1,其他取0
家庭经济预期变好	预期未来三年变好,取值1,其他为0
家庭经济预期不变	预期未来三年不变,取值1,其他为0
家庭经济预期变差	预期未来三年变差,取值1,其他为0

表5-2 变量的描述统计

变量名称	样本量	均值	标准差	最小值	最大值
被解释变量:					
主观幸福感	8208	3.430	0.740	1	5
收入差距:					
基尼系数	8202	0.428	0.082	0.194	0.662
城镇基尼系数	8208	0.378	0.072	0.194	0.687
农村基尼系数	8208	0.445	0.082	0.246	0.667
泰尔指数	8208	0.348	0.155	0.064	1.123
收入份额	8208	0.792	0.053	0.629	0.932
个体特征:					
年龄	8208	43.205	12.895	18	70
性别	8208	0.505	0.500	0	1
居住地	8208	0.564	0.496	0	1
户籍	8208	0.495	0.500	0	1
民族	8208	0.066	0.248	0	1
政治面貌	8208	0.098	0.297	0	1
婚姻状况:					
单身	8208	0.100	0.300	0	1
在婚	8208	0.841	0.366	0	1
其他婚姻状况	8208	0.060	0.237	0	1
人力资本:					
健康	8208	0.785	0.411	0	1
教育	8208	8.086	4.198	0	22
社会资本:					
社会关系	8208	0.918	0.274	0	1
工作状况:					

续表

变量名称	样本量	均值	标准差	最小值	最大值
工作	8208	0.726	0.446	0	1
从未工作但正在找工作	8208	0.004	0.059	0	1
失业后找工作	8208	0.021	0.143	0	1
学生或服兵役	8208	0.007	0.085	0	1
退休	8208	0.132	0.339	0	1
料理家务	8208	0.055	0.229	0	1
其他工作状况	8208	0.055	0.227	0	1
家庭特征：					
家庭规模	8208	2.334	0.953	1	9
社会经济状况：					
年收入	8208	10167	15965	20	670000
横向相对收入	8208	0.353	0.478	0	1
纵向相对收入上升	8208	0.451	0.498	0	1
纵向相对收入不变	8208	0.426	0.495	0	1
纵向相对收入下降	8208	0.123	0.329	0	1
家庭经济预期变好	8208	0.566	0.496	0	1
家庭经济预期不变	8208	0.382	0.486	0	1
家庭经济预期变差	8208	0.052	0.222	0	1

从表5－2中的描述性统计我们可以发现，我国居民的主观幸福感均值介于3和4之间，也就是介于一般和幸福之间，总体上来说，我国居民的幸福感还可以。另一方面，基尼系数的均值为0.428，大于国际警戒线0.4，说明我国的收入差距较大，贫富悬殊较大。

5.3.3 计量模型与估计方法

研究者们试图发现那些影响人们幸福的不同因素的权重序列，尽管不同的研究所强调的重点不同，但是这类经验文献的一般模式可以概括为如下的幸福函数[①]：

---

① 王继平，陈甬军．幸福的经济学研究：历史、现状与启示［M］//陈惠雄，主编．经济社会发展与国民幸福．杭州：浙江大学出版社，2008：59.

$$H = f(p, e, i, \cdots) \tag{5-1}$$

其中，H 是被解释变量，是“居民幸福”的某种测度。解释变量 p 一般是决定居民幸福的个体特征和社会人口统计学因素，包括年龄、性别、种族、婚姻、健康和受教育程度等；而解释向量 e 则是经济学研究者比较感兴趣的微观和宏观经济因素，包括绝对收入、相对收入、收入差距、失业和通货膨胀等因素；解释向量 i 为决定幸福的经济的和社会的制度因素。

本书利用 Clark 等（2008）建立的幸福决定函数作为本书分析的理论模型基础，在此基础上，我们认为区域内的收入差距也是影响个人幸福效用的关键因素，由此引入模型。假设每个人的效用函数如下：

$$U = U(u_1(Y), u_2(Y|Y^*), u_3(ineq), u_4(T-l, Z)) \tag{5-2}$$

其中，$u_1(\cdot)$ 是来自绝对收入方面的效用，$u_2(\cdot)$ 是来自相对收入的效用，本书主要重点考虑收入差距[①]这一因素，$u_3(\cdot)$ 代表了这一点；$u_4(\cdot)$ 表示个人闲暇时间、人口特征、家庭或村级层面的相关因素对效用的影响。具体的，根据本书的研究重点和参考现有的实证研究，我们将考察收入差距与民众幸福的关系的基本模型设定为如下形式：

$$Happiness = \alpha + \beta_1 ineq + \beta_2 ineqsq + \gamma X + \mu \tag{5-3}$$

其中，*Happiness* 为居民的幸福，*ineq* 为收入差距的指标，X 为个体特征、家庭社会经济状况等控制变量。在（5－3）中，系数 β_1 和 β_2 为收入差距对幸福的影响，我们预期二次项系数 β_2 为正，一次项系数 β_1 为负。

对于本章定义的主观幸福感这样一类有序离散变量，正如本书第二章所讲，文献中较多地采用有序概率单位模型或有序对数单位模型，不过，有研究表明，在幸福感的研究中，采用普通最小二乘法（OLS）与有序概率单位模型或有序对数单位模型所得到的结果都非常接近[②]。由于 OLS 的结果非常直观和便于理解，本章主要利用普通最小二乘法进行回

---

① 需要说明的是，收入差距和相对收入是两个不同的概念，收入差距考察的是一个国家或地区收入分配制度或现状对居民幸福感的影响，而相对收入指一个人的幸福感不仅受到自身收入的影响，而且还受到他人收入（参照对象）的影响。

② 参见文献 Ada Ferrer－i－Carbornell and Paul Frijters（2004）；Bernard van Praag and Ada Ferrer－i－Carbornell（2004）.

归分析,同时也报告有序 Probit 模型结果,以便对比。

5.4 收入差距与幸福感关系的统计描述

5.4.1 我国居民主观幸福感的分布状况

图5-1展示了我国居民主观幸福感的整体分布情况,从中可以看出,样本中非常不幸福和不幸福的比例非常低,二者共占7.64%;同时非常幸福的人所占比例也不高,只有5.51%;绝大部分人的幸福感为一般和幸福。主观幸福感的均值为3.43,介于一般和幸福之间,这说明我国民众总体上讲还算幸福。

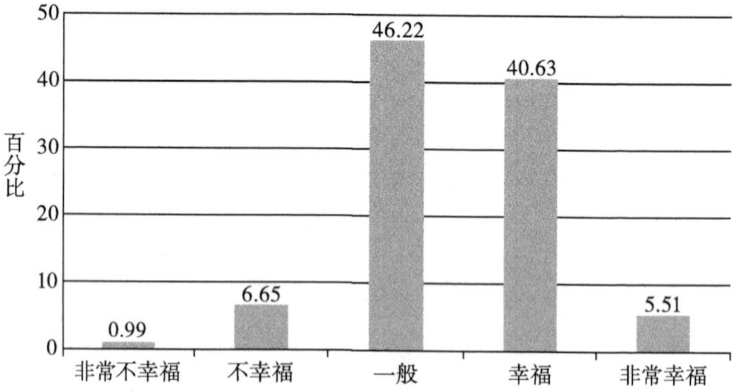

图5-1 我国居民主观幸福感的分布状况

图5-2展示了我国居民主观幸福感的性别分布情况,从中可以看出,女性非常不幸福和不幸福的比例要比男性低,同时非常幸福的比例高于男性。但是两性在幸福感均值上的 t 检验表明不具有统计学意义上的显著差异。

图5-3展示了我国居民主观幸福感的城乡分布情况,从中可以看出,城镇居民非常不幸福和不幸福的比例要比农村低,而幸福和非常幸福的比例高于农村。我们也对两个子样本进行 t 检验,发现城镇居民的幸福感均值显著高于农村居民,我们数据的直观显示并不像网络报告中所说的那样农村居民反而比城镇居民幸福。

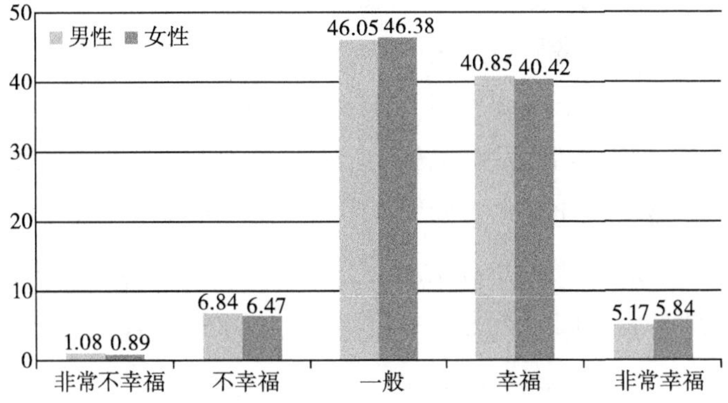

图 5 -2　我国居民主观幸福感的性别分布

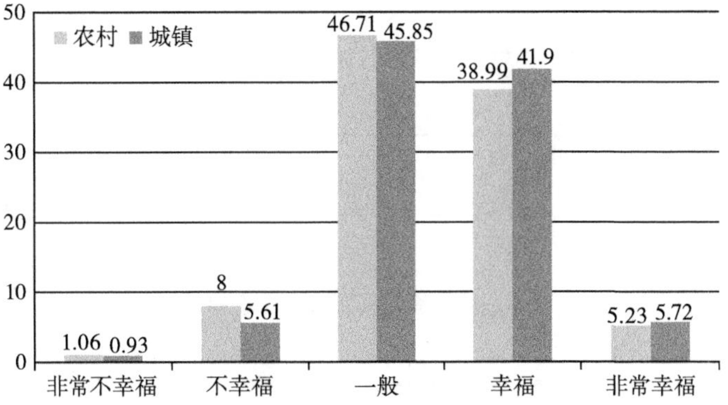

图 5 -3　我国居民主观幸福感的城乡分布

5.4.2　收入差距与主观幸福感的简单描述统计分析

为直观观察收入差距和主观幸福感的关系，图 5 -4 是以基尼系数为横轴，以相应的区县主观幸福感均值为纵轴画出的散点图。从散点图的拟合曲线可以发现，居民的主观幸福感随着收入差距的不断扩大，呈现出先增加再降低的趋势。同时，在图 5 -5 和图 5 -6 中分别以另外两个不平等指标泰尔指数和最富裕 50% 人口收入份额来描述收入差距与主观幸福感的散点图，其结果基本上与基尼系数相一致。图 5 -7 为幸福感与收入差距关系的路易斯曲线（Cleveland，1979），图 5 -7（a）为全体样本，

图5-7(b)为农村/城镇子样本,图5-7(c)为穷人与富人子样本[①],总之,从图5-7中的路易斯曲线可以看出,无论是总体上还是城乡、穷富群体间收入差距与幸福感均表现为,随着收入差距的增高,幸福感呈现先升后降的趋势,当然不同群体的转折点不一样。由此我们初步发现收入差距与主观幸福感之间存在着倒"U"形的关系。但由于直观观察不能同时控制其个体特征和社会经济状况等变量对主观幸福感的影响,因此需要进一步借助多元回归分析方法来控制这些因素进行计量分析。

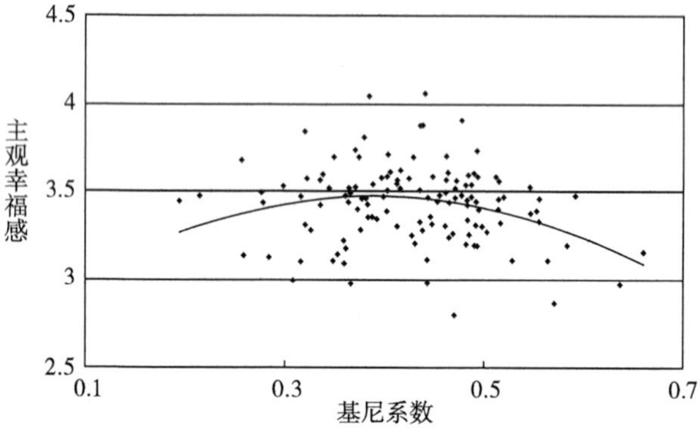

图5-4　基尼系数与主观幸福感

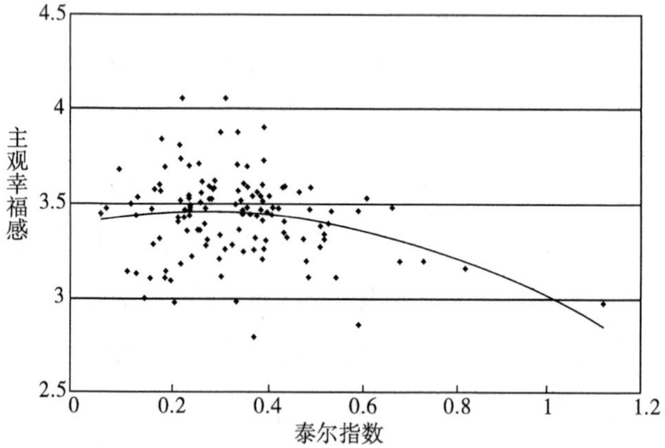

图5-5　泰尔指数与主观幸福感

① 穷人与富人之分采用简单的区分:个人收入是否在区县平均收入水平之上和之下。之上为富人,之下为穷人。

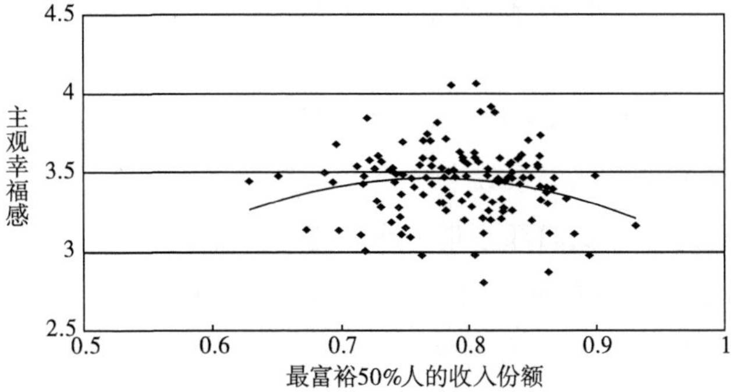

图 5－6　收入份额与主观幸福感

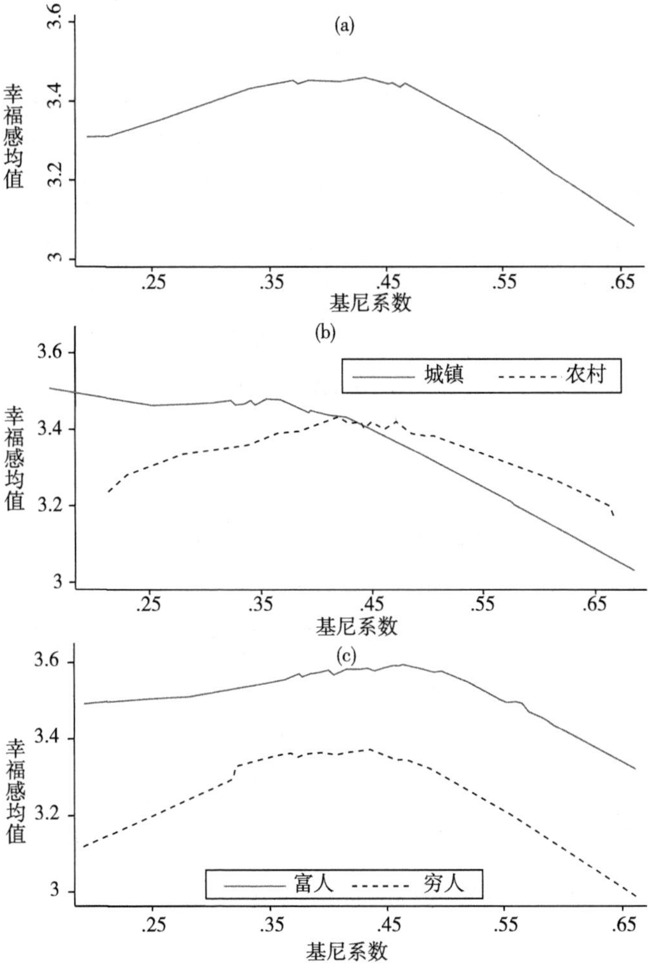

图 5－7　各群体基尼系数与幸福感关系的 Lowess curves

5.5 收入差距与幸福感关系的实证分析

5.5.1 收入差距对主观幸福感的影响

表5-3是利用基尼系数来检验收入差距对主观幸福感的影响结果。在每个回归方程中,我们都控制了地区变量,但限于篇幅,未列出其结果。我们首先考察了二者的线性关系,采用逐步加入控制因素的方法,结果见模型(1)至(3),从中可以很清楚地发现,基尼系数的估计值均为负,而且至少在10%的水平上统计显著。因此,总体上而言,收入差距对我国居民幸福感的影响是不利的,降低了我国居民的主观幸福感。在模型(4)至(6)中,我们加入了基尼系数的二次项进一步检验非线性关系,结果发现收入差距对主观幸福感的影响呈现出倒“U”形的关系。在模型(4)中,只加入了基尼系数的平方项,发现基尼系数的一次项系数和二次项系数均在1%的水平上统计显著,二次项系数为负,这表明收入差距与主观幸福感之间呈现出随着收入差距的增大先正向影响、到达一定点之后再转为负向影响的倒“U”形关系。在模型(5)中,我们继续控制了居民的个体特征和家庭特征之后,这种倒“U”形的关系依然存在。进而,我们在模型(6)中进一步加入了社会经济状况和地区变量,基尼系数对居民主观幸福感影响的倒“U”关系依然存在,而且均在1%的水平上统计显著。通过对模型(6)结果的计算发现,倒“U”的极值点正好处在基尼系数为0.4的点,刚好与基尼系数的国际警戒线接近。区(县)基尼系数在0.4以下时,随着基尼系数的扩大,居民的主观幸福感水平在增加;而基尼系数大于0.4后,基尼系数的进一步扩大会降低我国居民的主观幸福感水平,这与中国人的传统认知是一致的,由于现行的先富带动后富的分配政策,中国民众会将适当的收入差距看作是社会流动的信号,但是他们不能容忍高度的收入不平等的情况。样本中大约有59.2%的区(县)的基尼系数高于这一临界值,其余均低于它,也就是说大多数区(县)的收入差距与居民的主观幸福感表现出负相关关系。

表 5-3 收入差距对主观幸福感影响的 OLS 回归结果

变量	(1)	(2)	(3)	(4)	(5)	(6)
收入差距:						
基尼系数	-0.475***	-0.285***	-0.204*	4.973***	3.505***	3.132***
	(0.114)	(0.109)	(0.106)	(0.737)	(0.710)	(0.699)
基尼平方				-6.299***	-4.392***	-3.866***
				(0.858)	(0.828)	(0.813)
个体特征:						
居住地		-0.038	-0.056**		-0.043	-0.057**
		(0.027)	(0.027)		(0.027)	(0.027)
户籍		0.072***	0.065**		0.071***	0.064**
		(0.026)	(0.026)		(0.026)	(0.025)
性别		0.057***	0.089***		0.054***	0.086***
		(0.016)	(0.016)		(0.016)	(0.016)
民族		-0.098***	-0.087***		-0.106***	-0.093***
		(0.032)	(0.032)		(0.032)	(0.032)
年龄		-0.033***	-0.029***		-0.033***	-0.029***
		(0.005)	(0.005)		(0.005)	(0.005)
年龄平方/100		0.037***	0.035***		0.036***	0.035***
		(0.005)	(0.005)		(0.005)	(0.005)
政治面貌		0.099***	0.065***		0.096***	0.063**
		(0.026)	(0.025)		(0.026)	(0.025)
婚姻状况:						
单身		0.090*	0.087*		0.091*	0.089*
		(0.049)	(0.047)		(0.049)	(0.047)
在婚		0.340***	0.334***		0.342***	0.335***
		(0.037)	(0.035)		(0.037)	(0.035)
人力资本:						
健康		0.319***	0.281***		0.316***	0.279***
		(0.020)	(0.019)		(0.020)	(0.019)
教育		0.021***	0.012***		0.021***	0.011***
		(0.003)	(0.002)		(0.003)	(0.002)
社会资本:						
社会关系		0.315***	0.284***		0.311***	0.280***
		(0.028)	(0.027)		(0.028)	(0.027)

续表

变量	(1)	(2)	(3)	(4)	(5)	(6)
工作状况:						
工作		0.237***	0.116**		0.235***	0.116**
		(0.052)	(0.051)		(0.052)	(0.051)
从未工作但正在找工作		0.207	0.257		0.230	0.276
		(0.157)	(0.171)		(0.156)	(0.170)
学生或服兵役		0.448***	0.484***		0.448***	0.481***
		(0.112)	(0.112)		(0.111)	(0.112)
退休		0.246***	0.137**		0.247***	0.140**
		(0.059)	(0.057)		(0.059)	(0.057)
料理家务		0.276***	0.229***		0.274***	0.227***
		(0.063)	(0.062)		(0.063)	(0.062)
其他工作状况		0.061	0.059		0.058	0.056
		(0.064)	(0.062)		(0.064)	(0.062)
家庭特征:						
家庭规模		0.024***	0.025***		0.024***	0.024***
		(0.008)	(0.008)		(0.008)	(0.008)
社会经济状况:						
年收入			0.056***			0.050***
			(0.012)			(0.012)
横向相对收入			0.098***			0.106***
			(0.021)			(0.021)
纵向相对收入不变			0.062**			0.062**
			(0.027)			(0.027)
纵向相对收入上升			0.175***			0.175***
			(0.028)			(0.028)
家庭经济预期不变			0.235***			0.232***
			(0.039)			(0.039)
家庭经济预期变好			0.454***			0.451***
			(0.040)			(0.040)
常数项	3.617***	2.798***	1.908***	2.534***	2.067***	1.309***
	(0.044)	(0.139)	(0.166)	(0.149)	(0.193)	(0.207)

续表

变量	(1)	(2)	(3)	(4)	(5)	(6)
地区控制变量	YES	YES	YES	YES	YES	YES
Observations	8,208	8,208	8,208	8,208	8,208	8,208
R - squared	0.008	0.119	0.183	0.014	0.122	0.185

注：* * *表示结果在1%的置信水平下显著；* *表示结果在5%的置信水平下显著；*表示结果在10%的置信水平下显著；括号里为稳健性标准差（Robust Standard Error）；参照组分别为：其他婚姻状况、失业但正在找工作、纵向相对收入下降和家庭经济预期变差。

此外，其他解释变量对主观幸福感的影响与已有文献一致，同时也是情理之中的显著发现，包括：在控制了其他因素之后，我们发现城市居民并不像描述性分析得到的结论那样比农村居民更加幸福，而是显著比农村居民低。这一点与学者 Knight，Song 和 Gunatilaka（2009）得到的结论一致。但是在户籍方面，城镇户籍居民的幸福感又显著比农业户籍的居民高。女性的主观幸福感更高，而且在 1% 的统计水平上显著，这与 Alesina 等（2004）、罗楚亮（2006，2009）等经验研究结果一致。我国少数民族在其他条件相同的情况下，幸福感更低，这说明政府需要在生活的终极目标上加强对少数民族政策引导。生命周期的幸福模式在此也得到了很好的验证，年龄一次项系数显著为负，平方项系数显著为正，这说明在整个生命周期中，居民的幸福感呈现“U”形关系，而这一转折点出现在40岁左右，这一点与我国的实际情况是非常吻合的，一般来说，工作、婚姻、小孩、住房等等带来的一系列问题（比如巨大的精神压力等）基本上都是在40岁以前，而40岁以后，工作、婚姻稳定，小孩也基本上成人，生活幸福感开始增加。中共党员比非党员居民的幸福感更高，这可能是因为共产党员的政治身份能够给个体带来广泛的收益，而并不只是更高的收入（Appleton & Song，2008）。已婚居民的幸福感更高，这表明，婚姻所带来的自尊和与伴侣长期持续的亲密关系能够使居民变得更幸福①。认为自

① Stutzer & Frey（2006）分析了婚姻与幸福感关系中的自选择问题（即快乐的个体更容易选择结婚，而不快乐的个体更容易选择单身或离异）以及婚姻对不同夫妇的异质性收益问题，发现虽然以上现象都存在，但是并不能完全否定婚姻对幸福感的增进作用。

己身体健康状况越好的居民幸福感更高,这表明,良好的健康状况能够显著提高个人的幸福感①。教育对幸福感具有正向的影响,较长的受教育年限意味着较高的幸福感水平。家庭规模越大,居民的幸福感程度越高。这可能与中国人主张家大业大、多辈同堂的传统观念有关,家庭规模往往也意味着家庭经济能力的大小,同时家庭规模越大,家务分工越有效,家庭成员彼此能够提供的支持和帮助越多。良好的社会关系也使得居民拥有更高的幸福感水平。

在社会经济状况方面,居民收入水平越高,其主观幸福感越高。这说明在现阶段,绝对收入依然是影响居民主观幸福感的重要因素②。相对收入的结果基本上与绝对收入一致,如果居民的收入水平处于所在区(县)平均水平以上,其幸福感会更高,这说明我国居民不仅关心自己的收入,同时也会与他人收入进行比较。相对收入强调的是居民收入水平的横向比较,而居民通过与自己过去的收入水平相比也会形成一个纵向的相对收入,与三年前相比,如果收入相对上升则会显著增加居民的幸福感,而如果相对下降则显著降低了居民的幸福感。对未来家庭经济状况变化趋势的预期与主观幸福感之间存在显著的关系,以预期家庭经济状况变差为对照组,如果预期家庭未来三年经济状况会越来越好,则主观幸福感程度相对较高;如果预期不会变化,相比变差群体的幸福感也会好一些。这种预期本身反映了居民的生活信心和态度,因而对主观幸福感的影响较大。

表5-4是我们采用有序Probit模型回归的结果,我们发现,在系数的显著性和方向上,其与OLS模型的结果基本上是一致的。这也印证了Ada Ferrer-i-Carbornell & Paul Frijters(2004)对幸福感决定因素估计方法的研究结论对中国居民也是适用的。因此,我们就不对其系数进行解

① 反向因果关系可能存在,即良好的情绪能够提高身体免疫系统抵御疾病的能力。但是,更为可靠的因果关系可能还是来自正文中的分析,即良好的自我健康感受能够提升幸福感。

② 这与罗楚亮(2009)利用全国性的住户调查数据的研究发现较为一致;而与官皓(2010)的研究结论不同,他的研究发现绝对收入对幸福感不存在显著影响,主要原因在于他所使用的是数据来自北京市、上海市和广东省的家庭调查数据,而这三个地方都是我国经济发展最好的地区,其研究的结论不适用于全国范围。

释和分析。

表5-4 收入差距对主观幸福感影响的 Ordered Probit 回归结果

变量	(1)	(2)	(3)	(4)	(5)	(6)
收入差距:						
基尼系数	-0.686***	-0.433**	-0.322*	7.456***	5.630***	5.279***
	(0.166)	(0.171)	(0.174)	(1.083)	(1.119)	(1.158)
基尼平方				-9.410***	-7.020***	-6.486***
				(1.258)	(1.301)	(1.344)
个体特征:						
居住地		-0.061	-0.091**		-0.070*	-0.094**
		(0.042)	(0.046)		(0.042)	(0.046)
户籍		0.117***	0.109**		0.116***	0.109**
		(0.042)	(0.042)		(0.042)	(0.042)
性别		0.090***	0.149***		0.086***	0.143***
		(0.026)	(0.027)		(0.026)	(0.027)
民族		-0.154***	-0.142***		-0.166***	-0.154***
		(0.050)	(0.052)		(0.050)	(0.052)
年龄		-0.052***	-0.048***		-0.052***	-0.048***
		(0.008)	(0.008)		(0.008)	(0.008)
年龄平方/100		0.058***	0.059***		0.058***	0.058***
		(0.008)	(0.009)		(0.008)	(0.009)
政治面貌		0.157***	0.109***		0.153***	0.105**
		(0.042)	(0.042)		(0.042)	(0.042)
婚姻状况:						
单身		0.127*	0.131*		0.129*	0.133*
		(0.075)	(0.075)		(0.075)	(0.075)
在婚		0.523***	0.537***		0.526***	0.540***
		(0.057)	(0.057)		(0.057)	(0.057)
人力资本:						
健康		0.503***	0.462***		0.499***	0.459***
		(0.032)	(0.032)		(0.032)	(0.032)
教育		0.034***	0.019***		0.033***	0.018***
		(0.004)	(0.004)		(0.004)	(0.004)

续表

变量	(1)	(2)	(3)	(4)	(5)	(6)
社会资本：						
社会关系		0.492***	0.463***		0.486***	0.457***
		(0.044)	(0.044)		(0.044)	(0.044)
工作状况：						
工作		0.380***	0.199**		0.378***	0.198**
		(0.082)	(0.084)		(0.082)	(0.084)
从未工作但正在找工作		0.353	0.448		0.390	0.479*
		(0.240)	(0.274)		(0.240)	(0.273)
学生或服兵役		0.726***	0.821***		0.726***	0.817***
		(0.180)	(0.189)		(0.180)	(0.189)
退休		0.390***	0.229**		0.393***	0.235**
		(0.092)	(0.095)		(0.093)	(0.095)
料理家务		0.447***	0.393***		0.445***	0.390***
		(0.099)	(0.102)		(0.099)	(0.102)
其他工作状况		0.113	0.114		0.108	0.109
		(0.100)	(0.101)		(0.100)	(0.101)
家庭特征：						
家庭规模		0.037***	0.040***		0.036***	0.039***
		(0.013)	(0.014)		(0.013)	(0.014)
社会经济状况：						
年收入			0.093***			0.084***
			(0.020)			(0.020)
横向相对收入			0.167***			0.180***
			(0.035)			(0.035)
纵向相对收入不变			0.100**			0.100**
			(0.043)			(0.043)
纵向相对收入上升			0.290***			0.290***
			(0.046)			(0.046)
家庭经济预期不变			0.358***			0.354***
			(0.062)			(0.062)
家庭经济预期变好			0.726***			0.723***
			(0.063)			(0.063)

续表

变量	(1)	(2)	(3)	(4)	(5)	(6)
地区控制变量	YES	YES	YES	YES	YES	YES
Observations	8,208	8,208	8,208	8,208	8,208	8,208
Pseudo R2	0.004	0.056	0.090	0.006	0.058	0.091

注：＊＊＊表示结果在1%的置信水平下显著；＊＊表示结果在5%的置信水平下显著；＊表示结果在10%的置信水平下显著；括号里为稳健性标准差（Robust Standard Error）；参照组分别为：其他婚姻状况、失业但正在找工作、纵向相对收入下降和家庭经济预期变差。

5.5.2 收入差距对主观幸福感影响的稳健性检验

Oshio & Kobayashi（2011）指出，在一个回归模型中，由于没有任何理论告诉我们控制多少变量是合适的，因此太多变量的引入可能存在过度控制的风险。为了确保本节经验分析结果的可靠性，我们对控制变量进行了分组归类，进行不同控制的组合，具体结果见表5－5。

从中可以发现基尼系数及其平方项是如何受到控制不同变量的影响的，在所有的模型中，我们均发现基尼系数一次项均为正数、平方项均为负数，而且二者均在1%的水平上统计显著，进一步我们也计算了极值点，发现极值点在0.400～0.413变动，变动范围相对较窄；另一方面，改变我们的估计方法，使用有序离散选择模型中的probit和logit的估计结果与此表有相似的结果，这说明收入差距与居民幸福感之间的倒"U"形关系是稳健的。

表5－5 不同控制变量选择下基尼系数与其平方项的对比

	对表5－3模型(6)中不同变量的控制						基尼系数		基尼平方		转折点
	个体特征	社会经济状况	家庭特征	人力资本	社会资本	工作状况	系数	T统计值	系数	T统计值	
(1)	•	•	•	•	•	•	3.132＊＊＊	4.482	－3.866＊＊＊	－4.755	0.405
(2)	•	•					3.869＊＊＊	5.430	－4.735＊＊＊	－5.682	0.409
(3)	•	•	•				3.838＊＊＊	5.387	－4.690＊＊＊	－5.630	0.409
(4)	•	•		•			3.380＊＊＊	4.842	－4.123＊＊＊	－5.064	0.410
(5)	•	•			•		3.485＊＊＊	4.892	－4.360＊＊＊	－5.242	0.400

续表

	对表5-3模型(6)中不同变量的控制						基尼系数		基尼平方		
	个体特征	社会经济状况	家庭特征	人力资本	社会资本	工作状况	系数	T统计值	系数	T统计值	转折点
(6)	•	•				•	3.920***	5.523	-4.767***	-5.749	0.411
(7)	•	•	•	•			3.352***	4.803	-4.082***	-5.016	0.411
(8)	•	•	•		•		3.455***	4.851	-4.316***	-5.192	0.400
(9)	•	•	•			•	3.891***	5.481	-4.724***	-5.697	0.412
(10)	•	•		•	•		3.118***	4.449	-3.879***	-4.751	0.402
(11)	•	•		•		•	3.425***	4.925	-4.151***	-5.124	0.413
(12)	•	•			•	•	3.529***	4.968	-4.387***	-5.296	0.402
(13)	•	•	•	•	•		3.090***	4.411	-3.839***	-4.703	0.402
(14)	•	•	•	•		•	3.400***	4.888	-4.114***	-5.077	0.413
(15)	•	•	•		•	•	3.501***	4.928	-4.346***	-5.246	0.403
(16)	•	•		•	•	•	3.157***	4.519	-3.903***	-4.800	0.404

注：每一行代表一个回归；每一个模型都控制了个体特征和社会经济状况；个体特征包括居住地、户籍、性别、民族、年龄、政治面貌和婚姻状况；家庭特征为家庭规模；人力资本包括健康和教育资本；社会资本包括社会关系；工作类型为工作、从未工作但正在找工作、失业正在找工作、学生或服兵役、退休、料理家务和其他；社会经济状况包括绝对收入、相对收入和收入预期；•意味着这组变量被包括在模型中；***表示结果在1%的置信水平下显著；**表示结果在5%的置信水平下显著；*表示结果在10%的置信水平下显著。

我们进一步采用泰尔指数和最富裕50%的人口收入占比替换基尼系数作为衡量收入差距的指标，以检验收入差距与主观幸福感关系的稳健性。表5-6的模型(1)和(2)分别对应这两个指标的OLS回归结果，模型(3)和(4)是有序Probit模型的结果。结果发现，其他控制变量的系数方向和显著性都没有改变，系数的大小也几乎没有变化，而两个收入差距指标与主观幸福感的倒"U"形关系依然存在，计算发现泰尔指数临界点为0.291，约有60%的样本区(县)高于这一临界点；收入份额的临界点为最富裕50%的人口的收入占比达78.3%，大约有57.6%的样本区(县)高于这一临界点，这与基尼系数的结果基本上一致。这说明用不同收入差距指标所衡量的收入差距与主观幸福感的关系是一致的，用基尼系数作为收入差距指标考察对主观幸福感的影响是可靠的，收入差距与主观幸福感的倒“U”形关系是稳健的。

表5-6 主观幸福感与收入差距的稳健性检验结果

变量	OLS		Ordered Probit	
	(1)	(2)	(3)	(4)
泰尔指数	0.309*		0.499*	
	(0.161)		(0.263)	
泰尔指数平方	-0.531***		-0.861***	
	(0.161)		(0.259)	
最富裕50%人口的收入份额		13.05***		22.02***
		(3.225)		(5.363)
最富裕50%人口的收入份额平方		-8.330***		-14.02***
		(2.060)		(3.424)
常数项	1.829***	-3.182**	—	—
	(0.164)	(1.252)	—	—
其他控制变量	是	是	是	是
样本量	8,208	8,208	8,208	8,208
R-squared 或 Pseudo R^2	0.1856	0.1845	0.0914	0.0908

注：***表示结果在1%的置信水平下显著；**表示结果在5%的置信水平下显著；*表示结果在10%的置信水平下显著；括号里为稳健性标准差(Robust Standard Error)。

5.5.3 城乡内部收入差距对居民主观幸福感影响的回归结果

该部分我们按照调查样本的来源将总体样本拆分为城镇样本和农村样本，分别进行回归分析，城乡各自回归中均采用与全样本回归相同的解释变量，唯一不一样的是基尼系数，计算了区(县)范围内城镇和农村各自的基尼系数用于各自的回归，这主要是基于考察城镇内部收入差距对于城镇居民的幸福感影响和农村内部收入差距对农村居民幸福感影响的考虑。其回归结果见表5-7。

表5-7 收入差距对城乡居民主观幸福感的影响

变量	全体样本	城镇样本		农村样本	
	(1)	(2)	(3)	(4)	(5)
基尼系数	3.962***	-0.396***	1.779**	0.0759	4.283***
	(0.768)	(0.148)	(0.811)	(0.147)	(1.043)

续表

变量	全体样本	城镇样本		农村样本	
	(1)	(2)	(3)	(4)	(5)
基尼系数平方	-4.540***		-2.756***		-4.670***
	(0.848)		(1.028)		(1.156)
基尼系数*城乡	-0.480**				
	(0.219)				
常数项	1.036***	2.219***	1.845***	1.569***	0.618*
	(0.234)	(0.220)	(0.256)	(0.270)	(0.342)
其他控制变量	是	是	是	是	是
Observations	8,208	4,633	4,633	3,575	3,575
R-squared	0.186	0.201	0.202	0.176	0.180

注：***表示结果在1%的置信水平下显著；**表示结果在5%的置信水平下显著；*表示结果在10%的置信水平下显著；括号里为稳健性标准差（Robust Standard Error）。

表5-7的模型(1)是在基本模型的基础上加上了基尼系数与城乡哑变量的交叉项，其结果显示收入差距对居民主观幸福感影响存在着城乡差异，而且在5%的水平上统计显著。因此有必要对城乡样本分别进行分析。模型(1)中特别值得一提的是，居住地城市虚拟变量本身的系数在略高于10%的水平上显著为正，这与表5-3中模型(4)的系数相反，这说明城市居民相对于其参照对象农村居民本身是具有更高的幸福感的，这是由于收入差距在城市居民中产生了更大的负向作用所导致的。进一步对城乡样本回归结果进行分析，从表5-7中的模型(2)和(4)可知，单从线性关系来讲，收入差距只对城镇居民的主观幸福感产生显著的负面影响，而在农村样本中，收入差距反而促进了农村居民幸福感的提高，但这一关系不具有统计显著性。由模型(3)和模型(5)的结果可知，无论是城镇还是农村，收入差距对居民的主观幸福感影响的倒"U"形关系均显著成立，这就是说城镇或农村内部的收入差距对各自居民主观幸福感的影响都是先有一种带动作用，到达一定数量之后又降低了幸福感。经计算发现，城镇内部收入差距的倒"U"形极值点处在基尼系数为0.323的点，而农村内部收入差距的极值点在基尼系数为0.459的点。由此说

明，我国农村居民要比城镇居民更能容忍收入差距。这其实与我国实施的优先发展城镇和工业，然后城镇反哺农村、工业反哺农业的经济发展战略带给农村居民的期望是相通的，另一个原因可能是农村居民的受教育程度更低引起。

其他方面也发现了一些有意思的城乡差异。户籍的结果显示，城镇中拥有非农业户籍的居民确实拥有更高的幸福感，而在农村居民中拥有非农业户籍反而幸福感更低，尽管不具有统计显著性。这可能是因为在农村居住的居民中非农业户籍是少数、个别，因此在生活上可能容易与其他农业户籍居民难以相处，由此降低了生活乐趣，影响了幸福。民族属性在城镇和农村也表现出不一样的幸福感，农村少数民族居民主观幸福感要显著低于汉族，而在城镇民族并没有表现出显著的差异性，这可能因为农村居民相对封闭一些，民族特性更加突出，而城市相对开放一些。此外，农村的中共党员这一政治资本并没能提高其幸福感，但在城镇却具有显著的正向影响。

5.5.4 城乡收入差距对居民主观幸福感影响的分析

本章前面几小节分析了整体收入差距，城镇内部、农村内部收入差距对我国民众主观幸福感的影响，接下来我们探讨城乡之间的收入差距的影响情况，其分析结果见表 5 - 8。由于调查抽样时区（县）层面有些抽样框只抽取了城镇样本或者农村样本，因此，在这一部分的分析时，仅有城镇或农村的样本就无法进入分析。为了分析的深入细致，我们首先在省级层面计算城乡收入差距，在调查的 28 个省市中有 24 个省市既调查了城镇又调查了农村，我们以省为单位分别计算了城镇居民和农村居民的人均收入，然后利用这二者之比作为城乡收入差距的度量指标，回归结果见表 5 - 8 中模型（1）—（4）；其次我们也采用了同样的方法在区（县）层面上计算了城乡收入差距，但由于这一级抽样框中有大量单位只抽取了城镇或者农村，125 个区（县）最终只有 55 个区（县）抽取了城乡样本，结果见表 5 - 8 中模型（5）—（8）。

表5-8 城乡收入差距对居民主观幸福感的影响

	省层面的城乡差距				区(县)层面的城乡差距			
	(1) 全体	(2) 全体	(3) 农村	(4) 城镇	(5) 全体	(6) 全体	(7) 农村	(8) 城镇
收入差距	-0.099***	-0.102	-0.135***	-0.072***	-0.034***	0.152***	0.106	0.216***
	(0.012)	(0.066)	(0.019)	(0.016)	(0.012)	(0.056)	(0.077)	(0.082)
收入差距平方		0.001				-0.035***	-0.0329**	-0.039***
		(0.011)				(0.010)	(0.014)	(0.015)
常数项	2.130***	2.135***	2.259***	2.246***	1.887***	1.602***	1.472***	1.833***
	(0.165)	(0.188)	(0.271)	(0.229)	(0.245)	(0.259)	(0.363)	(0.388)
其他控制变量	是	是	是	是	是	是	是	是
Observations	7,296	7,296	3,575	3,721	3,636	3,636	2,065	1,571
R-squared	0.195	0.195	0.187	0.213	0.188	0.191	0.201	0.186

注：***表示结果在1%的置信水平下显著；**表示结果在5%的置信水平下显著；*表示结果在10%的置信水平下显著；省级层面上农村和城镇群体也加入了城乡差距平方项，结果同全体样本，未列出；括号里为稳健性标准差(Robust Standard Error)。

显然，省级层面的城乡收入差距对民众的主观幸福感是不利的，表5-8的模型(1)中城乡人均收入比的系数在1%的水平上显著为-0.099，也就是说在控制了其他因素之后，省级层面的城乡收入差距每增加一个单位，老百姓的幸福感就会下降0.099个单位。对比模型(1)和(2)可知，在省级层面上，城乡收入差距对居民幸福感的影响不具有倒“U”形的关系，而是“U”形，但是不具有统计显著性。进一步看，城乡差距对农村和城镇居民的影响见模型(3)和(4)，事实上，我们也考察了是否具有平方项关系，最终都不显著。但是省级层面的城乡差距无论是对城镇居民还是农村居民都存在不利影响。从模型(5)的结果可知，区(县)层面的城乡收入差距也对民众幸福感产生了负面影响，模型(6)中城乡收入差距二次项系数显著为负，一次项系数显著为正，在区(县)层面的城乡收入差距对幸福感影响同样具有倒“U”形关系，而且极值点在城乡人均收入比约为2.177的点，在55个区(县)中有28个超过了这一数值，约占51%。区(县)层面的城乡差距对于城镇和农村居民幸福感均具有倒“U”形关系。

5.5.5 收入差距对居民主观幸福感影响的异质性分析

收入差距是属于宏观层面因素，它可能会影响微观因素（如个体收入水平、个体特征等）对居民主观幸福感的影响效应。收入差距之所以对居民幸福感影响具有异质性，是因为每个个体都不是独立存在的，而是存在于一定的时空中，对于不同时空的居民的幸福感会体现出明显的时空差异，也就是组间异质性。其次，如果居民主观幸福感存在组间异质性，那么微观因素对民众幸福感的效应也可能有组间差异。最后收入差距是一个组变量可能会在一定程度上解释居民幸福感的组间差异以及微观因素对居民幸福感影响效应的组间差异。

居民按照不同属性可以划分成不同的群体。例如，现行的户籍制度出现了农业和非农业群体，以性别属性划分出男性和女性，等等。由于同一属性群体在某些方面往往表现出一致性，拥有不同属性的居民在许多方面都表现不同，那么不同居民群体的主观幸福感是否受收入差距的影响也不尽相同呢？对于这一问题的回答，可以采用简单分组利用子群体分别进行分析的方法，考察不同群体的系数是否存在差异。然而这种方法未证明不同样本之间所得到的系数大小的差异在统计上是否显著，得到结论的可信度不高。为了解决这个问题，我们将在基本模型的基础上加入收入差距指标与不同群体属性变量的交叉项。本节重点考察了男性与女性、农业户籍与非农户籍、党员与非党员等群体分类，同时也考虑了不同受教育程度以及不同收入人群的主观幸福感受到收入差距影响是否不同，对收入分组我们考虑了两种情况，一是在区（县）层面上进行收入低、中、高三分组；另一种就是在全样本范围内进行收入三分组，低收入组取值负1，中收入组取值0，高收入组取值1。

表5－9是不同人群收入差距对主观幸福感影响的回归结果。首先，无论加入哪种属性分类的交叉项之后，基尼系数的一次项系数为正，二次项系数为负，而且均在1%的水平上统计显著，说明收入差距对主观幸福感的倒“U”形关系依然显著存在。其次，我们发现，收入差距在男女、党员与非党员以及不同收入组别人群之间对幸福感的影响不具有显著的差

异,即不存在收入差距的跨层次效应[①];而在户籍和教育等方面存在着收入差距的跨层次效应,而且随着收入差距的扩大,拥有非农业户籍和受教育程度越高的居民的主观幸福感反而越低。造成这一现象的原因可以归结为:这部分人群与其对应人群相比,存在着某些优越性,可能正是这种优越性促使他们更能够理解收入差距所带来的社会危害,会对他们将来的生活带来负面影响,心中可能存有担忧,从而降低主观幸福感。

表 5-9　不同人群的收入差距与主观幸福感

变量	(1)	(2)	(3)	(4)	(5)	(6)
基尼系数	3.028***	4.078***	3.129***	4.295***	3.106***	3.213***
	(0.701)	(0.766)	(0.698)	(0.764)	(0.702)	(0.702)
基尼系数平方	-3.854***	-4.680***	-3.833***	-4.524***	-3.837***	-3.985***
	(0.813)	(0.854)	(0.811)	(0.825)	(0.816)	(0.820)
与性别交互项	0.190					
	(0.178)					
与户籍交互项		-0.539**				
		(0.212)				
与政治面貌交互项			-0.289			
			(0.302)			
与教育交互项				-0.078***		
				(0.023)		
与收入组 1 交互项					0.026	
					(0.048)	
与收入组 2 交互项						0.058
						(0.042)
居住地	-0.058**	-0.056**	-0.057**	-0.056**	-0.058**	-0.052*
	(0.027)	(0.027)	(0.027)	(0.027)	(0.028)	(0.028)
户籍	0.064**	0.295***	0.065**	0.063**	0.064**	0.064**
	(0.025)	(0.093)	(0.025)	(0.025)	(0.025)	(0.025)
性别	0.005	0.088***	0.086***	0.086***	0.086***	0.087***
	(0.077)	(0.016)	(0.016)	(0.016)	(0.016)	(0.016)

① 指社区变量会通过改变个人变量的效应作用于幸福感,从而收入差距可能通过影响居民个体属性(如性别、户籍等)这一路径影响其幸福感。

续表

变量	(1)	(2)	(3)	(4)	(5)	(6)
政治面貌	0.063**	0.064**	0.186	0.064**	0.062**	0.062**
	(0.025)	(0.025)	(0.130)	(0.025)	(0.025)	(0.025)
教育	0.011***	0.012***	0.011***	0.045***	0.011***	0.011***
	(0.002)	(0.002)	(0.002)	(0.010)	(0.002)	(0.002)
收入对数	0.051***	0.052***	0.051***	0.054***	0.044***	0.040***
	(0.012)	(0.012)	(0.012)	(0.012)	(0.017)	(0.014)
常数项	0.105***	0.106***	0.106***	0.101***	0.104***	0.085***
	(0.021)	(0.021)	(0.021)	(0.021)	(0.021)	(0.026)
其他控制变量	是	是	是	是	是	是
样本量	8,208	8,208	8,208	8,208	8,208	8,208
R - squared	0.186	0.186	0.186	0.187	0.186	0.186

5.6 收入不平等影响幸福感的路径机制检验

压倒一切的是稳定。

——邓小平

稳定是“幸福大厦”的地基;稳定是福,动乱是祸;没有社会稳定,幸福只能是一句空话。

——人民日报

生命不可能从谎言中开出灿烂的鲜花。

——海因里希·海涅

没有任何东西比信任更具有重大的实用价值,信任是社会系统的重要润滑剂。它非常有成效,它为人们省去了许多麻烦,因为大家都无需去猜测他人话的可信度。不幸的是,这不是一件可以轻易买到的商品。

——肯尼斯·阿罗

5.6.1 问题提出与已有研究综述

本章前一部分已经检验了收入差距与幸福感的倒“U”形关系。接下来检验收入差距通过一些中介渠道间接作用于幸福,也就是说,收入差距可能会在社会中给社会成员带来如社会环境的改变等影响,而这些改变终将影响幸福感。出于概括性和可行性的考虑,本书仅选择了安全和信任作为中介变量进行考察。

全国人大代表陈静表示幸福感的第一要义应该是安全感。只有国家富强、社会安定,老百姓对自己的生活才有安全感,也才有幸福感可言。事实确实如此,最近,中东、北非一些国家政局持续动荡,社会混乱,老百姓深受其害,生活艰辛,毫无安全感可言,何谈幸福。社会不安定并不仅仅局限在国家层面上,现如今各种社会冲突如罢工、示威游行、上访请愿、聚众闹事、民族冲突、暴乱、各种犯罪、事故灾害等均是社会不安定的表现,这些都严重影响着我国民众的幸福。

信任是维护社会长治久安和保持经济持续发展的必要因素,社会信任是人与人交往合作的基础,没有信任就只剩下彼此哄骗,自欺欺人,何来幸福可言。事实上,如果缺乏起码的非正式信任感,现代经济生活是很难设想的。正如诺贝尔经济学奖获得者肯尼斯·阿罗所说:“没有任何东西比信任更具有重大的实用价值,信任是社会系统的重要润滑剂。它非常有成效,它为人们省去了许多麻烦,因为大家都无需去猜测他人话的可信度。不幸的是,这不是一件可以轻易买到的商品。”2011 年 9 月 2 日,上海一名拄着拐杖的老人在闹市区摔倒。有许多路人看见,但没有人上前扶一把,大约过了 10 分钟才有路人报警。警察到来后,对老人施救。就在这同一天,武汉 88 岁的李爷爷在离家不到 100 米的菜场口对面摔倒,躺在地上一个小时,路过的人都只是围观,无人上前搀扶。直到老伴和儿子赶来才将其送往医院,终因鼻血堵塞呼吸道窒息死亡。还有之前南京的“彭宇案”、天津的“许云鹤案”①等案例,引起了社会的广泛关注。难道中国人真的如此冷漠吗？其实是很多人担心助人为乐有可能被“反咬一口”,因此觉得多一事不如少一事,造成了自我价值观的偏离。对这些生活现象追本溯源,是信任的缺失。许多发生在我们面前的现实事件

① 两个案情详细内容参见百度百科。

使得人们相互之间的信任正在逐渐流失。例如,住有楼倒倒、楼脆脆、楼歪歪、楼薄薄;吃有假烟、假酒、假鸡蛋、假牛奶、地沟油、人造脂肪,美容而成的大米、药水泡大的豆芽、避孕药喂肥的王八、洗衣粉炸出的油条;求医有假药、无照行医、过度医疗;此外,人们生活中还可能会遇到各种假票、假证、假中奖、诈骗、假老虎、假新闻……从而导致人们相互间的信任越来越低。图 5 - 8 是以世界价值观调查(World Value Survey)数据绘制的全球受访者在六轮调查中对"大多数人能够值得信任"①问题回答为情况,也说明随着时间推移,大多数都选择需要多小心,人之间的信任不断下降。

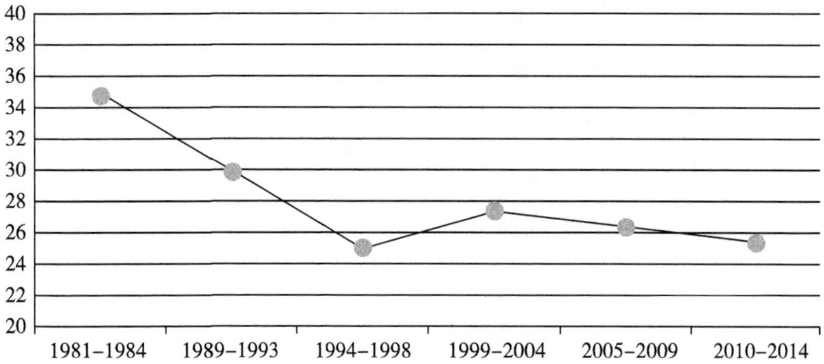

图 5 - 8 大多数人能够被信任

数据来源:世界价值观调查数据。

随着收入差距增大,人们会觉得周围的人越来越不值得信任,社会凝聚力会越来越差,社会控制机制随之减弱,社会犯罪就会增加,社会安定受到影响,进而对居民的幸福感造成影响。收入不平等对人们的心理和行为产生了严重的冲击,为社会安定和社会信任带来不利的因素(Becker,1968;Rothstein & Uslaner,2005;白雪梅,王少瑾,2007)。

我们难以确定收入差距对人的心理和行为以及社会安定产生怎样的影响,由于对社会安定的度量相比对社会不安定的度量要困难很多,因此大多数研究都研究收入差距与社会不安定的关系。国外研究者通过研究

① 原问题"Generally speaking, would you say that most people can be trusted or that you need to be very careful in dealing with people?"选项为"1. Most people can be trusted,2. Need to be very careful"。

发现:如果社会资源分布过度集中,处于社会资源分布底层的人们发现自己两手空空,即使从事违法活动也没有什么可失去的,在这种情况下,进行诸如盗窃、抢劫、诈骗之类的违法犯罪活动以谋取某种利益的行为会对其产生诱惑,其中一些人可能铤而走险,走上犯罪道路,冲击着社会安定。亚当·斯密[①]指出,严重的社会不平等会让富人的阔绰激怒贫者,贫者的匮乏和妒嫉会驱使他们侵害富人的财产,从而走上犯罪的道路。陆建法在2002年《中国社会问题报告》指出:"一个社会只是贫穷或者只是富裕均不产生犯罪,但一个社会贫富差别悬殊就会产生大量犯罪。"胡联合、胡鞍钢(2007)从贫富差距如何影响社会心理、社会秩序、社会结构、社会制度的公正和权威四个方面进行了分析,探讨贫富差距对社会稳定的影响。国内学者也就这一关系展开了大量的实证研究,其中主要有:胡联合、胡鞍钢和徐绍刚(2005)发现全国居民收入差距、城乡差距、地区差距的拉大都与违法犯罪活动的增多有着密切的相关关系,随着贫富差距的拉大,各种形式的违法犯罪活动特别是侵财性犯罪大量增加。白雪梅和王少瑾(2007)对我国收入不平等与社会安定关系进行分析,其采用多元回归分析方法对我国1981—2004年的相关变量进行实证研究发现,无论用城乡混合基尼系数还是用城乡居民收入之比来测度收入不平等,其均对社会安定产生了显著的负面冲击。王少瑾(2008)基于修正的EBA模型发现收入差距的拉大对侵财犯罪中的盗窃案件和抢劫案件、暴力犯罪中的伤害案件发生率的上升均存在稳健的影响。陈春良和易君健(2009)在扩展的犯罪经济学模型中推导了收入差距对刑事犯罪行为的作用机制,并利用宏观省级面板数据进行了计量分析,结果均显示收入差距显著提升了刑事犯罪。吴一平和芮萌(2010)利用1988—2006年省级面板数据,采用动态面板数据估计收入分配不平等对刑事犯罪率的影响,发现收入不平等对社会安定产生了不利影响。

社会安定或者社会不安定对于居民幸福感的影响主要是心理学家关

① 亚当·斯密.国民财富的性质和原因研究(下卷)[M].郭大力,王亚南译.北京:商务印务馆,2003.

注的话题。他们研究发现高犯罪地区或者受过犯罪侵害的居民，会出现包括抑郁、焦虑、压力、紊乱以及情感上的敌视等心理问题（Davis & Friedman，1985；Sorenson & Golding，1990；Norris & Kaniasty，1992），Michalos（2000）研究发现这些心理问题对居民的幸福感或生活满意度都有显著的负面影响。在幸福经济学研究的文献中，Powdthavee（2005）利用1997年南非家庭调查数据研究发现受害者的幸福感要显著低于非受害者，生活在高犯罪地区的非受害居民相比那些低犯罪地区的居民，幸福感也更低。Davies & Hinks（2010）使用马拉维综合家庭调查2005年度数据发现犯罪与幸福感之间也存在负向的关系，那些在之前受到侵害的居民的生活满意度会显著地降低。我国学者鲁元平和王韬（2011）也发现居民所在省份的刑事案件发生率对居民的幸福感有显著的负面影响，社会犯罪对城乡居民的幸福感均有负面影响，但只对城市居民显著。

接下来回顾收入差距、社会信任和民众幸福感的相关文献。Kawachi等（1997）对美国39个州的数据进行分析，发现收入差距与社会信任之间存在显著的负相关关系。Mary C. Daly等（1998）发现在收入不平等程度较高的地区，人们相互之间的信任度往往比较低，人际关系较为冷漠。而Rothstein & Uslaner（2005）考察了平等（equality）与社会信任的关系，发现收入越平等的国家，民众相互之间的信任度越高，人际关系越融洽，此项研究中的平等包括经济平等（economic equality）和机会平等（equality of opportunity）两个维度，结果发现，不平等的国家或地区往往会陷入这样一个恶性循环：不平等引起社会信任程度降低，低水平的社会信任又使得改进分配、促进平等的政策难以实施，从而导致分配不均的状况的进一步恶化。Henrik Jordahl（2007）回顾了经济不平等与信任的相关文献，从国家之间、国家内部和各种实验的数据中都发现经济上的不平等对信任发挥着负向的影响，并通过社会网络、社会关系依赖、资源冲突和机会成本四种机制解释了这种负向关系。Gustavsson & Jordahl（2008）利用瑞典选举研究项目1994和1998年的面板数据，研究发现各种收入差异，特别是收入分布低端的居民有更低的社会信任，而且这种关系在那些厌恶收入不平等的人群中更加强烈，同时他们还发现移民占比与信任负相关。威尔金森和皮克特(2010)发现在收入差距较大的国家和美国各州,公众之间的信任水平较低,他们指出"有关欧洲和世界的价值观调查"数据显示,平等程度最高的瑞典有66%的人觉得他们可以信任别人,而平等程度低的葡萄牙只有10%的人认为可以信任别人。我国学者马得勇(2008)也指出贫富差距和不平等是造成信任下降的重要原因。

国内外学者关于信任与幸福的研究取得了丰富的成果,基本上得到了一致的结论,信任有利于提升民众的幸福感(Diener等,1999;Helliwell,2006,2007;Helliwell & Huang,2011)。国内学者也有涉足这方面的研究,王洪法(2007)指出信任是社会生活中人对人的一种依赖,是人与人之间彼此规范、诚信、合作行为的一种预期,作为一种社会资本,信任奠定了现代人幸福感的情感基础、公共美德和基本道德规范。袁浩和马丹(2011)利用上海大学社会调查研究中心2010年收集的上海市市区入户调查数据实证研究发现,社会信任能够较大幅度地提升人们的幸福感。何凌云和鲁元平(2011)研究发现腐败对居民主观幸福感的部分影响是通过恶化社会信任水平来实现的,较强的社会信任显著地有利于居民主观幸福感的提升。

综上所述,我们认为:收入差距通过安全感和信任间接影响民众幸福感的路径机制是可能存在的,接下来进行实证研究检验。

5.6.2 研究设计

社会不安定:社会安定的测度是一个多维度的问题,国外学者的实证研究中大体上可分为客观和主观两类指标,本章根据数据的可获取性,分别选取了两个指标对社会不安定进行度量。一是基于问卷中的题目"在现实生活中,经常会看到一些群体性的活动或行动,比如联合抵制不合理收费、串联起来反对征地或拆迁、集体参加环保活动、集体签名、集体谈判、集体诉讼、集体请愿、集体上访、集体罢工、集会、游行、示威,等等。请问,在过去五年中,您身边是否发生过这样的事情",根据回答选项是或否定义为0—1虚拟变量,上述指标是根据被调查者所处环境中切身经历的社会不安定事件定义的。依据问卷中另一题目"在您看来,我国社会中下列群体之间冲突的严重程度如何”,我们也定义了一个主观社会不安定指标,群体包括穷人与富人、工人阶级与白领阶层、干部与群众、管理人员与一般工作人员、工厂老板与工人、社会上层与社会下层等六个对立群体。我们将被调查认为非常严重和比较严重的归为一类,定义为1,其他定义为0,然后对这六个层面取均值作为一个主观社会不安定指标,取值在0~1。

社会信任:对于一般信任指标的度量是困难的,这就是为什么尽管信任很重要却很少有经验研究的原因。我们根据调查问卷采用如下方法来对社会信任进行衡量,CGSS调查问卷中有一项问题是“在贫富差距问题上,当各种渠道的信息不一致时,您对政府机构这一信息渠道的信任程度如何”,要求被调查者打分,1~5分依次为“最不信任”到“最信任”。此外,根据被调查者对“服从政府总是不会错的”的认同程度,我们也认为在一定程度上反映了被调查者的一种信任心态。1~4分依次表示“非常不同意”到“非常同意”。

要分析社会安定和社会信任对收入差距影响我国民众幸福感的间接影响,我们首先需要估计出如下方程:

$$SWB = \alpha + \beta ineq + \gamma X + \mu \tag{5-4}$$

其中,SWB为居民的幸福,$ineq$为收入差距的指标,X为居民个体特征、居民社会经济状况等其他控制变量。在此模型基础上,我们加入社会安定变量或者社会信任变量后,看收入差距变量系数发生的变化:

$$SWB = \alpha' + \beta' ineq + \delta' indirect + \gamma' X + \mu \tag{5-5}$$

从而可以通过以下式子计算得出间接影响:

$$\frac{\partial SWB}{\partial indirect}\frac{\partial indirect}{\partial ineq} \tag{5-6}$$

模型均采用最小二乘法估计。对于模型可能出现的异方差,我们在进行估计的时候均对估计值的标准差做了Huber-White异方差调整,报告的都是经过异方差调整后的标准差。

5.6.3　结果分析

表5-10是收入差距、社会安定对居民主观幸福感影响的回归结果。

表中的模型(1)、(2)和(3)是没有加入基尼系数平方项的结果,而模型(4)、(5)和(6)是加入了基尼系数的平方项后的结果。无论是一次项模型还是二次项模型,不同度量的社会不安定指标结果均显示社会的不安定显著降低了居民的主观幸福感,这可能是因为社会处于不安定状态情况下,居民缺乏安全感,通过心理作用对幸福感产生影响,这也充分说明了社会安定的重要性,社会安定是居民幸福的基础。

进一步分析模型(1)—(3)发现,在模型控制了社会不安定变量之后,基尼系数的回归系数有了明显降低,而显著性水平没有变化,这表明在没有加入社会不安定因素变量的情况下,人们高估了收入差距对其幸福感的影响,也表明社会不安定可能是收入差距影响居民主观幸福感的一个重要的传导机制。参照学者 Pak Hung Mo(2001)研究腐败对经济增长的传导机制的分析方法①,利用式(5-6)计算出由社会不安定这一传导路径的间接影响分别为负的0.007和0.021(分别对应社会不安定1和社会不安定2)②。尽管这个影响系数相对较小,但也确实说明了这条间接路径的存在。我们再来分析模型(4)—(6),在加入社会不安定因素之后,基尼系数的平方项系数依然显著为负,一次项系数显著为正,均在1%的水平上统计显著。这说明收入差距对幸福感影响的倒"U"形关系并没有因为社会不安定因素而改变,但是我们通过计算发现,倒"U"形关系的极值点均发生右移,这表示居民幸福感会受收入差距的正向隧道效应的影响能够持续到更大程度的收入差距水平上,或者说居民对收入差距的容忍限度又有所提高,而这一改变正是由于模型中加入了社会不安定因素,正是由于社会安定这一传导路径的影响所带来的。

表5-10 收入差距、社会安定对民众主观幸福感影响的回归结果

变量	(1)	(2)	(3)	(4)	(5)	(6)
基尼系数	-0.231**	-0.224**	-0.210**	3.155***	3.233***	3.341***
	(0.106)	(0.106)	(0.106)	(0.708)	(0.710)	(0.715)

① 我国学者鲁元平、王韬(2011)的研究也采用了该方法。

② 对于式(5-6)中的第二部分的获取如下:在控制了其他变量的情况下,用收入差距对社会不安定进行回归获取收入差距的回归系数。

续表

变量	(1)	(2)	(3)	(4)	(5)	(6)
基尼平方				-3.924***	-4.004***	-4.112***
				(0.825)	(0.827)	(0.831)
不安定1		-0.063***			-0.067***	
		(0.023)			(0.024)	
不安定2			-0.067***			-0.075***
			(0.022)			(0.022)
常数项	2.473***	2.473***	2.501***	1.829***	1.816***	1.830***
	(0.167)	(0.167)	(0.166)	(0.212)	(0.212)	(0.213)
其他控制变量	是	是	是	是	是	是
极值点				0.402	0.404	0.406
样本量	8,210	8,210	8,210	8,210	8,210	8,210
R - squared	0.180	0.181	0.181	0.182	0.183	0.183

同理分析收入差距、社会信任对我国民众幸福感的影响，回归结果见表5-11。显然，社会信任有助于提高居民的幸福感，尽管两种社会信任度量指标的系数大小和显著性稍有差异，但在系数方向上均保持了一致，而且二者均至少在5%的统计水平上显著。这和已有的文献研究结论是一致的，作为社会资本重要形式的信任，对居民的主观幸福感有着显著的促进作用，这也给我们启示，建立信任对民众幸福以及和谐社会的作用不言而喻。同样的，表5-11中模型(1)—(3)是没有加入基尼系数的平方项，描述的是基尼系数与幸福感的线性关系，其结果显示，总体上，收入差距对居民幸福感产生了不利影响，在控制了社会信任之后，基尼系数的回归系数也有了一个明显的下降，而且在加入社会信任的第二个度量指标时，基尼系数的统计显著性也由原来的5%下降到10%，这说明收入差距通过社会信任这一传导路径对民众幸福感产生影响是确实存在的，利用式(5-6)计算出由社会信任这一传导路径产生的间接影响分别为负的0.0013和0.0246(分别对应社会信任1和社会信任2)。尽管这个影响系数相对较小，但也确实说明了这条间接路径的存在。

表 5 - 11　收入差距、社会信任对民众幸福感的影响

变量	(1)	(2)	(3)	(4)	(5)	(6)
基尼系数	-0.231**	-0.216**	-0.194*	3.155***	3.082***	3.195***
	(0.106)	(0.105)	(0.110)	(0.708)	(0.708)	(0.729)
基尼平方				-3.924***	-3.822***	-3.921***
				(0.825)	(0.825)	(0.846)
信任 1		0.016**			0.0152**	
		(0.007)			(0.007)	
信任 2			0.044***			0.045***
			(0.010)			(0.010)
常数项	2.473***	2.435***	2.414***	1.829***	1.811***	1.766***
	(0.167)	(0.167)	(0.175)	(0.212)	(0.212)	(0.220)
其他控制变量	是	是	是	是	是	是
极值点				0.402	0.403	0.407
样本量	8,210	8,182	7,677	8,210	8,182	7,677
R - squared	0.180	0.182	0.180	0.182	0.184	0.182

通过上面的实证分析和对已有文献的回顾，社会安定和信任的确对民众幸福产生了影响。但如果说社会安定和社会信任不是相互独立的，那么按照上述方法分析出来的间接影响可能是有偏差的结果。参照文献 Pak Hung Mo(2001)的做法，同时将所有貌似存在的路径纳入分析。收入差距对居民幸福的影响可以按照下式分解为直接影响和不同来源的间接影响的和：

$$\frac{dSWB}{dineq} = \frac{\partial SWB}{\partial ineq} + \sum_i \frac{\partial SWB}{\partial indirect_i} \frac{\partial indirect_i}{\partial ineq} \tag{5-7}$$

为了考察社会安定和社会信任对收入差距影响民众幸福感的间接影响大小，我们在表 5 - 12 中考察了收入差距对幸福感影响的线性关系①，以及控制了不同社会安定和信任指标的组合。同时控制不安定和信任因素之后，收入差距依旧至少在 10% 的水平上对幸福感有着显著的负面影

① 由于非线性关系即本书中的倒"U"形关系在考察边际影响的时候还带有一个 X，计算出具体的影响值还取决于 X，因此，这部分分析的时候就没有考虑非线性关系。

响,而社会不安定的结论发现也与文献基本上一致,为居民的幸福感带来了负面影响;社会信任促进社会成员幸福感的提升。当模型控制了社会不安定和社会信任后,无论是哪种度量指标的组合(模型(2)—模型(5)),我们均发现了一个共同的规律:反映收入差距的基尼系数指标的回归系数值降低了,尽管不同度量组合降低的大小有差异。这说明通过社会不安定和社会信任的传导路径,收入差距确实对幸福感产生了影响。

表 5-12 收入差距、不安定与信任对民众幸福感的影响

变量	(1)	(2)	(3)	(4)	(5)
基尼系数	-0.231**	-0.209**	-0.189*	-0.196*	-0.181*
	(0.106)	(0.106)	(0.110)	(0.106)	(0.110)
不安定		-0.062***	-0.055**	-0.062***	-0.052**
		(0.023)	(0.024)	(0.023)	(0.023)
信任		0.015**	0.043***	0.014**	0.043***
		(0.007)	(0.010)	(0.007)	(0.010)
常数项	2.473***	2.437***	2.418***	2.466***	2.440***
	(0.167)	(0.167)	(0.175)	(0.167)	(0.175)
其他控制变量	是	是	是	是	是
样本量	8,210	8,182	7,677	8,182	7,677
R-squared	0.180	0.183	0.180	0.183	0.180

注:模型(2)、(3)分别是社会不安定1与信任1、信任2的组合;模型(4)、(5)分别是社会不安定2与信任1、信任2的组合;*** $p<0.01$, ** $p<0.05$, * $p<0.1$。

表5-13是收入差距对民众幸福感影响的路径分解结果。从中不难发现,收入差距对幸福感的直接影响依然占据了80%以上,而间接影响只占到了很小的比例,通过社会不安定和社会信任这两条传导路径的间接影响均只占到5%多一点,而且我们发现所有的影响路径加起来还是小于100%,这说明收入差距还可能通过我们控制的其他变量以及社会安定和社会信任与其他控制变量之间的联合对幸福感有影响。

表 5-13 收入差距对民众幸福感影响的路径分解(基于表5-12中的结果)

	直接影响	社会不安定路径	社会信任路径	总影响
模型(2)	-0.2088487	-0.0617742*0.1147423	0.0154914*(-0.0797646)	-0.2308762
贡献率	90.46%	3.07%	0.54%	

续表

	直接影响	社会不安定路径	社会信任路径	总影响
模型(3)	-0.1894346	-0.0553494 * 0.1147423	0.0425242 * (-0.5581258)	
贡献率	82.05%	2.75%	10.28%	
模型(4)	-0.1962347	-0.0618641 * 0.3147058	0.0141852 * (-0.0797646)	
贡献率	85.00%	8.43%	0.49%	
模型(5)	-0.1809488	-0.0519423 * 0.3147058	0.0430908 * (-0.5581258)	
贡献率	78.37%	7.08%	10.42%	
贡献均值	83.97%	5.33%	5.43%	

5.7 小结

本章使用中国综合调查2006年数据探讨了收入差距对我国居民主观幸福感的影响。研究发现主要有以下几点：首先，收入差距对我国居民的主观幸福感的影响是倒“U”形的，同时发现倒“U”形的临界点在基尼系数0.4左右，与国际警戒线相同。当基尼系数低于0.4，收入差距的扩大会促进居民主观幸福感水平的提升；而当其超过0.4时，继续扩大的收入差距将导致居民主观幸福感下降。这刚好印证了我们的假设。而目前我国绝大部分区(县)的基尼系数均大于这一临界值，这正说明了收入差距对于我国居民的生活终极目标幸福感产生了不利影响。其次，收入差距对主观幸福感的影响通过了其他收入差距指标的稳健性检验，表明收入差距与主观幸福感的倒“U”关系是稳健的。第三，城镇内部收入差距和农村内部收入差距对各自居民主观幸福感的影响也是倒“U”形关系，但是城镇居民对收入差距的容忍度要低于农村居民，城镇内部收入差距的临界点是基尼系数0.314，而农村则为0.457；省级层面的城乡间收入差距直接不利于民众的幸福，而区县层面的城乡间收入差距与幸福感的关系同样是倒“U”形。第四，居民在户籍和教育等属性方面存在着收入差距的跨层次效应。随着收入差距的扩大，非农业户籍以及受教育程度越高的居民的主观幸福感反而越低，收入差距给这些人群的生活终极目标带来不利影响，而在性别、政治面貌和收入组别等属性方面未发现收入差距对这些属性人群幸福感的影响有显著差异。第五,社会安定和社会信任是影响我国民众幸福感的重要因素,社会不安定显著降低了居民的幸福感,社会信任有助于促进民众幸福。第六,社会不安定和社会信任是收入差距影响民众幸福感的间接传导路径,收入差距影响幸福感的线性模型中基尼系数的回归系数明显降低,而非线性模型中基尼系数的极值点也发生了右移。通过计算发现收入差距对幸福感的直接影响、社会不安定和社会信任因素的间接影响分别约为84%、5.3%和5.4%。

6. 收入不平等与幸福感关系的动态变迁

6.1　问题的提出与已有的研究

中国改革开放近40年,在经济快速发展的同时,随之而来的是社会的巨大变化,人民生活的各个层面都发生了极大的变化。我国社会正处于社会转型的进程中,社会经济结构、文化形态、价值观念等都发生了深刻的变化。社会的一系列重大变化都影响着生活在其中的个体,经济水平在提高,然而生活过程中的问题也越来越多。在这样的背景下,中国居民的幸福感又是如何变化的呢?这种变化受到了哪些因素的影响。尤其是当下最受人关注的收入分配差距因素,它是否也是民众幸福感在社会转型过程中产生变化的原因呢?如果是,那么其贡献是怎么样的?这些问题都需要更多的经验研究予以关注。

然而,在经验研究中对这一问题进行分析的文献并不多见。我们仅找到了几篇分析国民幸福感变化的文献。中国社会科学院2007年发布的《中国社会形势分析与预测》中的中国居民生活质量调查报告指出,2004—2006年我国城乡居民总体幸福感分别为3.79、3.72和3.64,呈下降趋势[①]。刘应美(2010)对欠发达地区农村居民幸福感的变化、成因进行了分析,进而提出了增加农村居民福祉的途径。苏玲、陈俊和严丽君

① 数据来源:http://www.china.com.cn/info/07shxs/txt/2007-01/09/content_7627839_2.htm.

(2012)研究澳门回归十周年居民主观幸福感的变化,他们通过对450名澳门居民进行问卷调查数据分析,发现澳门回归后,居民的主观幸福感比回归前有显著提高,他们认为这主要是因为经济政治方面的飞速发展、国际地位的提高以及治安的改进等原因促成的。

探讨收入差距对幸福感变化影响的文献则更加少见。Brockmann等(2009)分析了1990—2000年中国经济不断增长而幸福感下降之谜,他们发现中国的收入差距日益偏向高收入阶层,以至于绝大多数人社会经济地位变动得更加糟糕了,结果是对经济状况的日益不满成为人们幸福感下降的重要因素。Grosfeld & Senik(2010)在研究波兰向市场化转型过程中人们对不平等态度的变化时,运用波兰1992—2005年的调查数据研究发现收入差距和满意度之间存在着一个结构性的突变,即在转型的初期阶段,收入差距的扩大被人们理解为有广泛机会的积极信号,对满意度有促进作用;然而转型后期,扩大的收入差距成为人们对经济形势不满的重要因素。

借助我国转型过程中的两轮微观调查数据,本书对中国的情形进行了实证研究。本章接下来的结构如下:第二部分为研究数据、变量和模型的介绍;第三部分是结果分析;最后一部分是本章的小结。

6.2 研究数据、变量与模型

6.2.1 数据来源与变量定义

为了考察社会转型过程中我国民众主观幸福感的动态变化,能够利用全国层面的面板数据进行分析无疑是最好的,然而这是非常困难的,在目前能够收集到的数据中未能找到这样的数据。所以退而求其次,利用时间跨度较大的两个截面数据进行对比分析。为保持前后一致性,本章采用CGSS数据2006年和最新的2013年数据进行分析,由于调查间隔比较大,调查问卷也有变化,为了保持研究变量的一致性和可比性,不得不剔除只在某一个调查年度的个别变量,从而导致分析样本与前面章节略有变化。最终得到2006年调查样本量为9140人,2013年为10050人。

核心变量的定义除了个别略有变化外,基本上与第五章相同。变量的描述统计见表 6-1。

表 6-1　主要变量特征的描述统计

变量名称	全体样本		2006 年		2013 年	
	均值	标准差	均值	标准差	均值	标准差
主观幸福感	3.603	0.809	3.423	0.744	3.767	0.832
基尼系数	0.502	0.107	0.494	0.089	0.509	0.121
泰尔指数	0.500	0.222	0.474	0.190	0.523	0.245
收入份额	0.843	0.072	0.838	0.060	0.848	0.082
年龄	46.029	15.100	42.782	13.182	48.981	16.095
性别	0.508	0.500	0.530	0.499	0.488	0.500
居住地	0.594	0.491	0.582	0.493	0.605	0.489
户籍	0.476	0.499	0.504	0.500	0.450	0.498
民族	0.076	0.265	0.067	0.250	0.084	0.278
政治面貌	0.100	0.300	0.091	0.288	0.108	0.310
单身	0.101	0.301	0.113	0.316	0.090	0.286
在婚	0.817	0.387	0.829	0.377	0.806	0.395
其他婚姻状况	0.082	0.275	0.059	0.235	0.104	0.305
健康	0.711	0.453	0.781	0.413	0.647	0.478
教育	8.420	4.481	8.060	4.230	8.748	4.673
家庭规模	3.018	1.477	2.354	0.965	3.621	1.598
年收入	16815	29632	9042	15442	23885	36809
横向相对收入	1.459	0.593	1.308	0.513	1.596	0.627
纵向比收入上升	0.507	0.500	0.422	0.494	0.583	0.493
纵向比收入不变	0.369	0.483	0.444	0.497	0.300	0.458
纵向比收入下降	0.124	0.330	0.133	0.340	0.117	0.321

6.2.2　模型与分析方法

前部分章节对幸福感的研究大多主要采用普通最小二乘法分析,为了分析模型的多样化,本章主要采用 Ordered Probit Model[①] 来分析收入

① 关于有序 Probit 模型的详细介绍参见杰弗里 · M. 伍德里奇. 横截面与面板数据的计量经济分析[M]. 胡棋智, 胡江华, 王忠玉, 译. 北京:中国人民大学出版社,2016.

差距在社会动态变迁过程中对幸福感的影响。实证模型如下，假定存在一个幸福感潜变量 SWB^*，由如下(6－1)式所决定。

$$SWB^* = \alpha X + \mu \tag{6-1}$$

其中，α是一组系数向量，X 为居民个体因素、社会经济因素以及其他外部因素等变量组成的向量，μ 为随机扰动项。

设定一组未知的阈值参数 $C_1 < C_2 < C_3 < C_4$，当潜变量 SWB^* 低于临界值 C_1时，居民就会感觉到“非常不幸福”；高于临界值 C_1但同时低于临界值 C_2时，就感觉到“比较不幸福”；高于临界值 C_2但同时低于临界值 C_3时，就感觉到“一般”；当潜在幸福变量高于临界值 C_3时，居民就感觉到“比较幸福”；当潜在幸福变量高于临界值 C_4时，居民就感觉到“非常幸福”。即：$SWB = 1$，表示“很不幸福”，若 $SWB^* \leqslant C_1$；$SWB = 2$，表示“不幸福”，若 $C_1 < SWB^* \leqslant C_2$；$SWB = 3$，表示“幸福”，若 $C_2 < SWB^* \leqslant C_3$；$SWB = 4$，表示“幸福”，若 $C_3 < SWB^* \leqslant C_4$；$SWB = 5$，表示“很幸福”，若 $C_4 < SWB^*$。

由于幸福 SWB^* 变量是潜变量，没法观察，这些临界值也无法观察到，但我们获得了被调查者的回答 SWB。假定式(6－1)中随机扰动项服从标准正态分布，可以得到如下的有序 Probit 模型：

$$P(SWB = 1 | X) = P(SWB^* \leqslant C_1 | X) = \boldsymbol{\Phi}(C_1 - \alpha X)$$

$$P(SWB = 2 | X) = P(C_1 < SWB^* \leqslant C_2 | X) = \boldsymbol{\Phi}(C_2 - \alpha X) - \boldsymbol{\Phi}(C_1 - \alpha X)$$

$$P(SWB = 3 | X) = P(C_2 < SWB^* \leqslant C_3 | X) = \boldsymbol{\Phi}(C_3 - \alpha X) - \boldsymbol{\Phi}(C_2 - \alpha X)$$

$$P(SWB = 4 | X) = P(C_3 < SWB^* \leqslant C_4 | X) = \boldsymbol{\Phi}(C_4 - \alpha X) - \boldsymbol{\Phi}(C_3 - \alpha X)$$

$$P(SWB = 5 | X) = P(SWB^* > C_4 | X) = 1 - \boldsymbol{\Phi}(C_4 - \alpha X) \tag{6-2}$$

其中，$\boldsymbol{\Phi}(\cdot)$为标准正态分布的累积分布函数，通过构建似然函数，利用最大似然估计法可以获取模型中的参数。而对于自变量而言，其边际效用为：

$$\frac{\partial P(SWB = 1 | X)}{\partial x_i} = -\alpha_i \boldsymbol{\Phi}(C_1 - \alpha X)$$

$$\frac{\partial P(SWB = 2 | X)}{\partial x_i} = \alpha_i \boldsymbol{\Phi}(C_1 - \alpha X) - \alpha_i \boldsymbol{\Phi}(C_2 - \alpha X)$$

$$\frac{\partial P(SWB=3|X)}{\partial x_i}=\alpha_i\boldsymbol{\Phi}(C_2-\alpha X)-\alpha_i\boldsymbol{\Phi}(C_3-\alpha X)$$

$$\frac{\partial P(SWB=4|X)}{\partial x_i}=\alpha_i\boldsymbol{\Phi}(C_3-\alpha X)-\alpha_i\boldsymbol{\Phi}(C_4-\alpha X)$$

$$\frac{\partial P(SWB=5|X)}{\partial x_i}=-\alpha_i\boldsymbol{\Phi}(C_4-\alpha X) \qquad (6-3)$$

其中，$\boldsymbol{\Phi}(\cdot)$为标准正态分布的条件概率密度函数。

为了进一步考察2006—2013年我国居民幸福感的动态变化，将影响这一时期幸福感变化的因素分解为解释变量变化的影响和解释变量相应参数的变化带来的影响并进行分析，特别是这一时期中收入差距因素对这一变化的贡献。目前文献中常用的分解方法是Oaxaca－Blinder分解（又简称Oaxaca分解）①，然而该方法主要适用于线性模型，后来学者Myeong－Su Yun（2004）以及Thomas K. Bauer & Mathias Sinning（2008）进一步将Oaxaca－Blinder分解扩展到非线性模型的分解②。因此，本章也采用该方法来分解社会转型过程中的不同年份里我国民众主观幸福感均值的差异③。具体如下：

$$\Delta_{NL}=\overline{SWB}_A-\overline{SWB}_B=E_{\alpha A}(SWB_{iA}|X_{iA})-E_{\alpha B}(SWB_{iB}|X_{iB})=$$

$$\underbrace{[E_{\alpha A}(SWB_{iA}|X_{iA})-E_{\alpha A}(SWB_{iB}|X_{iB})]}_{\text{不同年份之间变量变化导致幸福感变化}}+$$

$$\underbrace{[E_{\alpha A}(SWB_{iB}|X_{iB})-E_{\alpha B}(SWB_{iB}|X_{iB})]}_{\text{不同年份之间变量系数变化导致幸福感差异}} \qquad (6-4)$$

上式分解是以组别A的参数为基准参数，当然，也可以用组别B的

① 由于Oaxaca（1973）和Blinder（1973）几乎同时对两个组群之间的工资均值差异提出了几乎相同的分解方法，学术界通常将这种分解方法称为Oaxaca－Blinder分解，简称Oaxaca分解。

② 我国学者罗楚亮（2006）运用该方法和有序logit模型进行分解分析，探讨城乡之间就业状况之间的差异引发的主观幸福感差异，只不过他当时运用该方法是从另一种方法Even and Macpherson（1993）演进而来。但二者的原理是完全一样的。

③ 张珂、赵忠（2011）运用该方法分析了中国高校扩招政策背景下毕业生收入预期的动态变化，本书运用该方法正是得益于这篇文献，在此特别感谢中国人民大学赵忠老师细致耐心地解答我在运用该方法过程中遇见的一些问题。

参数作为基准①,分解式子如下:

$$\Delta_{NL} = \overline{SWB_A} - \overline{SWB_B} = E_{\alpha A}(SWB_{iA} | X_{iA}) - E_{\alpha B}(SWB_{iB} | X_{iB}) = [E_{\alpha A}(SWB_{iA} | X_{iA}) - E_{\alpha B}(SWB_{iA} | X_{iA})] + [E_{\alpha B}(SWB_{iA} | X_{iA}) - E_{\alpha B}(SWB_{iB} | X_{iB})] \quad (6-5)$$

上述分解式中的期望值通过下式计算得出:

$$E_{\alpha A}(SWB_{iA} | X_{iA}) = 1 * \boldsymbol{\Phi}(C_{1A} - \alpha_A X_{iA} + 2 * [\boldsymbol{\Phi}(C_{2A} - \alpha_A X_{iA}) - \boldsymbol{\Phi}(C_{1A} - \alpha_A X_{iA})] + 3 * [\boldsymbol{\Phi}(C_{3A} - \alpha_A X_{iA}) - \boldsymbol{\Phi}(C_{2A} - \alpha_A X_{iA})] + 4 * [\boldsymbol{\Phi}(C_{4A} - \alpha_A X_{iA}) - \boldsymbol{\Phi}(C_{2A} - \alpha_A X_{iA})] + 5 * [1 - \boldsymbol{\Phi}(C_{4A} - \alpha_A X_{iA})] \quad (6-6)$$

当模型参数估计出来后,其对应的由样本计算出来的期望均值就等于:

$$S(\alpha_A, X_{iA}) = \frac{1}{N}\sum_{i=1}^{N}\{1 * \boldsymbol{\Phi}(\hat{C}_{1A} - \hat{\alpha}_A X_{iA}) + 2 * [\boldsymbol{\Phi}(\hat{C}_{2A} - \hat{\alpha}_A X_{iA}) - \boldsymbol{\Phi}(\hat{C}_{1A} - \hat{\alpha}_A X_{iA})] + 3 * [\boldsymbol{\Phi}(\hat{C}_{3A} - \hat{\alpha}_A X_{iA}) - \boldsymbol{\Phi}(\hat{C}_{2A} - \hat{\alpha}_A X_{iA})] + 4 * [\boldsymbol{\Phi}(\hat{C}_{4A} - \hat{\alpha}_A X_{iA}) - \boldsymbol{\Phi}(\hat{C}_{3A} - \hat{\alpha}_A X_{iA})] + 5 * [1 - \boldsymbol{\Phi}(\hat{C}_{4A} - \hat{\alpha}_A X_{iA})]\} \quad (6-7)$$

$$\Delta_{NL} = [S(\alpha_A, X_{iA}) - S(\alpha_A, X_{iB})] + [S(\alpha_A, X_{iB}) - S(\alpha_B, X_{iB})] \quad (6-8)$$

式(6-8)中的$S(\alpha_A, X_{iB})$、$S(\alpha_A, X_{iB})$、$S(\alpha_B, X_{iB})$等是用对应参数估计值和样本变量值替换式(6-7)中相应部分即可获取。为了考察各个自变量及其系数对居民主观幸福感变化的影响方向和大小的具体差异,我们进一步借鉴 Myeong - Su Yun(2004)的方法对上述式子继续进行分解如下:

① 选择不同的基准参数会导致分解结果巨大差异,参照文献中常用的方法,本章考虑了不同基准的情况,然后求均值作为分解的最后结果。

$$\Delta_{NL} = \sum_{k=1}^{K} W_{\Delta X}^{k}[S(\alpha_A, X_{iA}) - S(\alpha_A, X_{iB})] + \sum_{k=1}^{K} W_{\Delta\alpha}^{k}[S(\alpha_A, X_{iB}) - S(\alpha_B, X_{iB})] \tag{6-9}$$

其中,K 表示自变量的个数,$W_{\Delta X}{}^{k}$表示由第 k 个自变量导致主观幸福感的差异占由所有自变量差异导致的总幸福感差异中的比重,$W_{\Delta\alpha}{}^{k}$表示由第 k 个自变量系数导致主观幸福感的差异在由所有自变量差异系数导致的总幸福感差异中所占的比重,这两个权重对应的计算公式和需要满足的条件如下:

$$W_{\Delta X}^{k} = \frac{(\bar{X}_A^k - \bar{X}_B^k)\hat{\alpha}_A^k}{(\bar{X}_A - \bar{X}_B)\hat{\alpha}_A}, W_{\Delta\alpha}^{k} = \frac{\bar{X}_B^k(\hat{\alpha}_A^k - \hat{\alpha}_B^k)}{\bar{X}_B(\hat{\alpha}_A - \hat{\alpha}_B)}; \text{且} \sum_{k=1}^{K} W_{\Delta X}^{k} = 1 = \sum_{k=1}^{K} W_{\Delta\alpha}^{k} \tag{6-10}$$

6.3　幸福感动态变迁结果分析

6.3.1　描述性分析

我们首先对这两年居民的主观幸福感均值进行了 t 检验,检验结果表明二者在1%的统计水平上存在显著差异①,与2006年相比,2013年民众主观幸福感有显著的提升。图6－1是2006与2013年主观幸福感分布状况对比图,从中容易发现:2013年居民中幸福感评价为一般的比例大幅度下降,从46.35%下降到18.33%,基本上下降了约30个百分点;其中有很大一部分评价转化为比较幸福和非常幸福,当然,也有少量评价为不幸福,所以致使2013年评价为非常不幸福和比较不幸福的比例也都略高于2006年。简而言之,可以说明幸福感两极分化越来越严重,也即所谓的幸福不平等越来越严重。

图6－2是不同年龄下居民主观幸福感的Lowess曲线图②,图中清晰

① 检验结果为T统计值为－30.1,双侧检验的P值为0.000。

② Lowess—局部加权回归散点平滑法,是一种以拟合散点数据得到平滑曲线的一种稳健的、非参数统计方法,1979年由Cleveland首创,详细介绍参见Cleveland(1979)。

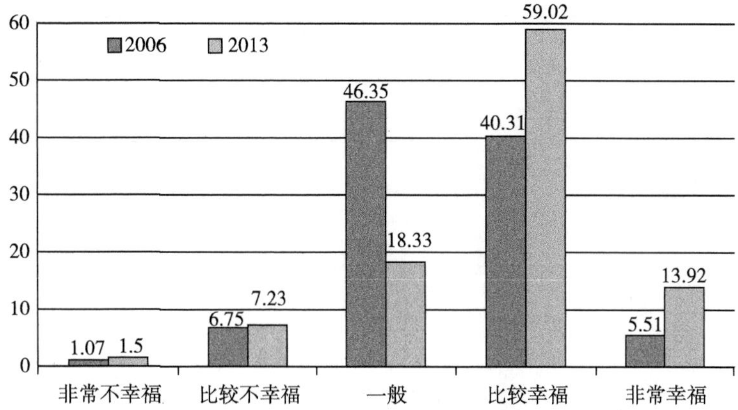

图 6－1　2006 年和 2013 年主观幸福感分布比较

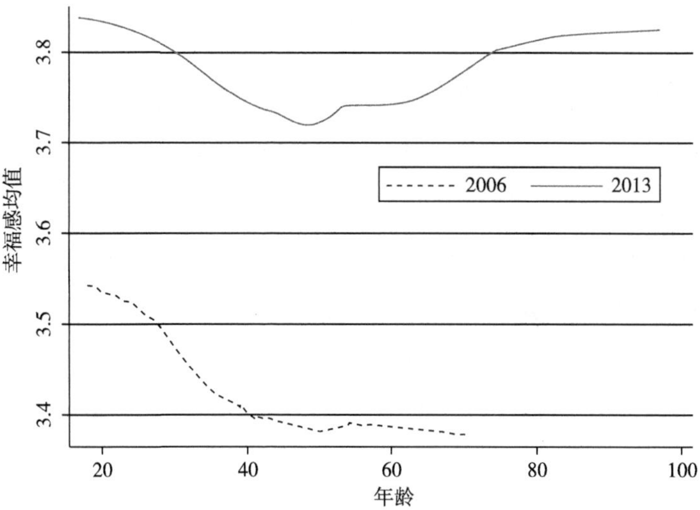

图 6－2　不同年龄下主观幸福感的 Lowess 曲线图

可见:一方面,2013 年各个年龄段居民群体的幸福感均高于 2006 年;另一方面,年龄与主观幸福感的关系并非简单的线性关系,尤其是在 2013 年,二者呈现出明显的"U"形关系,表明人们的主观幸福感随着年龄的增长先会降低而后增加。这一简单的描述分析结论基本上与已有文献得到的结论一致。

接下来为考察 2006—2013 年收入差距的变化,我们对收入差距绘制了各年份非参数核密度图并进行比较(见图 6－3)。从中可以看出,2013

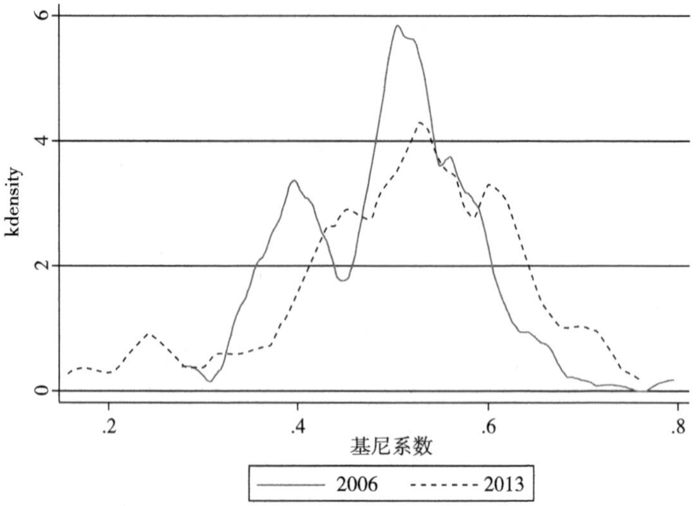

图 6－3　收入差距的核密度图

年的收入差距核密度曲线变得更加平坦，略有向右偏移，区县收入差距水平呈现出增大的态势。我们也比较了两个年份收入差距均值，*T* 检验结果为 *t* 统计值 -9.92，在 1% 的水平上差异统计显著。此外，我们以泰尔指数和收入份额作为差距指标的核密度图结果与基尼系数完全类似。

图 6－4 为描述基尼系数与主观幸福感关系的路易斯拟合和二次型拟合曲线。从图中可以发现，无论是 2006 年，还是 2013 年，两种拟合曲线均呈现倒“U”形关系，另外两种衡量收入差距的指标结果与此完全类似，结果见图 6－5。

6.3.2　我国居民主观幸福感的影响因素

表 6－2 汇报了我国居民主观幸福感影响因素的回归结果。为方便解释，我们不仅汇报了解释变量的回归系数，还报告了解释变量对居民主观幸福感的边际概率影响，但我们将边际概率的影响结果放在了本章的附录中（见附表 6－1 和附表 6－2）。为了考察收入差距对民众幸福感影响的变化，我们首先将两个年份的数据混合在一起，并在回归模型中加入了年份虚拟变量和年份与收入差距的交叉项，以考察这种影响差异随时间变化是否具有显著性，结果见模型（1）和（2），然后再分别对单年度样

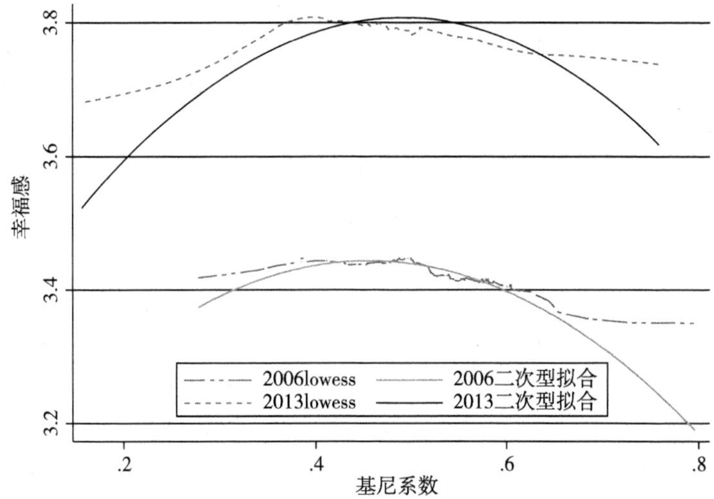

图 6－4　基尼系数与主观幸福感关系拟合曲线图

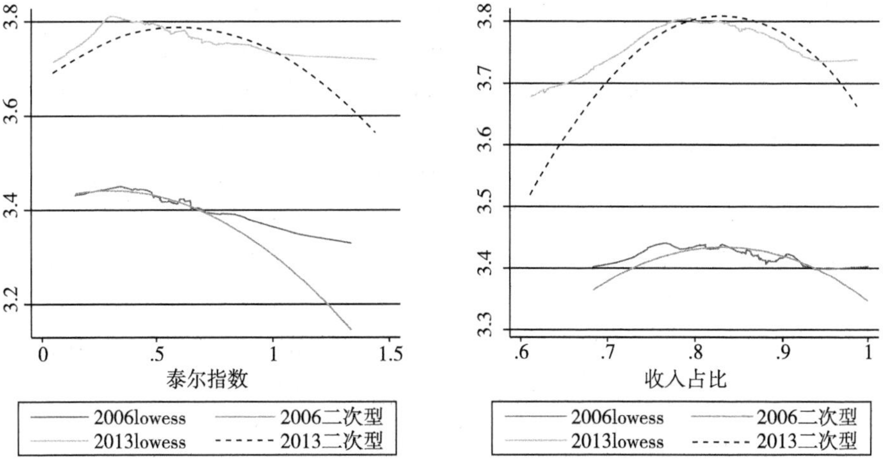

图 6－5　泰尔指数、收入占比与幸福感关系图

本进行回归分析，回归结果见模型(3)和模型(4)。

表 6－2　我国居民主观幸福感的影响因素

变量	(1)	(2)	(3)	(4)
	全体 OLS	全体	2006 年	2013 年
基尼系数	2.755***	4.533***	3.619***	4.910***
	(0.334)	(0.497)	(1.024)	(0.533)

续表

变量	(1)	(2)	(3)	(4)
	全体 OLS	全体	2006 年	2013 年
基尼系数平方	-2.823***	-4.595***	-3.545***	-4.519***
	(0.323)	(0.481)	(1.023)	(0.554)
年份	0.072	0.147*		
	(0.057)	(0.084)		
基尼系数*年份	0.349***	0.503***		
	(0.110)	(0.163)		
居住地	-0.017	-0.029	-0.032	-0.014
	(0.016)	(0.023)	(0.038)	(0.031)
户籍	0.024	0.043*	0.069*	0.020
	(0.016)	(0.024)	(0.038)	(0.031)
性别	0.075***	0.110***	0.106***	0.116***
	(0.011)	(0.017)	(0.025)	(0.024)
民族	0.026	0.052*	-0.072	0.140***
	(0.021)	(0.031)	(0.048)	(0.041)
年龄	-0.032***	-0.047***	-0.056***	-0.039***
	(0.002)	(0.004)	(0.007)	(0.005)
年龄平方	0.000***	0.001***	0.001***	0.000***
	(0.000)	(0.000)	(0.000)	(0.000)
政治面貌	0.099***	0.151***	0.145***	0.165***
	(0.019)	(0.029)	(0.043)	(0.039)
已婚	0.227***	0.330***	0.407***	0.272***
	(0.023)	(0.034)	(0.050)	(0.049)
其他婚姻状况	-0.040	-0.038	-0.105	-0.021
	(0.030)	(0.044)	(0.069)	(0.061)
健康	0.303***	0.440***	0.504***	0.415***
	(0.013)	(0.019)	(0.030)	(0.025)
教育	0.010***	0.013***	0.019***	0.008**
	(0.002)	(0.003)	(0.004)	(0.003)
家庭规模	0.022***	0.031***	0.050***	0.021***
	(0.004)	(0.006)	(0.012)	(0.008)

续表

变量	(1)	(2)	(3)	(4)
	全体 OLS	全体	2006 年	2013 年
年收入对数	0.002	0.003	0.005	-0.001
	(0.002)	(0.003)	(0.004)	(0.004)
横向相对收入	0.239***	0.367***	0.411***	0.342***
	(0.010)	(0.015)	(0.024)	(0.019)
纵向比上升	0.120***	0.173***	0.275***	0.076***
	(0.012)	(0.018)	(0.026)	(0.025)
纵向比下降	-0.133***	-0.176***	-0.173***	-0.205***
	(0.018)	(0.026)	(0.037)	(0.038)
区域变量	Yes	Yes	Yes	Yes
Cut1		-0.673***	-1.108***	-0.577***
		(0.160)	(0.292)	(0.180)
Cut2		0.231	-0.123	0.302*
		(0.158)	(0.290)	(0.177)
Cut3		1.495***	1.573***	1.111***
		(0.158)	(0.290)	(0.177)
Cut4		3.221***	3.197***	2.937***
		(0.159)	(0.291)	(0.179)
LR chi2(X)		3574.6***	1483.13***	1241.11***
R2 / Pseudo R2	0.167	0.079	0.073	0.054
Observations	19,190	19,190	9,140	10,050

注：表中汇报的是解释变量的回归系数，边际概率影响未在表中列出，见本章附表 6-1 和附表 6-2；婚姻变量以单身为参照组，纵向收入比较以不变为参照组；***、**、*分别表示 1%、5%、10% 的显著性水平，括号中的是标准差。

表 6-2 中的模型（1）显示，基尼系数的一次项和二次项系数依然均在 1% 的水平上统计显著，倒“U”形关系依然存在。基尼系数与年份的交互项在 1% 的水平上统计显著为正，这说明收入差距对幸福感的影响随着时间有一定的变化。通过对基尼系数求边际效应可以发现：2013 年基尼系数对居民幸福感影响转折点相比 2006 年发生右移，也就是说 2013 年人们对收入差距的容忍度进一步扩大了。这与怀默霆（2009）指出中国民众对不平等的态度变得更加正面和积极比较一致。尤其是 21 世纪

初以来,人民生活变化一天一个样,变化比较快,人们可能将收入差距视为一种收入流动性强的信号,对自己未来的收入充满了期望和信心,导致对于收入差距并不是那么在乎,容忍度进一步提升。从表6-2中的分年度模型(3)和(4)可看出,无论是2006年还是2013年,收入差距的一次项系数均为正、二次项系数均为负,且都在1%的水平上表现显著,这与描述性分析的结果一致,说明在控制了其他相关因素之后,收入差距与幸福感之间的倒"U"形关系依然是存在的。

其他的相关实证发现基本上与现有文献一致。例如,女性的幸福感更高(杨扬、郑兴山,2007);生命周期中年龄与幸福感的"U"关系(Arthur A. Stone, et al.,2010);已婚居民比未婚群体的幸福感更高(Myers,1999);健康状况越好和教育程度越高的居民幸福感更高(Blanchflower,2007;Dolan, et al.,2008);绝对收入的影响并不显著,但相对收入能显著促进居民幸福感的提升(罗楚亮,2009);如此等等。同时我们也发现了一些差异,包括这些变量的回归系数的方向、大小、显著性。正是这些因素在影响方向上、大小上的差异导致我国居民幸福感在这七年中发生了相对较大的变化。为此,我们接下来将分析我国居民主观幸福感动态变迁的原因。

6.3.3 主观幸福感年份差异的分解

表6-3报告了基于2006和2013年两轮CGSS数据对我国民众幸福感变化的分解情况。分解结果显示,无论是以2006年还是以2013年的系数为基准,所分解出来的变量总差异和系数总差异基本上是一致的。最后我们选取了二者的平均水平作为最后分解结果。我国居民在2013年的主观幸福感比2006年平均高出0.345,其中,由于两个年份民众的变量特征所导致的幸福差距约为0.096,占比27.91%;由变量系数差异导致的幸福差距约为0.249,占比72.09%,说明这七年来变量影响大小的变化导致的差异占据了绝大多数,但两方面的差异均促进了居民平均幸福感的提高。

表 6－3 主观幸福感年份差异的分解

	2006 年系数为基准		2013 年系数为基准		取均值	
	数值	占比(%)	数值	占比(%)	数值	占比(%)
总差异	0.344768	100%	0.344768	100%	0.344768	100%
变量总差异	0.070276	20.38%	0.122202	35.44%	0.096239	27.91%
系数总差异	0.274492	79.62%	0.222566	64.56%	0.248529	72.09%

表 6－4 是按自变量分解的结果。2006—2013 年，我国居民的许多特征都发生了变化，如表 6－1 所示，2013 年相比 2006 年，收入差距略微增加，女性比重降低，平均年龄高了 6 岁，已婚者比例降低，收入增加明显，如此等等。而另一方面，由于种种因素，这些变量对居民主观幸福感的影响方向和影响幅度也发生了变化（见表 6－2），进而影响到居民的幸福感水平。具体从分解结果来看，收入差距的影响是我们重点关注的，收入差距变量本身的变化对变量总差异的贡献为负的 15.864%，这说明收入差距变量本身在这七年里面的变化降低了居民的平均幸福感水平，但这方面的影响幅度相对较小；而在收入差距影响效应方面，其对系数总差异的贡献为 242.754%，也就是说收入差距系数变化带来的系数效应为 0.6，是总系数差异的 2 倍多，远超过总系数效应，这同样说明了 2006—2013 年来自收入差距系数的变化差异是居民平均幸福感水平增加的最重要因素。另外，其他如人力资本因素、家庭因素、经济因素等总体上降低了平均幸福水平。

表 6－4 各因素对主观幸福感年份差异的解释效应

	变量差异		系数差异	
	数值	占比(%)	数值	占比(%)
收入差距因素	-0.015267	-15.864	0.6033134	242.754
个体特征因素	0.028968	30.1	0.4278852	172.167
人力资本因素	-0.033004	-34.293	-0.244098	-98.217
家庭因素	0.0280853	29.183	-0.139106	-55.972
经济因素	0.0890169	92.496	-0.401264	-161.455
区域因素	-0.001561	-1.621	0.001798	0.723
合计	0.096239	100	0.248529	100

6.4 小结

随着我国经济社会的转型,党和人民越来越关注民生,不断推出促使民生幸福的政策举措。在这样的背景下,考察我国民众的幸福感发生了怎样的动态变迁,以及这些变化受到哪些因素的影响,对进一步促进老百姓幸福的意义重大。本章选取中国综合社会调查(CGSS)2006年和2013年数据进行了对比研究,采用有序选择回归模型考察了我国居民主观幸福感的影响因素和影响大小,利用扩展的Oaxaca分解法对不同年份之间幸福感差异进行分解分析。研究发现:第一,2006—2013年,我国居民幸福感的平均水平有所提高,但是幸福感的分布更加的极端化,感觉"很不幸福"和"很幸福"的比例均显著提高。第二,收入差距对居民幸福感的影响依然呈现为倒"U"形关系,但这七年时间里关系还是有变化的,主要体现在转折点发生了右移。2013年相比2006年,人们主观福利水平对收入差距的容忍度有所增加。第三,收入差距变量本身的变化是降低居民平均幸福感水平的因素;其影响系数的变化是导致平均幸福水平上升的重要原因,而且后者的影响幅度非常大。

附表6-1　表6-2中2006年回归系数的边际效应

变量	非常不幸福	比较不幸福	一般	比较幸福	非常幸福
基尼系数	-0.055***	-0.365***	-1.012***	1.120***	0.313***
	(0.017)	(0.104)	(0.287)	(0.318)	(0.089)
基尼系数平方	0.054***	0.358***	0.991***	-1.097***	-0.306***
	(0.017)	(0.104)	(0.287)	(0.317)	(0.089)
居住地	0.000	0.003	0.009	-0.010	-0.003
	(0.001)	(0.004)	(0.011)	(0.012)	(0.003)
户籍	-0.001*	-0.007*	-0.019*	0.021*	0.006*
	(0.001)	(0.004)	(0.011)	(0.012)	(0.003)
性别	-0.002***	-0.011***	-0.029***	0.033***	0.009***
	(0.000)	(0.003)	(0.007)	(0.008)	(0.002)
民族	0.001	0.008	0.020	-0.023	-0.006
	(0.001)	(0.005)	(0.013)	(0.015)	(0.004)

续表

变量	非常不幸福	比较不幸福	一般	比较幸福	非常幸福
年龄	0.001***	0.006***	0.016***	-0.017***	-0.005***
	(0.000)	(0.001)	(0.002)	(0.002)	(0.001)
年龄平方	-0.000***	-0.000***	-0.000***	0.000***	0.000***
	(0.000)	(0.000)	(0.000)	(0.000)	(0.000)
政治面貌	-0.002***	-0.013***	-0.042***	0.044***	0.014***
	(0.001)	(0.004)	(0.013)	(0.013)	(0.005)
已婚	-0.009***	-0.049***	-0.098***	0.128***	0.028***
	(0.002)	(0.007)	(0.010)	(0.016)	(0.003)
其他婚姻状况	0.002	0.011	0.028	-0.033	-0.008*
	(0.001)	(0.008)	(0.018)	(0.022)	(0.005)
健康	-0.011***	-0.062***	-0.119***	0.158***	0.035***
	(0.001)	(0.005)	(0.006)	(0.009)	(0.002)
教育	-0.000***	-0.002***	-0.005***	0.006***	0.002***
	(0.000)	(0.000)	(0.001)	(0.001)	(0.000)
家庭规模	-0.001***	-0.005***	-0.014***	0.016***	0.004***
	(0.000)	(0.001)	(0.003)	(0.004)	(0.001)
年收入对数	-0.000	-0.001	-0.001	0.002	0.000
	(0.000)	(0.000)	(0.001)	(0.001)	(0.000)
横向相对收入	-0.006***	-0.041***	-0.115***	0.127***	0.035***
	(0.001)	(0.003)	(0.007)	(0.008)	(0.002)
纵向比上升	-0.004***	-0.027***	-0.078***	0.084***	0.025***
	(0.001)	(0.003)	(0.008)	(0.008)	(0.003)
纵向比下降	0.003***	0.019***	0.046***	-0.054***	-0.013***
	(0.001)	(0.004)	(0.009)	(0.012)	(0.003)

附表 6-2　表 6-2 中 2013 年回归系数的边际效应

变量	非常不幸福	比较不幸福	一般	比较幸福	非常幸福
基尼系数	-0.125***	-0.541***	-0.910***	0.583***	0.993***
	(0.017)	(0.060)	(0.100)	(0.069)	(0.108)
基尼系数平方	0.115***	0.498***	0.837***	-0.536***	-0.914***
	(0.017)	(0.062)	(0.104)	(0.070)	(0.113)

续表

变量	非常不幸福	比较不幸福	一般	比较幸福	非常幸福
居住地	0.000	0.001	0.003	-0.002	-0.003
	(0.001)	(0.003)	(0.006)	(0.004)	(0.006)
户籍	-0.000	-0.002	-0.004	0.002	0.004
	(0.001)	(0.003)	(0.006)	(0.004)	(0.006)
性别	-0.003***	-0.013***	-0.021***	0.014***	0.023***
	(0.001)	(0.003)	(0.004)	(0.003)	(0.005)
民族	-0.003***	-0.014***	-0.026***	0.013***	0.030***
	(0.001)	(0.004)	(0.008)	(0.003)	(0.010)
年龄	0.001***	0.004***	0.007***	-0.005***	-0.008***
	(0.000)	(0.001)	(0.001)	(0.001)	(0.001)
年龄平方	-0.000***	-0.000***	-0.000***	0.000***	0.000***
	(0.000)	(0.000)	(0.000)	(0.000)	(0.000)
政治面貌	-0.004***	-0.017***	-0.030***	0.015***	0.036***
	(0.001)	(0.004)	(0.007)	(0.002)	(0.009)
已婚	-0.008***	-0.033***	-0.050***	0.042***	0.050***
	(0.002)	(0.007)	(0.009)	(0.009)	(0.008)
其他婚姻状况	0.001	0.002	0.004	-0.003	-0.004
	(0.002)	(0.007)	(0.011)	(0.008)	(0.012)
健康	-0.012***	-0.049***	-0.076***	0.059***	0.078***
	(0.001)	(0.004)	(0.005)	(0.005)	(0.005)
教育	-0.000**	-0.001**	-0.002**	0.001**	0.002**
	(0.000)	(0.000)	(0.001)	(0.000)	(0.001)
家庭规模	-0.001***	-0.002***	-0.004***	0.002***	0.004***
	(0.000)	(0.001)	(0.001)	(0.001)	(0.002)
年收入对数	0.000	0.000	0.000	-0.000	-0.000
	(0.000)	(0.000)	(0.001)	(0.000)	(0.001)
横向相对收入	-0.009***	-0.038***	-0.063***	0.041***	0.069***
	(0.001)	(0.002)	(0.004)	(0.003)	(0.004)
纵向比上升	-0.002***	-0.008***	-0.014***	0.009***	0.015***
	(0.001)	(0.003)	(0.005)	(0.003)	(0.005)
纵向比下降	0.006***	0.025***	0.038***	-0.031***	-0.038***
	(0.001)	(0.005)	(0.007)	(0.007)	(0.006)

7. 收入不平等、公平感知与幸福感

7.1 引言

我国经济高速增长的同时,社会公平问题也越来越突出,尤其是收入分配公平问题引起了社会各界的普遍关注。改革开放前,我国是一个收入分配非常公平的社会,而1978年以后,我国的收入差距开始逐渐扩大,收入分配以及收入分配公平成为时下的热门话题。大量的研究学者利用宏观统计数据和微观调查数据对客观收入差距进行计算和比较,结论基本一致地表明我们现阶段的收入差距已经处于高位,然而,Tyler 等(1997)指出人们并不是客观世界的囚徒,人们通过选择社会比较标准并创造着自己的主观世界。怀默霆(2009)研究了中国民众对宏观社会不平等的态度,结果发现中国民众并不像很多研究学者和政府官员所认为的那样,对当前不平等的程度和公平与否心怀不满。客观阶层地位的高低与人们对宏观社会不平等的态度并不一致,如部分阶层地位较低的人对社会不平等的态度反而比较温和,原因可能在于人们对自己及整个社会收入分配过程和结果是否公平的自我认识和感知不一样,也就是公平感知有可能与客观分配公平指标之间并不存在必然一致性。大量的研究者考察了收入差距与居民主观福利幸福感水平之间的关系,在研究收入差距与我国民众幸福感关系的时候,除了研究客观差距的影响之外,我们还需要考察中国民众对收入差距的价值判断在这一关系中扮演着怎样的角色,进而理清为什么收入差距对中国民众主观福利幸福感水平有一个适当的正向隧道效应的存在。

通过前面章节的分析我们知道,收入差距总体上对我国民众的生活终极目标幸福产生了不利影响,具有倒“U”形关系,然而在对收入差距进行幸福研究分析时,需要考虑人们对收入差距的自我认知。这是因为即使收入差距非常大,有可能人们基于自己的生活范围对收入分配公平的感知并非很大,这样的话,收入差距通过其主观心理就很难产生影响,从而对幸福感的影响可能会不一样。基于这样的考虑,本章重点分析以下两个问题:主观公平感知是否会对居民幸福感水平产生影响?在考虑了居民公平感知的条件下,收入差距对幸福感的影响会是怎样?本章接下来的结构如下:第二部分是对相关文献进行综述;第三部分是研究设计包括数据来源、关键变量的定义和分析方法;第四部分报告实证研究结果;最后一部分是本章结论和相关建议。

7.2 文献综述

分配是按照一定的标准或规定来划分社会有价值资源如收入、财富、教育、医疗、社会保障、劳动力等等,分配的主体包括政府、市场、组织或其他社会团体,分配的客体包括所有的被人们共同认可的有价值的资源(王甫勤,2010)。其中收入分配是最为人们关注的,我们主要也是关注收入分配和分配公平感知问题,随着我国经济改革的深入和市场制度的完善,收入分配方法和分配结果都发生了巨大的变化,不断扩大的收入差距引起了社会的广泛关注,收入公平成为了热门话题。对分配公平的研究分为规范性研究和经验性研究,规范性研究强调从终极的伦理准则出发对公平的本质进行探讨,提出一些对社会公平进行分类和判断的抽象原则,这方面的研究主题实际上是“公平应当是怎样的”或“在一个理性的典型社会代表看来,何为真正的公平”。这方面的经典研究比如罗尔斯的《正义论》(John Rawls,1971)、《政治的自由主义》(John Rawls,1993);诺齐克的资格理论(Robert Nozick,1974);德沃金的资源平等理论

(Ronald Dworkin,2000)等等。而经验性研究则主要关注真实世界里人们的公平观念是什么样的？研究的是体验到的公平正义，而不是根据逻辑思辨和思想实验得出的概念化的公平正义，其中民众分配公平感吸引了大量学者的兴趣。民众的分配公平感指人们对社会资源分配状况的主观判断、评价和态度(Jasso & Wegener,1997)。分配公平感一般分为两种：基于个体收入分配是否公平的判断的微观分配公平感和基于对整个社会收入分配是否公平的判断的宏观分配公平感(Wegner,1991),而且二者具有高度的相关性(王甫勤,2010)。

一些有价值的资源的社会分配尽管是不平等的，但因其分配方式和分配结果都是与社会公平正义原则一致的，这样的不平等就能够被人们接受并认为是公平的；而一些社会有价值资源的分配结果虽是相当平等，但其分配方式和分配结果的正当性不被社会认可，那么这样的分配就被认为是不公平的。因此，客观的分配过程与分配结果与人们的公平感知之间并不存在简单的对应关系，在二者之间有一个主观判断的过程，其判断原则作为社会共识存在于社会成员的观念之中(Della Fave,1980、1986)。这些原则在一个社会中具有相对稳定性(Alves & Rossi,1978),人们依据这些原则对分配做出是否具有正当性的判断。正是人们对分配结果的判断形成的公平感不同，造成了不同人群幸福感受到收入差距的影响也是有差异。

薛洁(2007)利用"公民公平感"调查数据分析表明：人们在司法、医疗、住房、就业、教育、尊重和户籍制度等问题上，通过比较自己与他人、过去与现在、地区间与行业间等的差异，都对社会有着基本的认同与公平感受。怀默霆(2009)调查发现客观阶层地位高低与人们对宏观世界不平等的态度并不完全一致，城市居民对不平等更加不满，而农民更倾向于接受当前的不平等，那些认为家庭生活水平有所提高以及社会地位更高的人，更容易接受当前的不平等，而经历经济困难或受到不公正对待的人，则更可能对不平等表示不满。马磊和刘欣(2010)基于中国综合社会调查2005年的数据资料研究发现：中国城市居民分配公平感知主要是由相对比较因素决定的，局部比较论假设得到了有力的支持，否定了结构决定论的观点,对中国城市居民来说,并非人们的社会经济地位越高,就越认为自己的收入所得是公平的。吴晓刚(2009)运用香港地区的调查数据和中国综合社会调查2005年数据比较了香港和内地居民的分配公平感,发现中国居民并不崇尚绝对平均主义的信念,相反,即使中国居民意识到中国当前存在高度的不平等,他们对收入不平等的容忍程度也非常高,他认为居民对社会流动机会的乐观认知是影响他们判断分配公平的重要因素。李璐璐等(2012)研究指出尽管民众对差距的容忍度有所提高,但感受到的实际贫富差距程度远高于他们能够接受和容忍的程度,尤其是底层群体不公平感更加强烈。吴菲(2010)批判性地介绍了几种分配公平感测量方法,提出了反身性公平感和非反身性公平感,并利用中国CGSS2005数据进行了检验,验证了测量方法的信度。王甫勤(2011)从自利理论和归因理论出发,基于中国上海的调查数据研究了大城市居民的分配公平感及形成机制,发现大城市居民对主要社会群体的收入分配感到明显不公平。阶层地位是否具有优势对居民分配公平感的形成没有显著影响,但社会经济地位及其对导致社会不平等的归因则与分配公平感明显相关。王甫勤(2010)从社会流动视角考察了分配公平感知,发现主观社会流动不仅对人们分配公平感产生显著影响,而且还是客观社会流动影响人们分配公平感的一个重要机制。孟天广(2012)考察了中国公众的结果公平感和机会公平感,发现外资和私营单位员工比国有集体单位工人更具有机会公平感。

大量研究收入差距影响幸福感的文献回顾参见第五章,在此不重复累述。基于分配公平感知的视角来考察收入差距对民众幸福感影响的文献较为少见,仅有少量文献考察分配公平感知与幸福感的关系。刘裕(2008)和任继存(2015)都对大学生教育不公平感知对其幸福感的影响进行分析,均发现教育不公平感知能够显著地降低幸福感。袁正等(2013)考察了收入和分配公平对幸福感的影响,同样发现不公平感知会显著降低幸福感。郝身勇(2015)研究发现无论是个人自身的分配公平感还是社会层面的分配公平感都对居民幸福感水平有显著影响,感知越公平,幸福感越强。阳义南和章上峰(2016)考察了收入分配的不公平感知对幸福感的影响，并探讨社会保险等间接收入的影响，发现分配公平感知会显著影响被访者幸福感水平，社会保险不公平进一步加剧了被访者的收入不公平感，进而降低了幸福感。孙计领（2016）是少有考察收入不平等和分配公平感知对幸福感影响文献的学者，其发现分配公平感在收入差距和幸福感的关系中存在重要的调节效应和中介效应，即收入差距通过提高人们的分配公平感知间接提高人们的幸福感水平。但遗憾的是该文仅考虑自身分配公平感知，而未考虑非自身的分配公平感知。

通过文献梳理不难发现，在现有的研究收入差距对幸福感影响的文献中，较少考虑到公平感知；而研究公平感知与幸福感关系的文献也没有涉及客观分配公平情况。因此，本章就此展开实证分析，以拓展我国幸福经济学的研究，对文献进行有益的补充。

7.3 数据、变量与计量模型

根据研究目的，中国综合社会调查 2010 年为符合本章研究主题的数据，因此，本章选择它作为主要研究数据，数据的详细说明参见前面章节或其官方网站。

核心变量定义

幸福感：调查问卷中通过询问被访者“总的来说，您认为您的生活是否幸福”这个问题，要求被访者在“很不幸福、比较不幸福、居于幸福与不幸福之间、比较幸福、完全幸福”中做出选择，分别对其赋值为 1、2、3、4、5，数字越大就表示幸福感水平越高。

分配公平感：王甫勤（2010）在借鉴文献研究的基础上指出，一般来说，对自己的收入分配是否公平的判断即个人层次（或微观层次）的分配公平感；对整个社会的收入分配是否公平的判断即社会层次（或宏观层次）的分配公平感。因此，本章将从宏观和微观层次两个方面考察受访者的公平感知。一方面，考虑到数据的可获取性并参照马磊和刘欣（2010）的做法，我们基于调查问卷中的一道问题“考虑到您的教育背景、工作能力、资历等各方面因素，您认为您目前的收入是否公平”，要求被调查者在备选项“1—不公平、2—不太公平、3——般、4—比较公平、5—公平”中进行选择。这道题目在一定程度上反映了受访者对自己分配到的收入进行的公平与否的主观评价，这是其基于自身状况的综合考量下的一种分配公平感知，可以视为个人层次的分配公平感。另一方面，调查问卷中有一题目为“总的来说，您认为当今的社会是不是公平的”，备选项为“1—完全不公平、2—比较不公平、3—居中、4—比较公平、5—完全公平”，虽然这道题目是针对整个社会的综合公平问题，但由于经济是社会综合的一个非常重要的方面，因此，我们选择该题目作为微观个体对整个社会的分配公平的评价，即视为宏观层次的分配公平感。

收入差距：收入差距的测量方法类似于前面章节，主要选择区县层面的基尼系数进行衡量。计算基尼系数时，首先对家庭收入进行了处理，由于有少量的家庭总收入描述为零，为减少样本缺失，对取值为零的我们重新赋值为1；然后借鉴Buhmann等（1988）、Figini（1998）、何立新和潘春阳（2011）等学者的做法，使用家庭等价规模收入即家庭总收入除以家庭人口的平方根来计算基尼系数。

其他控制变量也与前面章节类似，为减少遗漏变量带来的估计偏差，我们控制了目前幸福经济学文献中通常的那些因素，包括居住地、户籍、性别、民族、年龄、政治面貌、婚姻状况（分为未婚、已婚和其他）、健康状况、受教育程度（分为未接受正规教育、初等教育、中等教育和高等教育）、家庭规模、住房产权、家庭经济状况（包括等价规模收入对数，横向比较主观社会阶层地位，纵向比10年前阶层地位上升、不变与下降，10年后预期社会阶层地位变化为上升、不变和下降）以及代表着很多宏观因素的省份变量。变量的详细定义和统计见表7-1。

表7-1　变量的定义与描述统计结果

变量	定义	均值	标准差	最小值	最大值
happy	幸福感	3.766	0.883	1	5
gini	基尼系数	0.442	0.080	0.263	0.745
fair_h	宏观公平感知	2.986	1.086	1	5
fair_s	微观公平感知	2.867	1.234	1	5

续表

变量	定义	均值	标准差	最小值	最大值
urban	居住在城镇	0.613	0.487	0	1
hukou	城镇户籍	0.487	0.500	0	1
female	女性	0.518	0.500	0	1
minority	少数民族	0.093	0.291	0	1
age	年龄	47.303	15.679	17	96
party	共产党员	0.124	0.330	0	1
unmarried	未婚	0.096	0.295	0	1
married	已婚	0.805	0.396	0	1
other	其他婚姻状况	0.099	0.299	0	1
health	健康状况	3.615	1.115	1	5
no_edu	未接受正规教育	0.139	0.346	0	1
j_edu	初等教育	0.514	0.500	0	1
m_edu	中等教育	0.192	0.394	0	1
s_edu	高等教育	0.154	0.361	0	1
hhsize	家庭人口数	3.573	1.552	1	15
house	住房有产权	0.902	0.297	0	1
inc	等价规模收入	23510	59025	0.408	3464101
comp_h_p	社会经济状况横向比较	4.062	1.731	1	10
comp_z_up	与10年前比社会阶层地位上升	0.525	0.499	0	1
comp_z_no	与10年前比社会阶层地位不变	0.331	0.471	0	1
comp_z_down	与10年前比社会阶层地位下降	0.144	0.351	0	1
expect_up	预期10年后社会阶层地位上升	0.623	0.485	0	1
expect_no	预期10年后社会阶层地位不变	0.320	0.466	0	1
expect_down	预期10年后社会阶层地位下降	0.057	0.232	0	1

为进一步考察公平感知对居民个体幸福的影响，及其对收入差距与幸福感关系的影响，在式(5－3)的基础上加入了公平感知变量，具体如下：

$$Happiness = \alpha + \beta_1 ineq + \beta_2 ineqsq + \delta Fair + \gamma X + \mu \qquad (7-1)$$

系数δ的符号是我们所重点关注的，感知公平是否对幸福感产生影响？预期该系数为正，即感知分配越公平幸福感应该越强。

$$Fair = \vartheta + \theta_1 ineq + (\theta_2 ineqsq) + \gamma X + \mu \quad (7-2)$$

利用式(7-2)考察收入差距对公平感知的影响,以考察客观数据反映的收入分配平等性是否会直接作用于公平感知,以及是什么形式的关系。

7.4 结果分析

7.4.1 描述性统计分析

2010 年我国居民幸福感的分布情况参见第三章,此处重点描述分析分配公平感知及其与幸福感关系等。图 7-1 统计了我国居民对自身分配公平感知和对整个社会的宏观公平感知情况。

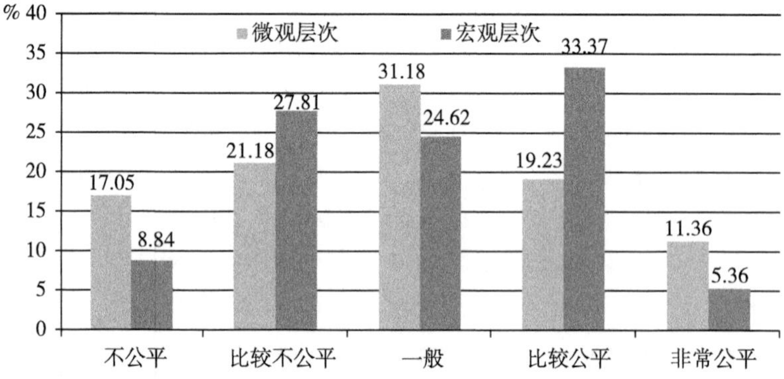

图 7-1 宏微观层次的分配公平感知的分布情况

从中可以看出,基于自身能力的综合考量,有超过 17% 的受访者认为自己得到的分配非常不公平,21.18% 认为比较不公平,两类合计达到近四成,而比较公平和非常公平的占比分别为 19.23% 和 11.36%,也即认为公平的占三成多一点。另一方面,对整个社会公平感知结果中,两个极端相比微观个体层次均要低很多。从公平感知取值均值上来看,两类感知均值都略低于感知公平的中间值 3,这也反映出公平感知比较差。总而言之,调查数据结果说明我国民众分配公平感知并不理想。

不同时代的人因社会环境等因素不同,公平感知可能存在差异,结果

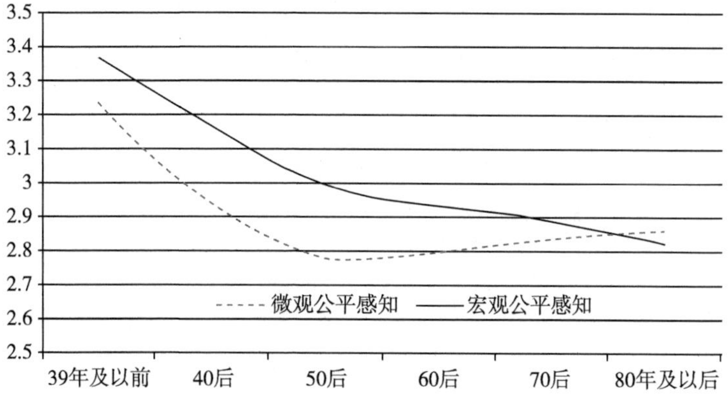

图 7－2　不同出生时代的人群公平感知情况

见图 7－2，从中易看出，年老者比年轻人的宏观、微观公平感知均要高些，也就是说越年老的民众宏观、微观分配公平感知越公平，而越年轻的感知越不公平。

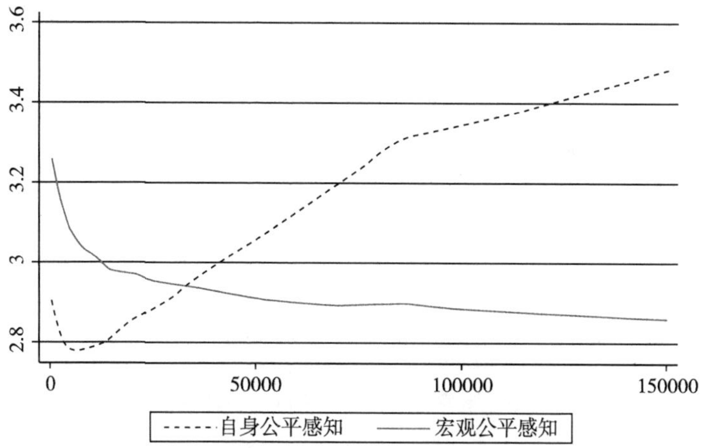

图 7－3　不同收入水平下的宏微观公平感知①

图 7－3 描述了不同收入水平下的宏微观公平感知情况，从中可以看出，随着收入的增加，宏观公平感知越来越低；而微观自身收入的公平感知对于最低收入人群反而有一个下降，之后随着自身收入的增加，公平感

① 收入水平去掉了最低 1% 和最高 1%。同时我们也尝试去掉最低 10% 和最高 10%，图形结果是自身收入分配公平感知没有下降阶段，其余与去掉最低最高 1% 完全一样。

知增强。这一点与现实社会吻合。自身收入越高的人,往往越倾向于认为那是自己应得的,所以是公平的,但同时观察了整个社会,又对全社会认知到分配的不公平。

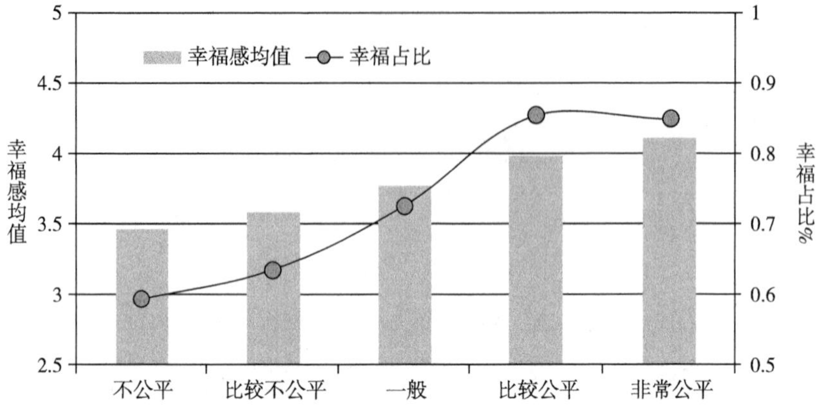

图7-4　不同自身分配公平感知下的幸福感状况

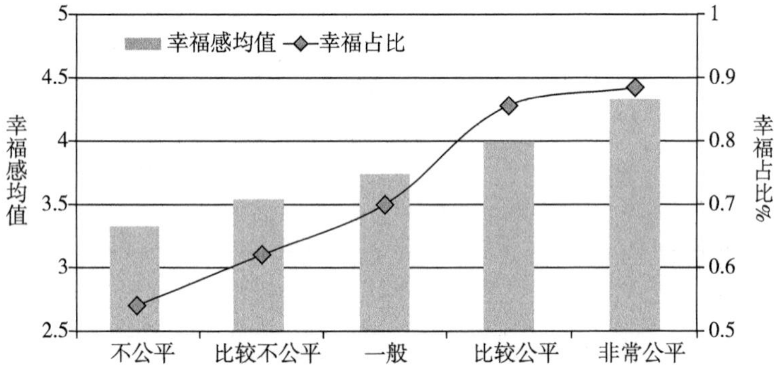

图7-5　不同宏观分配公平感知下的幸福感状况

图7-4和图7-5分别是从微观和宏观层次的分配公平感知下对幸福感分布进行的统计描述,一类是按照均值进行统计,一类是将比较幸福和非常幸福合并为幸福,统计对应的占比,从两图中都可以明显看出,随着感知分配越公平 ,幸福感的均值都是在增加的,而幸福的占比基本上也是在增加,只是在感知为比较公平和非常公平的两类群体中,幸福占比基本上差别不大。因此,描述统计表明随着人们对分配公平感知的程度的加深,人们的幸福感水平会增加。

7.4.2　收入差距、公平感知与幸福感关系的回归分析

表7－2是收入差距、公平感知对民众主观幸福感影响的回归结果。从中看出，2010年我国居民幸福感同收入差距的关系依然是倒"U"形，模型(1)中基尼系数系数为负，但并不具有统计显著特征。而模型(2)中加入平方项后，一次项与二次型系数均在1%的水平上统计显著，而且二次型系数为负，一次项系数为正，极值点在基尼系数等于0.44处，相比2006年有所提升，这可能是2010年的基尼系数平均水平也提升了的缘故。134个样本区县中，基尼系数超过转折点0.444的大约有57个，占比为42.5%，大多数低于转折点。模型(3)与(4)分别在模型(2)的基础上单独加入了微观自身分配公平感知和宏观社会公平感知的结果，基尼系数对幸福感的影响几乎没有任何变化。在控制了其他因素的情况下，居民对自身分配公平的感知越公平，其主观幸福感越高，而且在统计上越显著。这一点是符合日常逻辑的，当人们认识到自身获取的收入存在不公平时，易出现"弱势心理"蔓延[①]和埋怨心理，但迫于生活的压力，这种消极的心理又不能外泄，因而导致其幸福感下降；反之则反是。这种基于自身体验到的公平感受会直接作用于心理，通过心理机制影响到幸福评判。模型(4)表明居民对整个社会公平感知越公平，对其自身幸福感水平越具有显著的提升作用，这可能是社会公平正义是国民的一种普遍需求和向往，是社会不同阶层共同幸福的保障(韩跃红，2013)，因为公平正义的社会创造着诱发归宿感的多种纽带、焕发着追求幸福的无穷动力、培育着幸福的社会道德环境。当受访者对整个社会公平评价越公平时，他或她对于公平正义所带来的有利于自身幸福的各类保障，要么有一个越发良好的体验，要么充满了越发良好的预期，从而促进和提升幸福感。考虑到两种公平感知属于不同层次领域，事实上，宏微观层面的分配公平感知相关系数仅为0.34，虽然正相关，但相关系数并不算高，按照统计学的划分

---

① 2010年11月11日人民日报刊文指出，收入差距加大导致被剥夺感，社会竞争中的不公平感，以及面对权力寻租的无助感，交织成为全社会的"弱势心理"。

为低度正相关。在模型(5)中将两类公平感知一并纳入模型，基尼系数的影响基本上没有变化，而两类公平感知变量的系数均在1%的水平统计显著为正，凸显出公平感知对幸福感的积极影响。

表7-2　收入差距、公平感知对幸福感影响的回归结果

变量	(1)	(2)	(3)	(4)	(5)
gini	-0.141	2.579***	2.496***	2.369***	2.349**
	(0.124)	(0.941)	(0.934)	(0.916)	(0.920)
ginisq		-2.930***	-2.813***	-2.696***	-2.648***
		(1.013)	(1.007)	(0.990)	(0.994)
fair_s			0.121***		0.076***
			(0.007)		(0.007)
fair_h				0.199***	0.175***
				(0.008)	(0.009)
urban	0.028	0.027	0.041*	0.053**	0.059**
	(0.024)	(0.024)	(0.024)	(0.023)	(0.023)
hukou	0.009	0.010	0.035	0.029	0.040*
	(0.024)	(0.024)	(0.024)	(0.023)	(0.024)
female	0.081***	0.081***	0.080***	0.077***	0.076***
	(0.017)	(0.017)	(0.017)	(0.016)	(0.016)
minority	0.041	0.040	0.031	0.041	0.033
	(0.034)	(0.033)	(0.034)	(0.033)	(0.033)
age	-0.024***	-0.024***	-0.021***	-0.024***	-0.022***
	(0.004)	(0.004)	(0.004)	(0.003)	(0.003)
agesq	0.000***	0.000***	0.000***	0.000***	0.000***
	(0.000)	(0.000)	(0.000)	(0.000)	(0.000)
party	0.108***	0.108***	0.116***	0.095***	0.103***
	(0.023)	(0.023)	(0.023)	(0.023)	(0.023)
married	0.192***	0.190***	0.211***	0.211***	0.224***
	(0.039)	(0.039)	(0.040)	(0.037)	(0.039)
other	-0.068	-0.070	-0.056	-0.043	-0.034
	(0.050)	(0.050)	(0.051)	(0.048)	(0.049)
health	0.153***	0.153***	0.148***	0.140***	0.139***
	(0.009)	(0.009)	(0.009)	(0.009)	(0.009)

续表

变量	(1)	(2)	(3)	(4)	(5)
j_edu	0.133***	0.133***	0.150***	0.145***	0.155***
	(0.031)	(0.031)	(0.030)	(0.029)	(0.029)
m_edu	0.158***	0.158***	0.184***	0.183***	0.197***
	(0.036)	(0.036)	(0.036)	(0.035)	(0.035)
s_edu	0.159***	0.155***	0.159***	0.168***	0.171***
	(0.042)	(0.042)	(0.042)	(0.040)	(0.041)
hhsize	0.013**	0.013**	0.016***	0.015**	0.017***
	(0.006)	(0.006)	(0.006)	(0.006)	(0.006)
houseownership	0.074**	0.071**	0.073**	0.071**	0.073**
	(0.029)	(0.029)	(0.029)	(0.028)	(0.029)
lnincl	0.053***	0.053***	0.040***	0.056***	0.047***
	(0.009)	(0.009)	(0.009)	(0.009)	(0.009)
comp_h_p	0.115***	0.115***	0.099***	0.097***	0.089***
	(0.005)	(0.005)	(0.006)	(0.005)	(0.005)
comp_z_up	0.208***	0.208***	0.192***	0.169***	0.165***
	(0.028)	(0.028)	(0.028)	(0.027)	(0.027)
comp_z_no	0.179***	0.180***	0.167***	0.149***	0.146***
	(0.028)	(0.028)	(0.028)	(0.028)	(0.028)
expect_up	0.206***	0.204***	0.168***	0.152***	0.135***
	(0.039)	(0.039)	(0.038)	(0.036)	(0.037)
expect_no	0.113***	0.111***	0.087**	0.074**	0.066*
	(0.039)	(0.039)	(0.038)	(0.037)	(0.037)
Constant	1.967***	1.382***	1.227***	1.005***	0.942***
	(0.147)	(0.249)	(0.248)	(0.241)	(0.243)
地区哑变量	Yes	Yes	Yes	Yes	Yes
Observations	10,021	10,021	9,698	10,009	9,687
R - squared	0.214	0.215	0.241	0.270	0.280
年龄转折点	36.878	36.849	36.994	39.983	39.783
基尼系数转折点		0.440	0.444	0.439	0.444

备注：*** $p<0.01$，** $p<0.05$，* $p<0.1$；Robust standard errors in parentheses

模型中其他控制变量的回归结果与已有研究基本上一致，而且前面章节也有介绍,在此不再赘述。借鉴学者孙计领(2016)的做法,本书也对不同分配公平感知的群体进行分析,即对分配公平感知较为公平的群体,有可能基于基尼系数等客观指标计算收入差距对他们而言是可以接受的,即认为这种差距是合理的,那么这就可能不会对其幸福感产生不利影响。为了验证这一点,按照分配公平感知的分类进行了重新分组:将完全不公平和比较不公平视为感知不公平、说不上公平也不能说不公平视为公平感知一般、将比较公平和完全公平视为感知公平。表7-3是微观层次中的不同公平感知下收入差距对幸福感影响的回归结果,表7-4是宏观公平感知下收入差距对幸福感的影响结果。

表7-3 微观层次的不同公平感知下收入差距对幸福感的影响结果

变量	感知不公平		一般		感知公平	
	(1)	(2)	(3)	(4)	(5)	(6)
gini	0.025	4.566***	0.066	1.137	-0.362*	1.053
	(0.217)	(1.632)	(0.204)	(1.499)	(0.218)	(1.789)
ginisq		-4.895***		-1.157		-1.518
		(1.743)		(1.604)		(1.904)
Constant	1.642***	0.662	1.994***	1.762***	2.577***	2.278***
	(0.249)	(0.429)	(0.231)	(0.396)	(0.237)	(0.444)
其他控制变量	Yes	Yes	Yes	Yes	Yes	Yes
Observations	3,817	3,817	2,863	2,863	3,018	3,018
R-squared	0.228	0.229	0.204	0.204	0.175	0.175
基尼系数转折点		0.466		0.491		0.347

为考察收入差距与幸福感的关系,对每一个群体,我们都检验了线性关系和非线性关系,从表7-3和表7-4可以看出,无论是宏观层面的公平感知还是微观自身的公平感知,所得的结果基本是一致的。对于感知不公平的群体,收入差距与幸福感呈倒"U"形关系,基尼系数的转折点在0.441~0.466。而对于公平感知一般和感知公平的群体,收入差距对幸福感关系无论是线性关系还是非线性关系基本上都不存在了(除微观层面上感知公平群体在10%的水平统计显著为负外),这表明公平感在收入差距与幸福感关系中存在调节效应。

表 7－4 宏观层次的不同公平感知下收入差距对幸福感的影响结果

变量	感知不公平		一般		感知公平	
	(1)	(2)	(3)	(4)	(5)	(6)
gini	－0.250	3.942**	－0.075	0.458	－0.080	1.236
	(0.220)	(1.606)	(0.225)	(1.661)	(0.179)	(1.500)
ginisq		－4.469***		－0.580		－1.424
		(1.696)		(1.791)		(1.610)
Constant	1.398***	0.486	2.358***	2.244***	2.598***	2.317***
	(0.249)	(0.426)	(0.247)	(0.430)	(0.195)	(0.373)
其他控制变量	Yes	Yes	Yes	Yes	Yes	Yes
Observations	3,686	3,686	2,363	2,363	3,960	3,960
R－squared	0.259	0.261	0.228	0.228	0.176	0.176
基尼系数转折点		0.441		0.395		0.434

7.4.3 收入差距、公平感知与幸福感关系的城乡差异分析

表 7－5 汇报了收入差距、公平感知与我国城乡居民幸福感的关系。从中发现与全体样本结果最大差异就在于城镇样本，基尼系数与幸福感的关系虽仍然是倒“U”形关系，但是在统计上已经不显著了，而且我们也检验了线性关系，同样不具有统计显著性，也就是说平均来看，在控制了其他因素，尤其是控制了城镇居民对自身分配和社会分配的公平感知之后，收入差距对城镇居民的幸福感并不具有显著的影响。分配公平感知的影响无论是农村还是城镇都具有显著的提升幸福水平的作用，而农村群体收入差距依然具有倒“U”形关系。这也正好表明农村群体正以城镇群体为追赶目标，具有激励影响。

表 7－5 收入差距、公平感知与幸福感关系城乡差异

VARIABLES	农村	城镇
fair_s	0.076***	0.079***
	(0.011)	(0.009)
fair_h	0.200***	0.160***
	(0.013)	(0.010)

续表

VARIABLES	农村	城镇
gini	7.884***	0.900
	(2.281)	(0.990)
ginisq	-8.171***	-1.218
	(2.448)	(1.053)
Constant	-0.682	1.693***
	(0.501)	(0.267)
其他控制变量	Yes	Yes
Observations	3,893	5,794
R-squared	0.286	0.283

表7-6探讨了不同微观公平感知下收入差距与幸福感关系的城乡差异。从中可以看出，农村群体中感知公平低和一般的群体具有倒“U”形关系，而城镇居民仅有感知不公平的群体在10%的水平上的二次项系数统计显著。

表7-6 微观公平感知下收入差距与幸福感关系的城乡差异

VARIABLES	农村			城镇		
	低	中	高	低	中	高
gini	12.701***	6.246*	6.319	2.768	-0.007	0.058
	(4.222)	(3.790)	(4.438)	(1.740)	(1.587)	(1.893)
ginisq	-13.057***	-6.879*	-6.489	-3.189*	0.139	-0.693
	(4.513)	(4.087)	(4.774)	(1.855)	(1.690)	(2.002)
Constant	-0.650	0.807	-0.188	1.311***	2.364***	3.334***
	(1.326)	(1.010)	(1.092)	(0.473)	(0.444)	(0.488)
其他控制变量	Yes	Yes	Yes	Yes	Yes	Yes
Observations	1,402	1,162	1,336	2,415	1,701	1,682
R-squared	0.223	0.220	0.213	0.255	0.199	0.151

表7-7 宏观公平感知下收入差距与幸福感关系的城乡差异

VARIABLES	农村			城镇		
	低	中	高	低	中	高
gini	8.425*	7.069*	6.818*	3.220*	-1.284	-0.357
	(4.570)	(4.008)	(3.528)	(1.679)	(1.819)	(1.593)

续表

VARIABLES	农村			城镇		
	低	中	高	低	中	高
ginisq	-9.166*	-7.027	-6.936*	-3.656**	1.086	0.069
	(4.821)	(4.332)	(3.817)	(1.771)	(1.955)	(1.700)
Constant	-1.338	0.592	0.488	1.136**	2.945***	3.096***
	(1.213)	(1.232)	(0.878)	(0.467)	(0.486)	(0.411)
其他控制变量	Yes	Yes	Yes	Yes	Yes	Yes
Observations	1,221	942	1,847	2,465	1,421	2,113
R - squared	0.272	0.245	0.199	0.265	0.222	0.162

表7-7是不同宏观公平感知下收入差距与幸福感关系的城乡差异。结论与微观感知略有一点不同就是农村感知公平的群体收入差距对幸福感也具有倒"U"形关系。由此表明，分配公平感知的确对收入差距影响幸福感有调节作用。

7.4.4　收入差距对公平感知的影响分析

表7-8分析了影响居民公平感知的因素。从表中可以看出，无论是自身分配公平感知还是整个社会公平感知，收入差距对其的影响均具有倒"U"形关系，也就是说在收入差距适当的范围内，居民的公平感知会增强，但当收入差距持续加大并超过某一临界值时，居民的公平感知会降低。

表7-8　分配公平感知的影响因素分析

变量	自身分配公平感知		宏观层次公平感知	
	(1)	(2)	(3)	(4)
gini	0.091	5.749***	-0.310**	2.546**
	(0.153)	(1.156)	(0.134)	(1.013)
ginisq		-6.012***		-3.037***
		(1.217)		(1.068)
urban	-0.063*	-0.064*	-0.140***	-0.140***
	(0.036)	(0.036)	(0.031)	(0.031)

续表

变量	自身分配公平感知		宏观层次公平感知	
	(1)	(2)	(3)	(4)
hukou	-0.305***	-0.293***	-0.090***	-0.084***
	(0.037)	(0.037)	(0.032)	(0.032)
female	-0.008	-0.009	0.025	0.024
	(0.026)	(0.025)	(0.022)	(0.022)
minority	0.044	0.039	0.031	0.028
	(0.044)	(0.044)	(0.038)	(0.038)
age	-0.021***	-0.021***	-0.001	-0.001
	(0.005)	(0.005)	(0.005)	(0.005)
agesq	0.000***	0.000***	0.000***	0.000***
	(0.000)	(0.000)	(0.000)	(0.000)
party	-0.050	-0.051	0.066*	0.065*
	(0.040)	(0.040)	(0.035)	(0.035)
married	-0.031	-0.037	-0.102**	-0.104**
	(0.056)	(0.056)	(0.048)	(0.048)
other	0.001	-0.007	-0.114*	-0.117*
	(0.070)	(0.070)	(0.060)	(0.060)
health	0.070***	0.070***	0.068***	0.068***
	(0.012)	(0.012)	(0.011)	(0.011)
j_edu	-0.127***	-0.123***	-0.043	-0.041
	(0.041)	(0.041)	(0.035)	(0.035)
m_edu	-0.193***	-0.187***	-0.116***	-0.113**
	(0.051)	(0.051)	(0.045)	(0.045)
s_edu	-0.033	-0.031	-0.061	-0.059
	(0.061)	(0.061)	(0.053)	(0.053)
hhsize	-0.000	-0.001	-0.015**	-0.016**
	(0.009)	(0.009)	(0.008)	(0.008)
houseownership	-0.052	-0.060	0.013	0.009
	(0.042)	(0.042)	(0.037)	(0.037)
lninc1	0.112***	0.116***	-0.021**	-0.019*
	(0.011)	(0.011)	(0.010)	(0.010)

续表

变量	自身分配公平感知		宏观层次公平感知	
	(1)	(2)	(3)	(4)
comp_h_p	0.119***	0.119***	0.082***	0.082***
	(0.008)	(0.008)	(0.007)	(0.007)
comp_z_up	0.172***	0.168***	0.221***	0.219***
	(0.039)	(0.039)	(0.034)	(0.034)
comp_z_no	0.153***	0.151***	0.165***	0.164***
	(0.039)	(0.039)	(0.034)	(0.034)
expect_up	0.272***	0.267***	0.273***	0.270***
	(0.055)	(0.055)	(0.048)	(0.048)
expect_no	0.221***	0.217***	0.190***	0.188***
	(0.055)	(0.055)	(0.048)	(0.048)
Constant	1.142***	-0.156	2.243***	1.586***
	(0.199)	(0.329)	(0.171)	(0.287)
地区控制变量	Yes	Yes	Yes	Yes
Observations	9,702	9,702	10,012	10,012
R-squared	0.091	0.093	0.081	0.082
基尼系数转折点		0.478		0.419

其他方面也有一些有意思的发现：如居住在城镇和拥有城镇户籍的居民，两类公平感知相比其对应的参照对象反而更低。家庭规模越大对于宏观公平感知越低，而对微观公平感知影响并不显著，这也反映出家大业大的群体对社会公平的担忧。个体收入的影响对于自身分配公平感知是：收入越高，自身分配公平感知越公平，在1%的水平上统计显著，而对宏观公平感知则是自身收入越高，对整个社会公平感知就越不公平，这表明高收入群体对社会公平有忧虑感，这一点与我们的直觉非常吻合。

由于模型被解释变量均为5分离散变量，因此选择有序离散选择模型中逻辑斯蒂模型和概率模型对上文中的各计量模型进行估计，得到的结论基本一致，由此表明分析结论较为稳健可靠。

7.5 总结与讨论

本章基于微观调查数据 CGSS2010 分析了收入差距和公平感知对居民幸福感的影响。研究发现:2010 年同 2006 年的结论一致,收入差距依然与幸福感具有倒“U”形关系;无论是对自身分配公平感知还是对整个社会公平的感知均对居民幸福感具有显著的积极影响,即感知越公平,幸福感越高;公平感知对收入差距和幸福感关系具有调节作用,公平感知越强,收入差距对幸福感的影响会越弱;在控制了公平感知之后,收入差距对城乡居民的影响也表现不同,主要体现在对农村居民依然具有显著影响,而城镇居民的影响并不具有统计显著性;此外,收入差距对居民公平感知的影响同样具有倒“U”形关系。

现实中,经济不平等是客观存在的,这是因为社会中很多人富有,也有很多人非常贫穷,因此嫉妒、仇富等社会现象普遍存在。可是并不是所有的经济不平等都会导致妒忌和仇富,比如勤劳致富导致的差距或不平等是可以接受的。真正导致人民仇富、人民妒忌眼红的,是不公平的社会机制或者其他不正当手段带来的经济不平等或收入差距。因此,应该增强人民的公平感知。人民日报(2012)指出:面对现实矛盾,努力实现公平正义,老百姓才能过得更舒心、更愉快。经济发展是实现幸福的基础,但仅仅有物质财富的增加未必能够使人感到幸福。可以想象,假若就业靠“拼爹”、上学走关系、权益少保障、贫富差距拉大,就会使人伤心、寒心,撕裂社会,造成对立。公平感的获得,权益得到尊重,在很多时候比财富的增加更重要。我们看到,“异地高考”的合理诉求得到重视,收入分配改革更加注重公平,公民“四权”得到保障,惩治贪腐绝不容情……实现社会公平,是一个循序渐进的过程。虽然我们做出了努力,仍有许多不足的地方,但实现公平正义正日益成为老百姓的共识,不断强化人们对美好未来的预期和憧憬,增强人们的信心。党的十八大报告明确提出要“建立以权利公平、机会公平、规则公平为主要内容的社会公平保障体系”,令人备受鼓舞。公平正义只有与现代化建设相向而行,才能使百姓感觉更温暖、更幸福。

8. 收入不平等、公平观与幸福感

8.1 引言

英国经济学家威廉·汤普逊说:“对于一个社会来说,重要的不是仅仅拥有财富的问题,而是财富的正确分配问题……人要想快乐,便脱离不了享受的物质手段,这在一切文明社会里主要就是财富,但是人们可以在拥有较少财富的情况下达到前所未有的快乐境地,而在财富极为充裕的情况下,却仍可能非常痛苦。和社会利害攸关的主要是财富的使用和分配问题,而不是财富的多寡。”由此可见,收入分配问题对于人类的幸福快乐是多么的重要。

不断扩大的收入差距引起了社会的普遍关注,收入公平成为热门话题。然而究竟何为收入公平? 这是一个见仁见智的问题,主要是因为人们的分配公平观念存在着差异,也就是人们评判分配是否公平所依据的原则不同。根据构建主义的幸福感心理形成机制,处于同样客观状态的不同人的幸福感水平会有所不同。随着我国的市场分配制度的建立,应得原则逐渐为人们所接受,即收入分配可以存在差异,市场化的分配制度获得了合法性的社会基础;而平均原则的分配公平观依然在社会底层中存在,并对应得原则的公平观以及市场分配制度的合法性形成了挑战(孙明,2009)。按照 J. S. 密尔的观点,市场经济的自由竞争性是否符合公平的需求、是否迎合大众的心理,能够反映公民对于规则公平性的评价,由它是否趋向于提高人的幸福度来做判别(约翰·密尔,1982)。

幸福对于大多数人来说,是其生活的终极目标(James,1902;Cassel,1954),或至少是最主要的生活终极目标之一(Ng,1996;Lane,2000)。幸福是一种主观感受,主观幸福感是个体依据自定的标准对其生活质量的整体评价,是衡量个人和社会生活质量的重要综合性心理指标,是反映民生的一个主要指标(Fery & Stutzer,2002)。本章正是基于民生幸福的视角来探讨收入差距的影响,并就市场化进程中人们的分配公平观对收入差距与幸福二者间关系的影响进行了分析,以弥补我国学者在这方面研究的不足,拓展和丰富我国幸福经济学研究。

本章接下来的结构如下:第二部分是文献综述;第三部分是计量模型的设定;第四部分介绍我们的数据、关键变量的定义和描述性统计;第五部分报告实证研究结果;最后一部分是本章的结论和相关讨论。

8.2 公平观相关文献综述

怀默霆(2009)研究发现中国民众并不像很多分析人士和政府官员所认为的那样,对当前不平等的程度和不公平心怀不满。他们调查发现城市居民对不平等更加不满,而农民更倾向于接受当前的不平等,那些认为家庭生活水平有所提高以及社会地位更高的人,更容易接受当前的不平等,而经历经济困难或不公正对待的人,则更可能对不平等表示不满。收入差距对民众幸福感或有利或不利的影响可能还有一个原因是,人们对于收入差距的偏好以及态度在不同的人或者不同的人群中是不一样的。而这种偏好和态度取决于人们的收入分配公平观。即人们认为何种分配是公平或者不公平的,以及人们判断分配是否公平的原则是什么(孙明,2009)。罗归国(2004)论述公平观的三种形态及其相关关系,文中回顾了古代人关于公平观的理论论述,例如,美国心理学家亚当斯所阐述的“比例公平”理论;古希腊哲人亚里斯多德在《尼各马科伦理学》的第五章中专门讨论公正问题,明确阐述了数量公平和价值公平,即按照数量相等和比值相等分配,实际上可以分别指我国改革开放前后所经历的两种主流分配方式，一种以平均分配为主要特征，另一种主要以按劳动付出以及按其他生产要素贡献进行分配等。

陶万辉(1996)研究发现人们实际上会选择什么样的公平观取决于人们的价值目标(指不同社会或社会不同历史时期的价值选择，是整体的社会价值取向)和平等或不平等的社会关系在社会组织结构中的作用两个因素。张正霖(1997)探讨了分配公平观的历史演变与矛盾，他指出分配作为生产和消费的中介，在漫长的人类历史上经历了三种形态，导致反映社会分配合理性的公平观也随之不断变化，产生了各具时代特征的多种公平观念。如历史早期形成以平均分配为习惯，导致以均平为公平的原始公平观应运而生；古代社会占统治地位的按权分配，久而久之，形成以不平等为公平的观念积淀为一种公平观，包括希腊人和罗马人认为奴隶制是公平的，儒家公平观也认为宗法等级制是神圣的，等等；商品经济时代则是按资分配，以产权明晰化和多样化为基础的权利平等观。

经验研究表明，在人们的观念中，主要有三种判断是否公平的原则，即应得原则、平均原则和需求原则(Deutsch, 1975)。其中，应得与平均这两种原则在人们的观念中最为普遍，二者的存在具有竞争性。应得原则指的是一个人的公平所得应该与他的贡献、投入、成本等相一致(Homans, 1961; Adams, 1965)，贡献越大报酬应该越高。这是一种典型的非平均主义原则。孙明(2009)研究发现，我国随着市场经济制度的建立，应得原则被普遍接受，是分配不平等得以延续和再生产的合法性基础，人们逐渐树立了应得原则的分配公平观。作为与应得原则相对的平均原则，所强调的是资源应该均等分配给社会成员(Deutsch, 1975)。平均原则与计划经济的分配制度相联系(Roller, 1994)，是再分配制度得以维持的合法性依据。

随着我国市场经济的不断深化，人们的收入分配观念也在不断发生变化，而这一变化势必会对收入差距与居民幸福感的关系产生影响。而已有的研究还没有系统地考察收入差距与幸福感的关系，以及从人们分配公平观的视角来研究其对这一关系的影响，本章就此展开实证分析，以拓展我国幸福经济学的研究，对文献进行有益的补充。

8.3 研究设计

基于研究所需,本章选择中国综合社会调查2006年的数据。在具体的研究过程中,随着研究变量的不同,样本数量会出现一定的变化。

为进一步考察拥有不同分配公平观的居民个体的幸福感受到收入差距影响是否有所差异,在式(5-3)的基础上加入了收入差距与分配公平观的交叉项,如下:

$$Happiness = \alpha + \beta_1 ineq + \beta_2 ineqsq + \delta Value * ineq + \gamma X + \mu \quad (8-1)$$

系数δ的符号是我们所重点关注的,如果我们定义分配公平观的数值从小到大的变化表示居民的分配原则是由平等原则向应得原则变化,那么我们预期该系数为正。由于OLS的结果非常直观和便于理解,采用OLS进行回归分析。

我们实证研究框架中的关键变量衡量方式基本上如第五章,新的变量分配公平观的度量如下:首先采用学者孙明(2009)研究民众分配公平观的方法,即选择人们对不同职业所期望的应得收入的差距,来衡量人们对收入分配公平原则的倾向,一个人对地位悬殊的职业间的收入差距的期望越大,表明其越倾向于应得原则,反之越倾向平均原则。调查问卷中有一道题目"您认为下列职业的月收入应该是多少元才算公平呢",其中所列的12种职业包括农民(务农)、农民工、工厂一般工人、行政办事人员、中学教师、工程师、私营业主、个体户、市长(城市)/县长(农村)、大学教授、政府省部级以上官员和大型企业董事长总经理。被访者所填的职业的公平月收入之间的差异越小,则他越倾向于平均原则,反之为应得原则①。具体而言,我们计算出每个被访者所填职业公平月收入的标准差和均值,然后用标准差除以均值得到变异系数来反映不同职业间收入差异的大小。变异系数是以相对数的形式来表示,这样可以消除不同收入数列水平高低的影响,其数字越大越倾向于应得原则公平观,越小越倾向

① 这里其实隐含着我们的一个假定,即只要被调查者给出的12种职业应得收入分布很宽就意味着被调查者倾向于应得原则,而不管给出各类职业的应得收入是否符合事实。例如有可能给出高收入的职业是农民,而大型企业董事长、总经理反而比农民低的情况。

于平均原则公平观。另外,我们也直接利用调查问卷中的一道题目“您是否同意应该从收入高的人那里征更多的税来帮助穷人”的说法,该问题在一定程度上反映了人们的再分配倾向,越同意利用税收再分配,可以认为被访者平均分配原则的公平观倾向越强,反之则说明应得原则公平观倾向越强①。问题选项包括非常不同意、不同意、同意和非常同意,我们分别赋值4、3、2、1。数字越大就说明该居民越倾向于应得原则公平观,反之则倾向于平均原则公平观。

8.4 结果分析

8.4.1 描述性分析

表8-1是分配公平观描述统计。从中可以发现,男性、汉族和党员更倾向于应得原则;婚姻状况中单身、已婚和其他群体倾向于应得原则的分配公平观依次减弱,平均原则依次逐渐增强;健康状况越好,受教育程度越高的人越倾向于应得原则的分配公平观。由于不同年龄段人群能够较好反映不同时代的整体价值取向,因此,我们将年龄与分配公平观的关系进行单独描述,结果见图8-1,从中基本上可以看出,出生年代越靠后的人群越倾向于应得原则的公平观的趋势,尤其是出生靠后的“70”“80”后对比经历过“大锅饭时代”的“30”“40”后,在分配原则上更加突出地表现为应得原则的倾向。

表8-1 分配公平观的统计描述情况

	变异系数	税收再分配
全体样本	**0.7608**	**1.9239**
样本类型:		
农村	0.7053	1.9426
城镇	0.7992	1.9112

① 当然,这只是一定程度的反映,并不能完全说明分配观的归属。例如,非常富裕的人群可能同意高税收再分配,但不代表其公平观为平均原则。

续表

	变异系数	税收再分配
全体样本	**0.7608**	**1.9239**
性别:		
男	0.7769	1.9491
女	0.7468	1.9022
民族:		
汉族	0.7633	1.9272
少数民族	0.7240	1.8758
政治面貌:		
党员	0.7991	1.9883
非党员	0.7571	1.9176
婚姻状况:		
单身	0.8730	1.9420
已婚	0.7462	1.9227
其他	0.7179	1.8996
健康状况:		
满意	0.7711	1.9312
不满意	0.7241	1.8983
教育状况:		
小学及以下	0.6695	1.9169
初中	0.7544	1.9108
高中中专技校	0.8266	1.9188
大专及以上	0.8975	1.9865

备注:数据由作者自己整理所得。

不同社会经济状况的人在分配公平观上是否存在差异呢?表8-2回答了该问题。首先从居民自认为的社会经济地位层次可以看出,社会经济地位越低,其分配公平观就越倾向于平均原则。由于社会经济地位为上层的样本量很少,占总样本比例不到0.3%,所以这一层面的测量误差可能较大。为进一步反映这一关系,表8-2也根据收入分组进行了统计,随着个人收入的增加,变异系数和税收再分配的平均值均不断增大,突显出人们越富有,越倾向于应得原则的分配公平观。

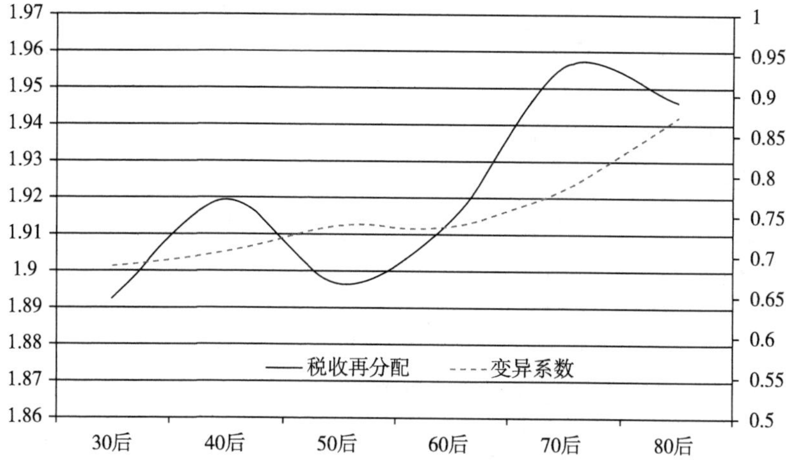

图 8－1　不同年代的人的分配公平观的比较

表 8－2　不同社会经济状况下的分配公平观比较

	样本量	变异系数	税收再分配
社会经济地位:			
上层	27	0.6160	1.7600
中上层	234	0.8945	2.0400
中层	2616	0.8150	2.0129
中下层	2969	0.7883	1.9343
下层	4124	0.7011	1.8520
收入状况:			
小于等于 3000 元	2524	0.6475	1.8926
3000 到 6000 元	1655	0.7386	1.9033
6000 到 12000 元	2085	0.7846	1.9085
12000 元以上	1955	0.8921	1.9707

备注:数据由作者整理所得。

我们使用简单的相关分析方法来对这些关键变量之间的关系进行一个粗略的估量,如表 8－3 所示。从中可以看出,民众的主观幸福感与基尼系数的相关系数为负,绝对值小于 0.04,这表明它们之间存在负相关关系,但是相关性很弱。变异系数与支持税收再分配均与幸福感正相关,这说明在当今社会,与市场经济相适应的应得原则的人群相对幸福水平更高。同时发现分配公平观与基尼系数之间存在微弱的正相关关系。

表8-3 关键变量之间的相关系数矩阵

	主观幸福感	基尼系数	变异系数	税收再分配
主观幸福感	1			
基尼系数	-0.0348	1		
变异系数	0.0716	0.0006	1	
税收再分配	0.0607	0.0908	0.0181	1

备注:数据由作者整理所得。

8.4.2 回归分析

人们对待收入差距的态度或评判分配是否公平的依据即不同分配公平观念是否会对收入差距与幸福的关系产生影响,与我们的预想一致,表8-4的回归结果给出了肯定的答案,首先,收入差距的一次项系数显著为正,二次项系数显著为负,对应的结果同前面章节相同,说明在考虑人们的分配公平观后,收入差距对幸福感的影响依然具有隧道效应。其次发现无论是变异系数还是税收再分配,它们与基尼系数的交叉项系数均在1%的水平上显著为正。从基尼系数对幸福感影响的边际效应来分析这一影响:$\beta_1+\delta Value+\beta_2 ineq$,由于此处$\beta_1$与$\delta$均显著为正,这说明,在收入差距相同的情况下,倾向于应得原则公平观的居民相比倾向于平均原则公平观的居民,其幸福感会更高,也就是分配公平观会抬升收入差距的正面影响力度,从而使得正向隧道效应发挥更为突出的作用,使收入差距对幸福感影响的转折点向右移动,这与我们的预期是完全一致的。

表8-4中的其他影响因素的系数和显著性与第五章几乎没有变化[①],在此不再重述。总而言之,人们的分配公平观会显著影响收入差距与居民主观幸福感之间的关系。

① 本章分析的样本量相比第五章有所增加,得益于对个人年收入数据的修正处理:个人收入缺失的用家庭人均收入替换,之后还缺失的就用所在村或居委会的平均收入替换。

表 8-4 分配公平观对收入差距与主观幸福感关系影响的估计结果

变量	(1) 基准模型	(2) 公平观-变异系数	(3) 公平观-税收再分配
收入差距:			
基尼系数	1.223***	0.969**	1.330***
	(0.427)	(0.451)	(0.441)
基尼平方	-1.331***	-1.166***	-1.551***
	(0.396)	(0.421)	(0.411)
基尼系数*公平观		0.094***	0.059***
		(0.025)	(0.018)
个体特征:			
居住地	-0.002	-0.007	-0.010
	(0.023)	(0.023)	(0.023)
户籍	0.050**	0.053**	0.057**
	(0.022)	(0.022)	(0.023)
性别	0.069***	0.071***	0.066***
	(0.015)	(0.015)	(0.015)
民族	-0.075***	-0.076***	-0.070**
	(0.027)	(0.028)	(0.028)
年龄	-0.024***	-0.024***	-0.024***
	(0.004)	(0.004)	(0.004)
年龄平方	0.000***	0.000***	0.000***
	(0.000)	(0.000)	(0.000)
政治面貌	0.089***	0.091***	0.094***
	(0.025)	(0.025)	(0.026)
婚姻状况:			
单身	0.082**	0.077*	0.085**
	(0.041)	(0.041)	(0.042)
在婚	0.329***	0.323***	0.331***
	(0.030)	(0.030)	(0.030)
人力资本:			
健康	0.209***	0.209***	0.208***
	(0.010)	(0.011)	(0.011)
教育	0.012***	0.012***	0.012***
	(0.002)	(0.002)	(0.002)

续表

变量	(1) 基准模型	(2) 公平观 - 变异系数	(3) 公平观 - 税收再分配
社会资本:			
社会关系	0.263***	0.264***	0.262***
	(0.025)	(0.025)	(0.025)
工作状况:			
工作	0.087*	0.086*	0.097**
	(0.045)	(0.046)	(0.046)
从未工作但正在找工作	0.212***	0.211***	0.225***
	(0.075)	(0.077)	(0.076)
学生或服兵役	0.339***	0.350***	0.347***
	(0.063)	(0.064)	(0.064)
退休	0.104**	0.101*	0.120**
	(0.051)	(0.052)	(0.052)
料理家务	0.161***	0.166***	0.176***
	(0.050)	(0.050)	(0.050)
其他工作状况	0.062	0.063	0.079
	(0.051)	(0.051)	(0.051)
家庭特征:			
家庭规模	0.026***	0.026***	0.027***
	(0.007)	(0.007)	(0.007)
社会经济状况:			
年收入对数	0.007**	0.007**	0.008***
	(0.003)	(0.003)	(0.003)
横向相对收入	0.199***	0.195***	0.191***
	(0.014)	(0.014)	(0.014)
纵向相对收入不变	0.062***	0.065***	0.057***
	(0.022)	(0.022)	(0.022)
纵向相对收入上升	0.166***	0.167***	0.161***
	(0.023)	(0.023)	(0.024)
家庭经济预期不变	0.221***	0.222***	0.208***
	(0.031)	(0.032)	(0.032)

续表

变量	(1) 基准模型	(2) 公平观-变异系数	(3) 公平观-税收再分配
家庭经济预期变好	0.414***	0.419***	0.409***
	(0.032)	(0.032)	(0.032)
常数项	1.358***	1.416***	1.316***
	(0.165)	(0.169)	(0.169)
地区控制变量	Yes	Yes	Yes
Observations	9,931	9,621	9,486
R-squared	0.203	0.206	0.204

备注：*** $p<0.01$，** $p<0.05$，* $p<0.1$。

表8-5和表8-6分别列示了收入差距、分配公平观对城乡居民幸福感影响的回归结果。为详细考察这种关系，无论是表8-5还是表8-6，其中的模型(1)和(2)使用的均是区(县)层级上的总体收入差距，模型(3)、(4)和(5)则是分别使用城镇内部和农村内部收入差距。

表8-5 收入差距、分配公平观对城镇居民幸福感的影响

	(1)	(2)	(3)	(4)	(5)
基尼系数	0.843	1.188	0.627	0.317	0.726
	(1.092)	(1.084)	(0.889)	(0.920)	(0.915)
基尼平方	-1.077	-1.424	-0.817	-0.636	-1.038
	(1.117)	(1.111)	(0.921)	(0.953)	(0.951)
基尼*变异	0.120***			0.132***	
	(0.033)			(0.034)	
基尼*税收		0.052**			0.056**
		(0.024)			(0.025)
常数项	1.663***	1.541***	1.726***	1.804***	1.663***
	(0.300)	(0.298)	(0.259)	(0.266)	(0.265)
其他控制变量	Yes	Yes	Yes	Yes	Yes
样本量	5,676	5,659	5,878	5,676	5,659
R-squared	0.224	0.223	0.221	0.224	0.223

备注：模型(1)与(2)中的基尼系数为区县层面的总体基尼系数，而(3)、(4)与(5)为城镇居民群体内部的基尼系数；仅放基尼系数一次项的回归结果为负，但依然不显著；*** $p<0.01$，** $p<0.05$，* $p<0.1$。

从表 8－5 中发现，收入差距对城镇居民的影响在加入交叉项后，收入差距的一次项与二次项在符号上仍然存在倒“U”形关系，但在统计上却并不显著，事实上即使仅放入一次项也不显著。但收入差距与分配公平观的交叉项却具有显著的影响，至少在 5% 的水平上统计显著，这表明对于城镇居民而言，在收入差距一定的时候，越倾向于应得原则公平观的城镇居民幸福感会越高。

表 8－6　收入差距、分配公平观对农村居民幸福感的影响

	(1)	(2)	(3)	(4)	(5)
基尼系数	1.000*	1.367**	1.849***	1.702***	2.086***
	(0.584)	(0.579)	(0.498)	(0.527)	(0.523)
基尼平方	-1.241**	-1.643***	-1.731***	-1.626***	-2.057***
	(0.516)	(0.512)	(0.450)	(0.477)	(0.475)
基尼 * 变异	0.062			0.062	
	(0.038)			(0.039)	
基尼 * 税收		0.067**			0.067**
		(0.028)			(0.029)
常数项	1.262***	1.174***	0.961***	0.982***	0.901***
	(0.282)	(0.281)	(0.264)	(0.271)	(0.271)
其他控制变量	Yes	Yes	Yes	Yes	Yes
样本量	3,945	3,827	4,053	3,945	3,827
R - squared	0.192	0.188	0.189	0.192	0.189

备注：模型(1)与(2)中的基尼系数为区县层面的总体基尼系数，而(3)、(4)与(5)为农村居民群体内部的基尼系数；*** $p<0.01$，** $p<0.05$，* $p<0.1$。

表 8－6 中农村居民群体的结论与城镇居民略有不同。一方面，收入差距本身对幸福感的影响具有倒“U”形关系，而且在一定水平上是具有统计显著性的；另一方面，变异系数衡量的分配公平观与基尼系数交互项不具有统计显著性，但符号依然是正的，而基尼系数与税收再分配的交互项系数不仅为正，而且统计显著。这说明树立起与市场经济相适应的应得原则在当今收入差距下能够提升我国农村民众幸福感。

8.5 研究结论与讨论

追求幸福是人生的永恒主题，也是一切人类活动的终极目标。幸福的主观形式主观幸福感是一种超越感官快乐的、深刻而持久的心灵快乐，其客观实质是人生重大需要的满足，其不仅与主体自身状况密切相关，而且在很大程度上受到社会环境的影响。本章借助中国综合社会调查数据，探讨收入差距这一宏观社会经济因素对居民的主观幸福感的影响，同时考虑居民自身对于收入差距的偏好也就是分配公平观对上述关系的影响。研究发现：首先，总体收入差距、城镇内部或农村内部的收入差距均对我国居民的主观幸福感存在着倒“U”形的关系；其次，人们对收入差距偏好即分配公平观对收入差距与幸福感的关系存在着显著的影响，在面对同样的收入差距的时候，倾向于应得原则分配公平观的居民相比倾向于平均原则的公平观的居民，幸福感更高。同时还发现，良好的社会经济状况有利于居民建立适应市场化的应得原则的分配公平观念。

本章研究结果的政策含义是显而易见的，加快经济发展，提高居民尤其是低收入者的收入水平；改革税收制度和分配政策，将收入差距控制在合理的水平范围内，而不是消除收入差距；同时教育和引导人们树立适应市场化的分配公平观。这些措施才是政策应遵循的方向，从而尽早实现让人民生活得更加幸福、更有尊严的和谐社会的建设目标。

9. 收入不平等的决定因素

在物质生活水平继续提高对人类生活质量、幸福程度的进一步提高的贡献越来越小的时候,降低社会不平等程度是改善社会环境,从而真正提高每一个人生活质量的最佳途径。

——理查德·威尔金森和凯特·皮克特

合理调整收入分配关系。这既是一项长期任务,也是当前的紧迫工作。今年重点采取三方面措施:一是着力提高城乡低收入群众的基本收入……二是加大收入分配调节力度……三是大力整顿和规范收入分配秩序。

——2011 年政府工作报告

9.1 引言

前面章节的分析我们知道,收入差距对人们生活终极目标幸福有着巨大的影响,因此,为追求民生幸福与社会和谐,尽量遏制收入差距的持续扩大,将收入差距控制在合理范围以内,探讨收入差距成因就显得尤为重要,这将为深化收入分配体制改革直接提供参考。

我国现阶段的收入不平等已经达到相当高的水平,或者说已经过高,这种不平等现象的形成原因,吸引了大量研究者的兴趣,相关研究文献非常之多,本章将在现有文献的基础上进一步探讨。

改革开放前,由于我国在城乡之间实行了区域界限分明,人员控制严格等措施,形成城乡二元结构,致使城市和农村在很多方面有着巨大的差别,总之,由于历史原因,我国是一个城乡分割的国家,城镇居民与农村居民的收入决定机制上存在着巨大的差异,因此,本章将重点对农村居民内部和城镇居民内部的收入差距进行分析,而城镇居民内部收入差距更多地表现在劳动力市场的工资收入差距上,考察城镇劳动力市场的工资收入差距的决定因素在一定程度上反映出城镇居民内部的收入差距的决定因素,故本章在考察城镇居民收入差距时,将重点考虑城镇劳动力市场劳动力的工资收入差距。

本章余下的内容结构安排如下:第二部分是分析我国农村居民收入差距的决定因素,第三部分是考察我国城镇劳动力市场上工资收入差距的决定因素,最后是结论与讨论。

9.2　我国农村居民收入差距的决定因素

9.2.1　问题提出和文献简述

众所周知,改革开放之前我国的收入分配具有极强的平均主义的色彩,农村内部的收入差距较小。国家统计局抽样调查数据估算 1978 年农村基尼系数在 0.21 ~ 0.22,与学者 Adelman 和 Sunding(1987)的估计结果大致相同,他们计算出 1978 年农村内部收入差距的基尼系数为 0.22(李实,2003)。总之,改革开放前我国农村居民收入差距还是比较低的。然而,随着我国农村土地实施家庭承包责任制以来,伴随着整个经济的市场化转型,农村内部的收入差距快速攀升(见图 9 - 1),农村内部居民收入差距的基尼系数从 1981 年的 0.25 上升到 2005 年的 0.38,已经靠近国际警戒线 0.4(赵剑治、陆铭,2009)。农村居民收入差距的持续恶化必将影响我国经济社会的稳定发展。为此,农村居民收入差距问题吸引了大量研究学者的关注,近年来,对于农村居民收入存在较大差距的原因的研究已经取得了大量的研究成果。

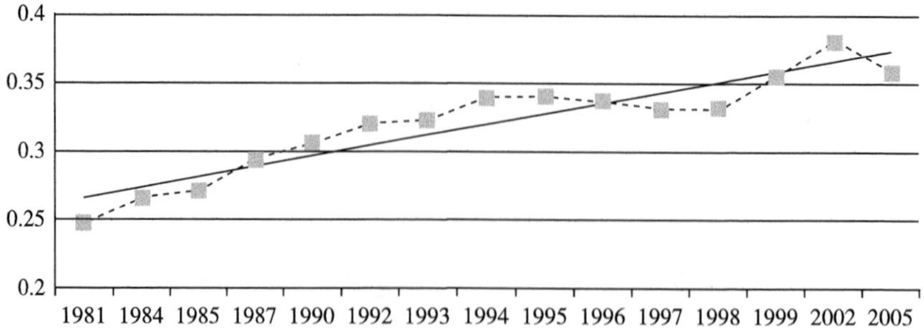

图 9－1　我国农村居民收入差距的变化趋势

数据来源：世界银行官方网站。①

我们对相关文献进行了简单梳理，目前关于农村居民收入差距成因的研究大致可以分为以下两类：

一是从农村居民收入构成的视角进行分析，探讨不同收入来源对于农村居民收入差距的贡献。例如，万广华（1998）利用 1984—1996 年省级层面上农民人均纯收入数据，按收入来源对基尼系数进行分解分析，发现这段时间内，尽管工资收入只构成总收入的 17%～24%，但它对基尼系数的贡献率却在 40%～55%。吕杰和张广胜（2005）利用基尼系数和泰尔指数对辽宁省农村居民收入不均等进行了要素分解，他们发现总体收入不均等主要来源于家庭经营性收入和工资性收入这两个收入构成部分的不均等，两者对总收入不均等的贡献达到了 94.26%。顾和军和钟甫宁（2007）以江苏省 2005 年农户层次的调查数据为基础，从要素收入的角度出发，对农村居民收入按收入来源进行重新划分，运用基尼系数及其分解方法，考察资本、劳动、土地各要素收入以及转移性收入对收入差距的影响，发现工资收入对农村居民收入差距起到了重要作用，地租收入作为一项新兴的收入来源，也对农村居民的收入差距发挥了重要作用。陈建东（2009）从农村居民的收入源着手，定量分析不同收入来源对农村居民收入差距的贡献率，发现家庭经营性收入和工资性收入的差距是影响农村居民收入差距的决定因素，同时也注意到财产性收入可能对农村居民收入差距产生负面影响。

---

① http://iresearch.worldbank.org/PovcalNet/povcalSvy.html.

二是从农村居民收入的基本决定因素的视角进行分析。比如,万广华(2004)通过将 Box - Cox 和 Box - Tidwel 收入决定函数结合的方式,运用联合国世界发展经济学研究院开发的程序进行分解,发现乡镇企业是构成区域间不平等最重要的因素,其次是教育和资本投入。万广华、周章跃和陆迁(2005)运用农户数据的回归分解框架研究发现地理位置和资本投入是影响收入不平等的突出因素,土地是唯一减少不平等的因素,但其影响很小。高梦滔和姚洋(2006)利用微观面板数据和非参数回归方法对影响农户收入差距的因素进行了分析,他们发现教育和在职培训体现出的人力资本是拉大农户收入差距的主要因素,而物质资本对农户收入差距没有显著的影响。徐庆、田士超、徐志刚和邵挺(2008)研究认为农村土地细碎化与农民总收入水平呈正相关关系,而且土地细碎化有利于农民收入不平等的缩小。赵剑治和陆铭(2009)研究了关系对农村收入差距的贡献,社会关系网络对收入差距的贡献达到 12.1% ~13.4%,而且社会关系网络对收入差距的贡献度在东部地区更高。樊丽明、杨国涛和范子英(2010)利用宁夏西海固地区的 8 个国家扶贫开发工作重点县的贫困监测数据发现人力资本是导致收入不平等的最重要因素。

尽管已有的研究从很多方面和角度对我国农村居民的收入差距进行了考察,但是目前的研究往往受到研究数据的限制,要么局限在某一个方面,要么局限在某一个区域,对农村居民总体收入差距的研究相对不足。在决定农村居民收入的众多因素中,究竟是哪些因素对总体收入的差距产生了重要贡献以及贡献的具体大小?搞清楚这些问题,对于国家出台相关政策缓解农村居民收入差距问题至关重要。

9.2.2 研究设计

数据来源:本章所使用的数据同样来源于第五章的数据——中国综合社会调查数据(CGSS),数据的具体介绍参见第五章的数据介绍部分。本章主要利用农村居民的相关信息进行分析,2006 年共有农村样本 4318 人,除去变量信息缺失的记录后,最终进入分析的有 3423 人,其中,女性 1655 人,占 48.35%;东部地区有 1010 人,中部地区为 1456 人,西部

957人。

通常,收入差距度量指标包括基尼系数①(Gini Coefficient)、变异系数(Coefficient of Variation,CV)、阿特金森指数(Atkinson Index)和广义熵指数(Generalized entropy index,GE)等。变异系数是一个相对指标,但它不满足由学者Dalton(1920)提出的转移性原则,即一笔收入由富人转移给穷人后(不改变穷人的相对位置),不平等程度必须下降或者不变,所以不是一个好指标;而阿特金森指数和广义熵指数存在一一对应的单调转换关系,二者选一即可(Shorrocks & Slottje,2002),但学者Dagum(1990)指出阿特金森指数所对应的社会效用函数没有考虑居民在收入序列中的相对位置,只考虑了人们收入的绝对值,因而也不是一个好指标,而基尼系数背后的社会福利函数没有这一缺陷。基尼系数是目前公认的衡量收入差距的较好的指标,也是国内外研究学者用得最多的衡量收入差距的相对指标。因此,本章我们主要选用基尼系数作为度量农村收入差距的指标②。

我们的研究步骤分为两步,首先需要估计我国农村居民收入决定方程,然后在该收入方程的基础上进行收入差距分解。遵循既有的文献,本书的分析采用Mincer(1974)收入决定模型的一个变形形式,即半对数模型如下:

$$log(income_i) = \alpha_0 - X_i\beta + u_i \quad (9-1)$$

其中,$\log(income)$是收入的对数,X是一组解释变量构成的向量,u是随机误差项。

被解释变量:农民2005年个人全部总收入,包括农业收入、打工收入、各种补贴、受赠、救助金、分红、股息、经营性收入,等等。

① 基尼系数是1912年意大利经济学家Corrado Gini根据洛伦茨曲线提出的判断分配平等程度的指标。是指在全部居民收入中,用于进行不平均分配的那部分收入占总收入的百分比。基尼系数最大为1,最小等于0。前者表示居民之间的收入分配绝对不平均,即100%的收入被一个单位的人全部占有了;而后者则表示居民之间的收入分配绝对平均,即人与人之间收入完全平等,没有任何差异。但这两种情况只是在理论上的绝对化形式,在实际生活中一般不会出现。因此,基尼系数的实际数值只能介于0~1。

② 学者万广华(2008)在对不平等的度量和分解方法进行综述时建议不同度量指标可以同时使用,本书作者也对其他收入差距度量指标进行了分析。

解释变量:本节控制了在已有文献中影响中国农村居民收入的重要变量(Morduch & Sicular,2000,2002;Walder,2002;Wan,2004,2006),包括居民的个体特征、人力资本、实物资本、社会资本和省份的哑变量。其中个体特征包括性别、户籍、民族和年龄等①;从微观角度讲,收入主要取决于资本,人力资本主要由受教育水平和经验等构成,个人受教育水平以接受学校教育的年数来反映,以连续变量进入模型;经验技能是指劳动者因从从事的工作中获取的培训以及能够提高劳动效率的经验或者体会,由于经验技能是一个很难测量的变量,借鉴文献中常用的方法是使用居民是否接受过某种形式的短期培训或职业训练作为代理变量②;实物资本我们以家庭人均土地面积进行衡量;社会资本我们参照文献主要考虑了政治资本和关系网络,政治资本以居民的政治面貌是否是中共党员进行度量③,对于关系网络的度量十分困难,文献中通常采用比如家庭中有多少关系亲密的亲友在政府部门工作,礼金支出、春节拜年人数,等等。然而比较遗憾的是,我们的数据中并没有这样问题,题目是"您家与下列各类人员打交道的频繁程度"所列的12类人员,包括本村人、外村人、城里人、村干部、乡镇干部、县级以上干部、城里的亲戚朋友、专业技术人员、国有或集体企业领导、国有或集体企业管理人员、私营企业老板和私营企业管理人员,要求被调查者对每一类人员在"1 - 经常、2 - 有时、3 - 很少、4 - 从不、5 - 不适用"中进行单选,我们认为这道题在一定程度上反映农户的关系网络,我们进行了重新赋值:"5 - 经常、4 - 有时、3 - 很少、2 - 从不、1 - 不适用",假定每类人员的权重相同,将这12类人员的频率进行加总,数值越大,打交道频率越高,反映的关系网络也越强。最后,我们也考虑了代表地区经济发展程度、文化习俗等方面的省份变量。

① 数据分析时,我们也考虑了居民的婚姻状况,但回归结果均不具有统计显著性,因此,在进一步的分析时我们没有将其纳入模型。

② 实际上居民的年龄在一定程度上也反映出劳动经验(田艳芳、李熙、彭璧玉,2009);也有学者使用年龄减去教育年限再减6年作为经验代理(张丹丹,2004;葛玉好,2007;王鹏等,2010)。

③ 党员变量在我们进行模型分析时均不具有统计显著性,这也表明我国农村居民中的党员身份并没能给其带来经济利益上的好处,在进一步的分析时就没有纳入模型。

表 9－1　相关变量定义与描述统计

变量名	变量定义	全体	东部	中、西部
收入	2005 年居民个人全部总收入(元)	4714.047	6535.298	3917.844
性别	=1,女性; =0,男性	0.516433	0.493874	0.526836
户籍	=1,非农业户口; =0,农业户口	0.056791	0.072741	0.049435
民族	=1,少数民族; =0,汉族	0.086274	0.031394	0.111582
政治面貌	=1,中共党员; =0,其他	0.067182	0.092649	0.055438
婚姻状况	=1,已婚有配偶; =0,其他	0.872886	0.852221	0.882415
年龄	2006 年居民的实际年龄	43.19889	42.96478	43.30685
非农就业	=1,从事非农工作; =0,其他	0.354605	0.429556	0.320028
教育	接受学校教育的年数	5.749879	6.293262	5.499294
经验技能	=1,接受过培训; =0,没有	0.114873	0.133333	0.10636
土地	家庭人均土地面积	5.418044	2.539767	6.745385
关系	与 12 类人员打交道的频率	34.703	34.80551	34.65572

表 9－1 是本节研究变量的具体定义和统计描述。农村居民平均年总收入仅 4714 元,而中、西部地区还不到 4000 元,东部与中、西部相比大约多 2500 元,我们对其进行了 t－检验,发现这一差异在 1% 的水平上统计显著,这说明东部地区与中、西部地区农民收入存在着统计学意义上的显著差异,也表明我国区域发展不平衡。而在受教育程度方面,总体上我国农村居民接受学校教育的年数为 5.75 年,东部地区的农民平均受教育程度大致为初中文化程度,而中、西地区农民才小学程度。但是在土地方面,中、西部地区农村人均土地面积要比东部地区农民多很多,这也反映出我国土地资源分布与人口分布极为不均衡。

不平等分解的目的是挖掘总不平等的构成和起因,以便寻找相关政策以减少不平等。本书采用 Wan(2002)提出的基于回归分解的最新方法,该方法将回归方程和夏普里值分解原理有机地结合在一起。万广华(2008)对传统的分解方法和他提出的基于回归方程分解的最新方法进行了详细的介绍,并指出文中讨论的不平等的度量与分解方法也可以用来度量和分解其他变量的不平等。

半对数收入方程被估计出来之后,我们就可以运用此方法分解出各个解释变量对我国农村居民收入差距影响的贡献大小。为了分析收入差距而不是收入对数的差距,我们需要对半对数收入方程进行变形,如果分解时仍使用半对数模型,会造成对收入变量分布的扭曲(赵剑治和陆铭,2009),所以需要对原模型两边取指数,待分解的方程如下:

$$income_i = exp(\hat{\alpha}_0 + X_i\hat{\beta} + \hat{u}_i) = exp(\hat{\alpha}_0) * exp(X_i\hat{\beta}) * exp(\hat{u}_i) \tag{9-2}$$

在上式中存在一个常数项,当运用收入差距的相关指标比如基尼系数时,它能够从方程中去掉而不会对结果产生任何影响(Wan,2002)。对于残差项的影响程度,可以很容易地由总收入不平等减去其他解释变量对不平等的解释程度之和得到。因此,残差的作用可以表述为此方程中的变量所不能解释的收入差距部分,通常采用残差的影响与总不平等的比率来反映没有被解释的收入差距部分,而 1 减去这个比率就得到被模型解释的差距部分,它反映了模型中全部解释变量对收入差距的解释程度(Wan,2002)。在完全理想的状态下,残差的影响应该为零,此时,总收入差距能百分之百被方程中的变量所解释,这就需要收入方程达到完美的拟合,但事实上这种情况很少发生,残差很少为零。

在收入差距的形成过程中,一个影响因素对于总收入差距的贡献取决于两个方面:一方面是这个因素与收入的相关程度即偏效应系数的大小;另一个方面是这个因素自身的分布不平等程度。给定一个因素与收入的偏效应系数,该因素的分布不均程度越严重,它对收入差距的贡献越大;而给定一个因素的分布不均程度,它对收入的偏效应系数越大,其对收入差距的贡献也就越大。考虑两种极端情况,当一个因素的偏效应趋近于零或它自身分布完全平等时,该因素对收入差距的贡献就等于零。这就是基于回归方程分析的不平等分解方法的基本原理。

9.2.3 实证分析

1. 农村居民收入决定方程的估计结果

我国由于地理位置、市场化程度以及区域发展政策等方面存在着巨大的区域差异，东部沿海地区在诸多方面都与中、西部地区不同，因此，本书在对全体农村样本分析的基础上进一步对东部地区和中西部地区分别进行了研究。表9－2是农村居民收入决定方程的估计结果。

首先看个体特征方面的影响，从中可以发现，在控制其他因素之后，性别系数为负0.325，在1%的置信水平上统计显著，这说明我国农村女性居民的年收入平均要比农村男性低约38.4%①。这一差异在我国东部和中、西部地区都存在，而且东部地区的差异更大，达到了49.2%。户籍这个制度因素对于农村居民收入具有显著的影响，那些拥有非农户籍的农村人的年收入要显著高于农业户籍居民。此外，少数民族居民在收入上也低于汉族，但这一现象在东部地区不具有统计学显著性，主要表现在中、西部地区。居民是否从事非农工作对于收入的影响非常大，那些从事了非农工作的农村居民的年收入要大约高56.8%。

农村居民家庭人均土地面积每增加一个百分点，农村居民的年收入将增加0.14个百分点，这说明土地作为重要的实物资本，对于农村居民来说具有重要的创收意义。人力资本也是影响收入的重要因素，本书的实证结果也很好地支持了这一点。接受学校正规教育是人力资本投资的重要形式，农村居民接受学校教育年数每增加一年，其收入将显著增加2.2%，这说明学历越高，收入越高。对农村居民进行短期培训或者职业训练能够显著增加其收入，另外反映居民经验的年龄变量的结果与人力资本理论相符，其平方项系数为负，一次项系数为正，即随着年龄的增加收入也会逐渐增加，但增加的幅度会越来越小，到一定年龄后将递减为零，进而变为负数。这说明随着年龄增加和经验的丰富，收入会越来越高，到达一定年龄后，经验又会阻碍收入的增长，这可能是因为人们囿于经验。社会关系对于收入决定具有非常显著的正的作用，这也进一步印证了赵剑治和陆铭（2009）的研究结果。

① 这里百分比效应的计算方法是根据公式$\%y = 100 * (e^{\beta} - 1)$计算出来，具体请参见 Jeffrey M. Wooldgridge（2007），Introductory Econometrics：A Modern Approach（Third Edition）P. 197－198. 下文相同。

表 9-2 农村居民收入决定方程的估计结果

变量	(1)全体	(2)东部	(3)中、西部
性别	-0.325***	-0.400***	-0.299***
	(0.0293)	(0.0586)	(0.0334)
户籍	0.395***	0.429***	0.358***
	(0.0807)	(0.142)	(0.0967)
民族	-0.133***	-0.136	-0.131**
	(0.0492)	(0.117)	(0.0552)
非农就业	0.450***	0.385***	0.476***
	(0.0338)	(0.0616)	(0.0405)
土地面积的对数	0.140***	0.0830***	0.166***
	(0.0168)	(0.0288)	(0.0213)
教育	0.0220***	0.0224**	0.0218***
	(0.00475)	(0.00975)	(0.00546)
经验技能	0.249***	0.304***	0.220***
	(0.0482)	(0.0923)	(0.0558)
年龄	0.0422***	0.0574***	0.0358***
	(0.00766)	(0.0136)	(0.00932)
年龄的平方	-0.000591***	-0.000812***	-0.000497***
	(8.72e-05)	(0.000156)	(0.000105)
关系	0.0250***	0.0303***	0.0220***
	(0.00306)	(0.00525)	(0.00378)
常数项	6.476***	6.217***	6.639***
	(0.206)	(0.340)	(0.251)
省份哑变量	是	是	是
样本量	3,423	1,010	2,413
R-squared	0.352	0.333	0.339

备注:地区哑变量的估计结果限于篇幅未报告;***、**、*分别代表系数在1%、5%和10%的水平上统计显著。

2. 基于回归方程的收入差距分解结果

联合国世界发展经济学研究院(UNU-WIDER)依据夏普里值过程

的基本思想[①]开发了一个 Java 程序，利用该程序[②]可以方便地进行收入差距的分解。表 9－3 是总基尼系数以及被解释的比例。从中发现 2006 年我国农村居民收入基尼系数为 0.49811。东部地区和中、西部地区农村内部的基尼系数也均接近 0.5，而一般经验认为，基尼系数在 0.2 以下时，收入分配高度平均；在 0.2～0.3 时，为相对平均；在 0.3～0.4 时，为比较合理；超过 0.4 则表示收入差距太大（甘春华，2001）。由此可见，我国农村无论是区域之间还是区域内部的收入差距均过大，收入分配极度不合理。

总体收入模型解释了 64.359% 的收入基尼系数，东部地区和中、西部地区分别解释了其中的 59.654% 和 63.193%，均在 60% 左右，这说明我们建立的农村居民收入决定方程中自变量能够较好地解释我国农村居民的收入差距，从而保证与此相关的研究结果也具有很高的可信性。

表 9－3　总收入差距和被解释的比例

总基尼系数		影响程度		被解释的比例 =100 *（1－残差/总系数）
		自变量	残差	
全体	0.49811	0.32058	0.17753	64.359%
东部	0.49559	0.29564	0.19995	59.654%
中西部	0.48512	0.30656	0.17856	63.193%

由于我们使用的分解方法涉及的运算量非常大，每增加一个变量，该程序的计算量将呈几何级数增长；当变量超过 10 个时，由于运算量过大，经常无法得到结果。因此，为了计算的简化，我们在分解时对相关变量进

① 该方法的基本思想：将收入决定函数的某一个解释变量（例如 X）取样本均值，然后将 X 的平均值和其他解释变量的实际值一同代入决定方程，推测出收入数据，并且计算对应于这个收入的不平等指数。此时，该指数已经不包含变量 X 的影响。该指数与根据真实数据计算出的收入差距之间的差衡量了变量 X 对于收入差距的贡献。如果 X 取均值后，不平等指数缩小了，那么就说明 X 是扩大收入不平等的因素，其对收入差距的贡献为正，反之则相反。对该方法的全面介绍参见文献 Wan（2004）、Wan and Zhou（2005）。

② 在此要特别感谢云南财经大学财政与经济学院、联合国世界发展经济学研究院的万广华教授提供该分解软件和对该软件使用给予的指导和帮助。

行了合并[①]，主要有：①将年龄与其平方项合并为年龄因素；②将省份哑变量合并地区因素。这样做，能在不影响整个分解结果的前提下得到主要变量对收入差距的贡献。

表9－4显示了我们用夏普里值进行分解后的结果，左边的贡献度是指某一特定变量对收入基尼系数的贡献，中间的是相对影响，我们把全部被解释部分的基尼系数作为分母来计算不同因素的相对影响，所以，不同因素的总的影响之和为100%。右边的排序是对影响收入基尼系数的变量的相对影响的排名。

本节的回归分解发现，对于我国农村居民而言，参加非农就业这一因素的影响在各要素中对农村收入差距影响排名第一，无论是东部还是中西部均是如此，其相对影响均在20%以上，尤其是在经济欠发达的中、西部地区，其相对影响接近25%。这反映出农村居民间由于从事非农工作的差异对他们的收入差距产生了重要影响，结合上一部分的研究结论，说明从事非农工作给农村居民带来了巨大的收入效应，导致了居民之间收入差距的增大。仅次于非农就业排名第二的是地区因素。在全农村样本中，地区因素对收入不平等的相对影响也达到了20%，这其实是与我们的自觉相符的，因为地区变量中包括了大量的我们未观测的因素，如宏观政策、地理位置、自然环境、基础设施、文化底蕴以及生活习惯等，这些因素在地区之间的差异对其收入差距的影响非常大。但我们发现东部地区内部省份对收入不平等的相对影响仅为7.61%，排名第七，而中、西部农村地区内部的相对影响为20.44%，排在第二位，这反映出东部省份的农民之间的收入差异相对较小，中西部省份农民之间的收入差距较大。

表9－4　收入差距分解结果

变量	贡献度			相对影响（%）			排序		
	全体	东部	中西部	全体	东部	中西部	全体	东部	中西部
非农就业	0.0728	0.0627	0.0751	22.71	21.22	24.49	1	1	1

① 合并具体方法范例：假定对A、B、C三个变量进行合并，对应的估计系数分别为$\hat{\alpha}$、$\hat{\beta}$、$\hat{\varphi}$，那么合并之后的那个变量对应的值就为$\hat{\alpha}*A+\hat{\beta}*B+\hat{\varphi}*C$。

续表

变量	贡献度			相对影响(%)			排序		
	全体	东部	中西部	全体	东部	中西部	全体	东部	中西部
地区	0.0659	0.0225	0.0626	20.54	7.61	20.44	2	7	2
性别	0.0411	0.0527	0.0384	12.81	17.83	12.52	3	2	3
关系	0.0374	0.0524	0.0310	11.66	17.73	10.10	4	3	4
年龄	0.0268	0.0443	0.0213	8.34	14.98	6.95	5	4	7
教育	0.0244	0.0232	0.0239	7.60	7.86	7.79	6	6	6
经验技能	0.0199	0.0270	0.0159	6.20	9.15	5.18	7	5	8
土地	0.0169	0.0079	0.0267	5.26	2.66	8.71	8	8	5
户籍	0.0131	0.0010	0.0099	4.09	0.35	3.22	9	10	9
民族	0.0025	0.0018	0.0018	0.78	0.62	0.59	10	9	10
总和	0.3206	0.2956	0.3066	100.00	100.00	100.00			

性别和社会关系因素属于第二梯队，它们对收入不平等的相对影响在10%以上。性别因素的贡献在全农村样本中排名第三位，对总体基尼系数的贡献约13%，而且东部农村的性别因素的贡献比中、西部地区大，在所有变量中其相对影响接近18%，贡献排名第二，这可能是因为该变量在东部地区对收入的影响系数的绝对值比中、西部地区大很多，变量描述中我们发现东部与中、西部地区这一变量的标准差几乎一样。社会关系对农村收入差距的影响结论与赵剑治和陆铭(2009)的发现一致，在他们的研究中关系的贡献排名第四，这里也是第四，相对影响达到了11.67%，而且东部省份农村居民的关系因素对基尼系数的影响更大，达到了17.73%，这说明社会关系确实是农村收入差距的重要成因。

反映人力资本的三大因素对农村收入差距的影响属于第三梯队，在5%～10%。其中，年龄这个反映经验的因素对农村收入差距的贡献为8.34%，东部地区这一值更高，达到了15%；教育是重要的人力资本，农村居民在教育水平上的不平等能够解释其收入差距的7.6%，其对总基尼系数的贡献排名第六，也是农村收入差距的重要因素；农村居民在获取技能培训上的差异也是导致农村收入差距的重要因素，因为技能培训能够提升农村居民劳动效率，促进收入的增加。此外，土地这一实物资本在中、西部地区的分布不平等对中、西部农村居民收入差距的贡献为8.71%，是导致中、西地区收入差距的又一因素。户籍和民族因素的影响相对较小，尤其是东部地区，对农村收入差距的贡献并不明显。

9.2.4 小结

本节运用2006年中国综合社会调查数据的农村资料，利用夏普里值原理和回归分解方法，对我国农村居民收入差距的决定因素进行了探讨，并进一步考察了各种因素的贡献在市场化和经济发展水平不同的地区有何差异。研究发现有：首先，包括性别、户籍民族等个体特征，非农就业、实物资本土地、人力资本和社会资本均对我国农村居民的收入有着显著的影响。而且这种影响在东部和中西部地区虽然在影响的大小和显著性方面有所差异，但均显著存在。其次，我们的微观数据计算显示我国农村居民的基尼系数逼近0.5，农村居民的收入分配极度不合理。最后，通过分解技术得知，农村居民在非农就业上的差异是导致农村收入差距最为重要的因素，其对总体收入差距的贡献达到了22.71%；省份哑变量对农村收入差距的相对影响也高达20.54%，但东部省份之间的差异相对较小，只有7.61%。性别差异和社会关系差异是导致农村收入差距的第二梯度重要因素，相对影响均在10%以上，人力资本因素的贡献基本在5%～10%，其他因素的贡献相对较小。

9.3 我国城镇劳动力市场上工资收入差距的决定因素[①]

9.3.1 问题提出和文献简述

改革开放以来，我国劳动力市场上的工资制度经过了多次调整，劳动力工资水平也发生了很大变化，工资收入差距问题逐渐显现出来。在地

① 本节原文，《我国劳动力市场上工资收入差距的决定因素——基于夏普里值过程的回归方程分解》发表在《财经研究》，2012年第2期。

区工资差距方面,2008 年职工平均工资最高的是上海为 56565 元,而最低的江西才 21000 元,仅为上海的 1/3 多一点;而在行业工资差距方面,2008 年职工平均工资最高的证券业(172123 元)是工资最低的畜牧业(10803 元)的 16 倍,如此等等。这些表明了我国工资收入不平等程度较为严重,我们知道,工资差异问题实质上涉及公平与效率,工资收入分配不公平会带来贫富差距等问题,进而影响社会和谐。为此,国内学者从不同的角度或方面对此进行了大量的研究和探讨。

从微观个体角度对工资差异的研究主要集中于性别、户籍、教育程度等劳动力个体特征对工资收入的影响。张丹丹(2004)、王美艳(2005a)、李实等(2006)和高梦滔等(2007)对我国劳动力市场上性别工资差异进行了研究,较为一致地发现了男性劳动力工资显著高于女性;王美艳(2005b)、钟笑寒(2006)和谢周亮(2008)等对劳动力市场上户籍或者城乡身份的研究发现,城市就业者与外来农民工之间也存在着一定工资差异;劳动经济学侧重强调人力资本投资对工资的影响,劳动力受教育程度、工作经验等的差异直接造成了工资的差异。如高学历者获得更高的收益率(李实等,2003;李雪松等,2004;姚先国等,2004;张车伟,2006),低学历者的绝对收入水平也在提高,但是与高学历者相比,其差距在扩大。

大量的研究从行业、所有制、职业和地区等角度对工资差异进行了分析。行业间的不平等已经被人们普遍感受到,行业工资水平取决于行业的相对垄断程度,行业因素成为了城镇劳动力产生收入差距的重要因素(金玉国,2005;陈钊等,2010);不同所有制的单位会面临不同的发展政策和机遇,因而单位的盈利能力也不相同,是企业间工资差异的决定因素(邢春冰,2005;宁光杰,2009;尹志超等,2009);劳动力的职业性质是工资差异的主要因素之一(宁光杰,2009);地区因素是工资差距的重要因素,不同地区往往代表了不同的经济发展水平、不同的经济政策,市场潜力的空间分布、产业和城市的外部性等都会带来地区之间的工资差异(王小勇,2006)。

已有的研究文献从不同角度为了解我国的工资差异情况提供了有益信息。但是目前对工资差异的研究往往局限在某一个方面,难以区分现实的工资差距究竟在多大程度上由劳动力个人能力决定,还是由劳动者所在企业特征决定,或者在多大程度上是由行业垄断、职业分割等因素所致。因此,我们必须找到哪些因素是决定工资收入差距的主要因素,以便针对这些因素进行改革,缓解我国的工资收入差距问题。本节利用最近几年才发展起来的夏普里值(Shapley Value)分解法对工资收入差距的决定因素进行分析,这一基于回归方程的分解法,能够克服简单回归分析和常规指数分解的局限,得到一种理论上可能的影响因素对工资收入不平等的贡献大小,方便我们找到主要的工资收入差距的决定因素。

本节的创新点在于:一是利用基尼系数和微观数据来研究我国劳动力市场上工资分配差距问题;二是基于人力资本等基本决定因素对工资进行分解,而不是从工资的构成进行分解,同时基于回归方程为基础的分解方法可以很好地解决单个工资决定因素对总不平等的贡献份额,可以很好地弥补目前文献的不足。

接下来的结构安排如下:第二部分介绍本节的研究方法,包括数据来源、研究变量、工资决定方程和分解方法;第三部分是基于计量模型的实证分析;最后一部分是本节的结论。

9.3.2　研究方法

本小节所使用的数据同样来源于第五章的数据——中国综合社会调查数据(CGSS),数据的具体介绍参见第五章的数据介绍部分。本小节主要利用其中的城镇劳动力市场的相关样本,在城镇劳动力中只有一部分拥有工作和收入的信息,除去变量信息缺失的记录后,2006 年最终进入分析的有 2081 人,其中女性 1034 人,占大约 49.7%。

为了衡量工资收入的差异程度,本节选取了广泛运用在研究不平等问题中基尼系数。学者万广华(2008)对不平等的度量和分解方法进行了综述,并指出文中讨论的收入不平等的度量与分解方法也可以用来度量和分解其他变量的不平等。工资基尼系数同收入基尼系数一样,是用来衡量劳动力市场上工资分配的平均程度的经济指标,取值在 0 ~ 1,数字越大,表明工资分配的不均等程度越高,数字越小,就意味着工资分配的不均等程度越低。

与上一节相同，我们的研究步骤分为两步，首先需要估计工资决定方程，然后在这个工资方程的基础上进行工资差距的分解。遵循既有的文献，本节的分析采用 Mincer(1974)工资收入模型的一个变形形式，其半对数工资方程如下：

$$log(wage_i) = \alpha_0 + X_i\beta + u_i \tag{9-3}$$

其中，log($wage$)是月工资收入的对数，X 是一组解释变量构成的向量，u 是随机误差项。

被解释变量：上个月所得的工资收入，包括所有的工资、各种奖金、补贴在内。

解释变量：本节重点考虑了个体特征、人力资本、社会资本、单位特征、工作行业、职业类别以及地区等因素对工资的影响，进而研究其对工资收入差距的影响。从微观角度讲，工资主要由人力资本决定，人力资本主要由受教育水平和工作经验等构成，个人受教育水平以接受学校教育的年数来反映，以连续变量进入模型；工作经验是指劳动者因从从事的工作中获取的在职培训以及能够提高工作效率的经验或者体会，由于工作经验是一个很难测量的变量，根据 CGSS 数据我们选取了被调查者从事这份工作的年数来进行代理。社会资本也是非常难以衡量的变量，根据文献，我们选择春节期间以各种方式与被调查者家庭相互拜年、交往的亲属、亲密朋友和其他人的人数进行代理。单位特征主要考虑了单位所有制类型和单位规模。由于单位所有制性质中，国有或国有控股以及集体或集体控股占到了 88.1%，因此我们分为公有和非公有两类①。单位规模采用单位员工总人数进行度量。劳动力所从事的行业按照国家统计局的统计标准进行划分：农林牧渔业；采掘业；制造业；电力、煤气及水的生产和供应业；建筑业；地质勘查业、水利管理业；交通运输、仓储及邮电通信业；批发和零售、贸易餐饮业；金融、保险业；房地产业；社会服务业；卫

① http://hxd.wenming.cn/llpd/2010-05/12/content_119849_8.htm.“公有制”不仅包括传统的国有制和集体所有制，还包括国家和集体控股的股份制、股份合作制以及劳动者的劳动联合和劳动者的资本联合为主的集体经济。

生体育和社会福利业；教育、文化艺术及广播电影电视业；科学研究和综合技术服务业；国家机关、政党机关和社会团体、军人、不便分类等 15 个类别。职业类别根据第五次全国人口普查的分类标准划分为国家机关、党群组织、企业、事业单位负责人；专业技术人员；办事人员和有关人员；商业、服务人员；农、林、牧、渔、水利生产人员；生产、运输设备操作人员及有关人员等六大类，均以虚拟变量进入模型。在模型中我们也控制了性别、户籍等个体特征变量①以及地区哑变量。变量的具体定义与统计描述见表 9－5。

表 9－5　相关变量描述统计

变量名	变量定义	全体	东部	中西部
工资收入	由工资、补贴、奖金组成的月工资收入(元)	1210	1505	989.8
性别	=1,女性；=0,男性	0.497	0.519	0.480
户籍	=1,非农业户口；=0,农业户口	0.942	0.932	0.949
社会关系	春节相互拜访的人数	25.80	25.62	25.94
教育水平	接受学校教育的年数	10.40	11.05	9.922
工作经验	从事这份工作的年数	16.78	17.10	16.54
单位规模	单位员工数量	1261	1372	1178
所有制	=1,国有/国有控股、集体/集体控股；=0,其他	0.881	0.827	0.922
行业 1	=1,农林牧渔业；=0,其他	0.010	0.007	0.012
行业 2	=1,采掘业；=0,其他	0.067	0.027	0.096
行业 3	=1,制造业；=0,其他	0.421	0.465	0.389
行业 4	=1,电力、煤气及水的生产和供应业；=0,其他	0.026	0.020	0.030
行业 5	=1,建筑业；=0,其他	0.034	0.036	0.033
行业 6	=1,地质勘查业、水利管理业；=0,其他	0.002	0.001	0.003
行业 7	=1,交通运输、仓储及邮电通信业；=0,其他	0.072	0.062	0.079
行业 8	=1,批发和零售、贸易餐饮业；=0,其他	0.084	0.093	0.077
行业 9	=1,金融、保险业；=0,其他	0.019	0.019	0.019
行业 10	=1,房地产业；=0,其他	0.008	0.014	0.004

① 数据分析时，我们也考虑了民族、婚姻状况、党员等个体特征变量，但回归结果均不具有统计显著性，因此，在进一步分析时我们没有将其纳入模型。这同时也说明我国劳动力市场上不存在民族以及政治面貌等方面的工资溢价。

续表

变量名	变量定义	全体	东部	中西部
行业 11	=1,社会服务业;=0,其他	0.059	0.074	0.047
行业 12	=1,卫生体育和社会福利业;=0,其他	0.040	0.037	0.042
行业 13	=1,教育/文化艺术及广播电影电视业;=0,其他	0.101	0.100	0.102
行业 14	=1,科学研究和综合技术服务业;=0,其他	0.014	0.021	0.009
行业 15	=1,国家机关/政党机关和社会团体等;=0,其他	0.042	0.023	0.057
职业 1	=1,机关/党群组织/企事业单位负责人;=0,其他	0.084	0.090	0.080
职业 2	=1,专业技术人员;=0,其他	0.189	0.206	0.176
职业 3	=1,办事人员和有关人员;=0,其他	0.167	0.185	0.154
职业 4	=1,商业、服务人员;=0,其他	0.115	0.106	0.122
职业 5	=1,农、林、牧、渔、水利生产人员;=0,其他	0.005	0.006	0.005
职业 6	=1,生产、运输设备操作人员及有关人员;=0,其他	0.439	0.408	0.463

本节采用的分解方法和原理同上一小节是完全一样的。因此,就不再进行重述,详细介绍参见 9.2.2 的相关部分。

9.3.3 实证分析

1. 工资收入方程的估计结果

表 9－6 是工资收入决定方程的估计结果。首先我们看一看个体特征方面的影响。从中可以发现,在控制其他因素之后,性别系数为负的 0.255,在 1% 的置信水平下显著,即劳动力市场上的女性劳动力的工资要比男性低约 29.1%,与目前大多数研究文献一致(张丹丹,2004;王鹏和刘国恩,2010),说明我国劳动力市场上存在着性别工资差异,而且我们发现中、西部地区的这种性别差异要比东部地区更加严重。本节发现户籍给工资带来的影响结果与谢周亮(2008)的结论相反,拥有非农业户口的劳动力在其他条件相同的情况下,其月工资比拥有农业户口低17.2%,在 5% 的置信水平下显著,而且这一户籍差异主要表现在东部地区。春节拜访人数变量的结果与预期完全相符,在 1% 的显著性水平下具有正的统计显著性,当春节交往的朋友数增加 1 个时,其月工资收入将上升 0.3%,这说明社会关系网络对工资收入决定具有非常显著的正的作用。

表9-6　工资决定方程的估计结果

变量名	(1)全体		(2)东部		(3)中、西部	
	系数	标准差	系数	标准差	系数	标准差
性别	-0.255***	0.0290	-0.184***	0.0457	-0.309***	0.0372
户籍	-0.159**	0.0663	-0.167*	0.0882	-0.149	0.100
社会关系	0.00312***	0.000738	0.00316***	0.00116	0.00369***	0.0010
教育水平	0.0712***	0.00487	0.0835***	0.00829	0.0625***	0.00602
工作经验	0.00304	0.00433	-0.00768	0.00695	0.0101*	0.00572
经验平方	-4.20e-05	0.000110	0.000234	0.000167	-0.000225	0.00015
单位规模	1.14e-05**	5.32e-06	7.49e-06	5.63e-06	2.1e-05***	7.34e-06
所有制	-0.236***	0.0445	-0.289***	0.0629	-0.0859	0.0641
行业1	-0.750***	0.221	-0.273	0.196	-0.786***	0.192
行业2	-0.458**	0.179	0.190	0.214	-0.587***	0.0960
行业3	-0.587***	0.172	0.133	0.118	-0.716***	0.0866
行业4	-0.212	0.183	0.624***	0.180	-0.416***	0.107
行业5	-0.524***	0.184	0.343**	0.138	-0.753***	0.135
行业7	-0.431**	0.176	0.178	0.127	-0.483***	0.100
行业8	-0.547***	0.177	0.176	0.117	-0.664***	0.107
行业9	-0.238	0.195	0.368**	0.181	-0.278*	0.143
行业10	-0.304	0.216	0.489***	0.180	-0.653***	0.159
行业11	-0.511***	0.179	0.252*	0.132	-0.682***	0.107
行业12	-0.353*	0.182	0.254*	0.142	-0.376***	0.114
行业13	-0.395**	0.179	0.335***	0.119	-0.494***	0.114
行业14	-0.345*	0.189	0.358**	0.144	-0.479***	0.156
行业15	-0.451**	0.186	-0.0139	0.160	-0.500***	0.119
职业2	-0.122**	0.0598	-0.0893	0.0892	-0.171**	0.0794
职业3	-0.215***	0.0595	-0.203**	0.0938	-0.214***	0.0760
职业4	-0.226***	0.0662	-0.198*	0.106	-0.242***	0.0841
职业5	-0.119	0.155	0.169	0.228	-0.331	0.220
职业6	-0.215***	0.0565	-0.162*	0.0897	-0.250***	0.0721
常数项	6.864***	0.187	6.372***	0.165	6.901***	0.146
样本量	2081	888	1193			
R-squared	0.354	0.306	0.322			

备注：行业以行业6地质勘查业、水利管理业为对照组；职业类别以职业1机关、党群组织、企业、事业单位负责人为对照组；地区哑变量的估计结果限于篇幅未报告；***、**、*分别代表系数在1%、5%和10%的水平上统计显著。

人力资本是影响工资的最重要的因素，本节的实证结果也很好地支持了这一点。接受学校正规教育是人力资本投资的重要形式，对工资收入的影响十分显著，劳动力接受学校教育年数每增加一年，其工资将显著增加7.4%，这说明学历越高，工资收入越高。同时我们发现东部沿海地区的教育回报率要比中、西部地区高约两个百分点，王海港等（2007）已经证明劳动力市场化程度越高，教育收益率也越高。由于东部地区劳动力市场化程度要远远高于中、西部地区，所以其收益也更高，从而也成为了促使区域经济发展不平等的重要原因。工作经验的结果与人力资本理论相符，工作经验的平方项系数为负，一次项系数为正，即随着工作年限的增加工资会逐渐增加，但增加的幅度会越来越小，到一定的工作年限后将递减为零，进而变为负数。这说明在劳动力开始工作的阶段，随着经验的丰富，工资越来越高，达到工作年限之后，工作经验将阻碍工资增长。但是工作经验及其平方项不具有统计显著性。而在相对落后的中、西部地区，从事该工作的年数在10%的置信水平下显著，这说明“工龄”的价值在中、西部地区依然能对工资收入产生影响。

工作单位特征对工资收入也有着重大的影响。单位的规模意味着单位的实力、单位效益等，因此，一般来说，单位规模越大，效益越好，员工工资越高。本节研究的结果得出在其他条件相同的情况下，单位员工人数每增加100人，员工工资收入将增加0.114%，在5%的置信水平下显著，尽管这一因素对工资收入的影响力度不是很大，但我们也要看到成长中的企业，其规模变化是相当快速的。工作单位所有制类型也对工资收入产生了巨大的影响，其他情况相同下，工作在“公有制”单位的员工工资收入比非公有的低约26.6%，在1%的置信水平下显著，而且这一变量的影响主要集中在东部地区，东部地区所有制对工资收入的影响系数为负0.289，在1%的置信水平下显著，中、西部地区的这一因素的不具有统计显著性。这反映出在经济发达的东部地区，“公有制”单位的效益远远低于“非公有制”单位，从而其员工工资收入也低。

不同行业之间劳动力的工资水平存在着一定的差距。以地质勘查业、水利管理业为参照组，全体样本回归结果中，除了电力、煤气及水的生产和供应业，金融、保险业和房地产业三大行业不具有统计显著性，余下的行业均比地质勘查业、水利管理业低，而且至少在10%的置信水平下显著。中西部地区的所有行业均显著低于参照行业，而在东部地区，我们发现电力、煤气及水的生产和供应业，建筑业，金融、保险业，房地产业，社会服务业，卫生体育和社会福利业，教育、文化艺术及广播电影电视业，以及科学研究和综合技术服务业都要高于参照行业，而其他行业与其的差异不具有统计显著性。从事不同的职业也会带来工资收入的不同，比较而言，国家机关、党群组织、企业、事业单位负责人的工资收入是最高的，农林牧渔水利生产人员的工资收入与其没有显著的差异，其余职业均比参照职业低。职业类别在不同区域的工资收入表现较为一致。地区之间的工资也存在着差异。

2. 基于回归方程对工资收入差距的分解结果

从表9-7中得知，总体工资模型解释了59.2%的工资基尼系数，东部地区和中西部地区分别解释了其中的55.95%和55.76%，均超过了55%以上，这说明我们建立的工资决定方程中，自变量能够较好地解释工资收入差距，从而保证与此相关的研究结果也具有很高的可信性。

表9-7 总工资收入差距和被解释的比例

总工资基尼系数		影响程度		被解释的比例 =100 *（1-残差/总系数）
		自变量	残差	
全体	0.43183	0.25565	0.17618	59.20%
东部	0.41461	0.23197	0.18264	55.95%
中西部	0.41622	0.23207	0.18415	55.76%

与上一节类似，我们也对相关变量进行了合并，主要有：①将所有行业分类哑变量合并为行业类型；②将所有职业分类哑变量合并为职业类型；③将工作经验与其平方项合并为经验因素；④将地区哑变量合并。这样做，能在不影响整个分解结果的前提下得到主要变量对与工资收入差距的贡献。

表9-8显示了我们用Java程序进行分解后的结果，教育水平的影响在各要素中对工资收入不平等的影响排名第一，这与学者田士超和陆

铭(2007)的研究结论一致。无论是东部还是中、西部均是如此,其相对影响均在35%以上,而且在经济发达的东部地区,教育给工资收入不平等带来的影响更大,达到了近48%。由于教育是影响工资收入的重要因素,学历越高的劳动者获取了更高的劳动收入,进而扩大了工资收入差距。这说明目前我国在人力资本投资上仍然存在着严重的不平等,劳动力的教育成为了当前我国劳动力市场上的工资不平等的最重要的决定因素。仅次于教育排名第二的是地区因素,在全体样本中地区因素对工资收入不平等的相对影响达到了25%,这其实是与我们的自觉相符的,因为地区变量中包括了大量的我们未观测的因素,如宏观政策、地理位置、自然环境、基础设施、文化底蕴以及生活习惯等,这些因素在地区之间的差异对其工资收入差距的影响非常大。而在区域内部,我们发现东部地区的地区因素对工资不平等的相对影响仅排名第五,中西部地区也只排在了第四,并且其相对影响均小于全体样本中的地区因素。这可能反映了区域内部之间的差异相对较小,区域之间的差距相对较大。

表9-8 工资收入差距分解结果

变量	贡献度			相对影响(%)			排序		
	全体	东部	中西部	全体	东部	中西部	全体	东部	中西部
教育	0.09579	0.11126	0.08396	37.47	47.97	36.18	1	1	1
地区	0.06411	0.01830	0.03280	25.08	7.89	14.13	2	5	4
性别	0.02740	0.01943	0.03774	10.72	8.37	16.26	3	4	2
行业	0.02334	0.02660	0.03396	9.13	11.47	14.64	4	2	3
职业	0.01616	0.01525	0.01697	6.32	6.57	7.31	5	6	5
单位所有制	0.01289	0.02469	0.00165	5.04	10.65	0.71	6	3	9
社会关系	0.01024	0.00767	0.01619	4.01	3.31	6.98	7	7	6
单位规模	0.00284	0.00170	0.00503	1.11	0.73	2.17	8	10	7
户籍	0.00226	0.00339	0.00118	0.88	1.46	0.51	9	9	10
经验	0.00063	0.00368	0.00259	0.25	1.58	1.12	10	8	8
合计	0.25565	0.23197	0.23207	100	100	100			

表9-8中的总体样本分解中,性别和行业因素属于第二梯队,它们对工资收入不平等的相对影响在10%左右。“性别”的贡献在总体样本

中排名第三,对工资基尼系数的贡献为10.72%。而且中、西部这一变量的贡献比东部地区要大,在所有变量中其贡献排名第二。这可能是因为该变量在中、西部地区对工资的影响系数的绝对值比东部地区大很多,变量描述中我们发现东部与中西部地区这一变量的标准差几乎一样。行业因素的影响结论与陈钊等(2010)的发现一致,行业之间的不平等是收入差距的重要成因。中、西部地区行业对工资基尼系数的影响大于东部地区,而且分区域的贡献均大于总体。

职业、单位所有制和社会关系对工资不平等的影响属于第三梯队,在5%左右。不同职业工资回报差距明显,职业不平等也成为了我国劳动力市场上工资收入差距的一大因素。单位所有制在东部地区对工资不平等的贡献的影响非常大,接近11%,这可能是因为该变量在东部地区的分布比中、西部地区更加不平均,东部这一变量的标准差比中、西部地区大得多,而且在表9-6的回归结果中,该变量的回报系数绝对值也显著大于中、西部地区。社会关系对工资收入不平等的相对影响为4%,中、西部地区略大于东部,从表9-6可以发现,这一变量的工资回报率在两区域间相差无几,这说明,社会关系在中西部地区的分布不均的程度大于东部。余下的单位规模、户籍与经验等因素的影响相对较小,对工资差距的贡献并不明显。

9.3.4 小结

本节根据2006年中国综合社会调查的城镇部分的数据资料,利用夏普里值方法和回归分解技术,分析了我国劳动力市场上工资收入不平等的决定因素。我们发现:①与目前研究的大多数文献一致,性别、户籍等个体特征,教育人力资本、社会资本,单位特征、行业类别和职业类型均显著影响我国劳动力市场上的工资收入。②教育人力资本是导致收入不平等的最重要因素,其对工资收入不平等的贡献达到了37.47%;地区因素对总的工资收入不平等的相对影响达到了25%;性别与行业因素是仅次于教育和地区因素,导致工资收入不平等的重要因素;职业类型、单位所有制和社会关系是控制工资收入差距不容忽视的因素;而单位规模、户籍以及工作经验对工资收入不平等的贡献几乎可以忽略不计。另外,我国不同区域劳动力市场上的工资收入差距的决定因素有很大的差异,在东部发达地区,行业和单位所有制因素成为了仅次于教育因素的最为重要的工资收入不平等的决定因素;而在中、西部地区,性别之间的差异成为了仅次于教育的最主要决定因素。

9.4 结论与讨论

前面两节已经分别对所研究的问题进行了小结,不再累述。众所周知,资源是有限性的,而且人们的精力也是有限的,如何利用有限资源来遏制我国收入差距的继续扩大并将其限制在合理的范围内,就需要在众多改革措施中进行重点选择,选择那些最为重要的因素进行优先改革实施,然后有计划有步骤进行。这就需要根据收入差距决定因素贡献的大小,结合实际情况展开改革。

10. 结语

10.1 结论

本书首先介绍了写作该书的现实与理论背景，并对不平等理论、幸福及幸福经济学理论进行了回顾，结合微观数据从定性角度对我国收入不平等状况和民众的幸福感状况及其发展趋势进行了分析，总的来说，2003—2013 年我国居民总体收入不平等状况偏高，但最近几年，不平等状况有下降的趋势，城镇与农村内部以及城乡之间的收入差距均呈现出下降趋势；2003—2013 年这 10 年间我国居民总体上还算比较幸福，幸福感水平呈现为先上升而后下降的总体趋势，虽然近来又有下降趋势，但相比 10 年前，幸福感水平还是有明显的提升。然后从理论上理清了收入差距对民众主观幸福感影响的机理，并运用大样本的微观调查数据和实证分析的方法，从多个方面对这一关系展开了评价，得到结论如下：

收入差距对我国居民的主观幸福感具有非常显著的影响。具体而言，收入差距对我国居民的主观幸福感的影响呈倒“U”形，而且倒“U”形的临界点在基尼系数 0.4 左右，与国际警戒线相似，当基尼系数低于0.4，收入差距的扩大会促进居民主观幸福感水平的提升；而当其超过 0.4 时，继续扩大的收入差距将导致居民主观幸福感下降。这刚好印证了我们猜想，即在适当的收入差距范围内，我国居民可能会将收入差距的增加视为社会流动的积极信号，也正是先富带动后富政策的示范激励作用，所以对幸福感有促进的作用，这正好符合“正向隧道效应”理论；但是我国居民不能容忍过大的收入差距，过大收入差距容易引起人们的不满，导致被剥夺感增强，对幸福感产生阻碍作用，这也符合“负向隧道效应”理论和相对剥夺理论以及人们与生俱来的不平等厌恶。而目前我国大约60%的区（县）的基尼系数超过这一临界值，这正说明为什么在总体上收入差距对我国居民的生活终极目标幸福感产生了负面影响。而且我们通过其他收入差距指标对收入差距影响主观幸福感的这一关系进行了稳健性检验，结果均一致表明收入差距与主观幸福感的倒“U”关系是稳健的。

进一步检验城镇内部收入差距和农村内部收入差距对各自居民群体的主观幸福感的影响，发现二者均具有倒“U”形关系。但是城镇居民对收入差距的容忍度要低于农村居民，城镇内部收入差距的临界点为0.323，而农村则为0.459。这是因为我国实施的优先发展城镇和工业，然后城镇反哺农村，工业反哺农业经济发展战略所带来的影响，因为实施这样的战略就意味着城镇会优先得到发展，会先富起来，这给农村居民带来了一种期待，或者示范效果；另一方面，农村居民的平均受教育程度比城镇居民要低，对于收入差距的理解以及被剥夺感的体会可能会弱一些。对城乡之间收入差距的分析发现，来自省级层面的城乡差距直接不利于我国民众的主观幸福感，而且对城镇群体和农村群体都具有负面影响；区（县）层面的城乡差距与民众幸福感的关系同样是倒“U”形，对城镇群体和农村的幸福感均具有倒“U”形的影响。

居民在户籍和教育等属性方面存在着收入差距的跨层次效应，即随着收入差距的扩大，非农业户籍以及受教育程度越高的居民的主观幸福感反而越低，收入差距的扩大给这些人群的生活终极目标带来不利影响，由于这些人群与其对应人群相比，存在着某些优越性，可能正是这种优越性促使他们更能够理解收入差距所带来的社会危害，会给他们将来的生活带来负面影响，因此心中可能存有担忧，从而降低了主观幸福感。而在性别、政治面貌和收入组别等属性方面未发现收入差距对这些属性人群的幸福感的影响有显著差异。

本书也考察了社会安定和社会信任对我国民众幸福感的影响，以及收入差距通过社会安定和社会信任这两条路径对居民主观幸福感的间接路径机制的影响。分析发现：即使控制了社会安定和社会信任因素，收入差距对我国民众幸福感的影响依然存在倒“U”形关系；社会安定和社会信任是影响我国民众幸福感的重要因素，社会不安定显著降低了居民的幸福感，社会信任有助于促进民众幸福；社会不安定和社会信任是收入差距影响民众幸福感的间接传导路径，收入差距影响幸福感的线性模型中，基尼系数的回归系数明显降低，而非线性模型中基尼系数的极值点也发生了右移。通过计算发现收入差距对幸福感的直接影响、社会不安定和社会信任因素的间接影响分别约为84%、5.3%和5.4%。

运用中国综合社会调查2006年和2013年数据，对我国经济社会转型过程中，收入差距对我国民众主观幸福感影响的动态变化进行了分析。采用有序选择回归模型和扩展的Oaxaca分解法研究发现：2006—2013年，我国居民幸福感的平均水平有所提高，但是幸福感的分布更加地极端化，感觉“很不幸福”和“很幸福”的比例均显著提高；收入差距对居民幸福感的影响依然呈现倒“U”形关系，但七年间它们的倒“U”形关系发生了一些变化，主要表现为转折点发生了右移，即2013年与2006年相比，人们在主观福利水平对收入差距方面的容忍度有所增加；收入差距变量本身的变化是降低居民平均幸福感水平的因素，收入差距影响幸福感的系数变化是导致平均幸福感上升的重要原因，而且后者的影响幅度非常大。这突出反映了收入差距在我国社会转型过程中对人们主观福利幸福感的影响发生着变化。

诸如基尼系数、泰尔指数等收入差距指标是通过微观个体的收入数据计算出来，可以算是相对客观的指标，然而收入分配公平与否、收入差距的实际情况还需要民众的自我认知，自我认知到的差距状况可能会对幸福感产生直接的作用，因此，本书也考察了人们对自身收入分配的公平感知和对整个社会收入分配公平的宏观感知对收入差距与幸福感这一关系的影响。分析表明：无论是对自身分配公平感知还是对整个社会公平的宏观感知均对居民幸福感具有显著的积极影响，即感知越公平，幸福感越高；公平感知对收入差距和幸福感的关系具有调节作用，公平感知越强,收入差距对幸福感影响会越弱。同时,收入差距对于城乡居民的影响在控制了公平感知之后表现不一样,主要体现在对农村居民依然具有显著影响,而城镇居民的影响并不具有统计显著性;另外,收入差距对居民公平感知的影响同样具有倒“U”形关系,即收入差距在某一临界值范围内增大,居民的公平感知会提高,但若超过临界点收入差距继续增大,公平感知会显著下降。

不同的人对收入差距的态度或评判分配公平的依据原则,再或者对收入差距的偏好是不一样的,即不同的人持有的分配公平观不一样,这一因素可能会对收入差距和幸福感关系产生影响。分析发现:分配公平观对收入差距与幸福感关系存在着显著的影响,当面对相同收入差距的时候,倾向于应得原则公平观的居民相比倾向于平均原则公平观的居民,其幸福感更高,这反映出随着我国市场化改革的不断深入,树立起与市场经济相适应的应得原则公平观有助于促使民众自身感觉到幸福。

本书最后针对收入差距对于民众幸福的巨大影响,进一步展开了对收入差距的分析和探讨。运用夏普里值过程的回归分解方法,分别对我国农村居民收入差距和城镇劳动力市场上工资收入差距的决定因素进行探讨,并考察了各种因素对收入差距的贡献。就农村而言,性别、户籍、民族等个体特征,非农就业、实物资本土地、人力资本和社会资本均对我国农村居民的收入有着显著的影响,而且在东部和中、西部地区,尽管影响的大小和显著性有所差异,但均显著存在;数据计算显示我国农村居民的基尼系数逼近 0.5,农村居民的收入分配极度不合理;通过分解技术发现,农村居民在非农就业上的差异是导致农村收入差距最为重要的因素,其对总体收入差距的贡献达到了 22.71%。省份哑变量对农村收入差距的相对影响也高达 20.54%,但东部省份之间的差异相对较小,只有 7.61%。性别差异和社会关系差异是导致农村收入差距的第二梯度重要因素,相对影响均在 10% 以上。人力资本因素的贡献基本上在 5% ~ 10%,其他因素的贡献相对较小。

就城镇劳动力市场而言,性别、户籍等个体特征,教育人力资本、社会资本,单位特征、行业类别和职业类型等,均对劳动力市场上工资有显著的影响；教育人力资本是导致工资收入不平等的最重要因素，其对工资收入不平等的贡献达到了 37.47%；地区因素对总的工资收入不平等的相对影响达到了 25%；性别与行业因素是仅次于教育和地区因素，导致工资收入不平等的重要因素；职业类型、单位所有制和社会关系是控制工资收入差距不容忽视的因素；而单位规模、户籍以及工作经验对工资收入不平等的贡献几乎可以忽略不计。另外，我国不同区域劳动力市场上工资收入差距的决定因素有很大的差异，在东部发达地区，行业和单位所有制因素成为仅次于教育因素的最为重要的工资收入不平等决定因素；而在中、西部地区，性别之间的差异成为仅次于教育的最主要决定因素。

10.2 研究启示

人总是要有美好的愿望才能生活下去，幸福大概就是各种美好愿望中最大、最广为人们接受的一个，幸福也是每一位百姓心目中的中国梦，人人都努力追求着自己幸福。因此，我们需要对幸福有一个清晰的认识，通常人们会将成功的事业、显赫的社会地位、无尽的财富、美满的婚姻、和谐的家庭等作为幸福人生的实质，认为只要能够得到其中一种，便是获得了人生的幸福，但是这种想法未免有失偏颇，幸福不单单是物质的，它更多的是一种内心的感受，是两者的结合，既要有一定的物质基础，不为衣食费心劳力，还要有健康向上的精神生活。幸福是没有终点的，在追求幸福过程中别忘了欣赏沿途风景、欣赏生活、珍惜身边的人，时常进行幸福冥想，积极面对生活，拥抱真正的幸福。

本书重点关注的是收入差距这一社会现象，探讨它对于民众幸福的影响，为全面促进民生幸福增添新的视角。一方面，收入差距并不是完全不利于民众幸福感的提升，适当的收入差距反映了一定的社会流动性，能够调节人们的预期，带动劳动积极性，有利于促进老百姓幸福感水平的提高；但另一方面，收入差距过大会导致人们的不满，为居民幸福感带来消极的影响。通过本书的实证分析发现就人们的幸福感而言，收入差距的国际惯例是比较合适的，就总体收入差距而言，国际上给定的警戒线基尼系数0.4是中国居民比较能够接受的上限，而城乡间收入差距国际惯例2:1也是比较适合中国的。为了促进我国居民幸福感水平的提升，根据研究结论和结合中国的实际情况，笔者认为可以从以下方面进行努力，以降低目前我国收入差距过高的现状。

首先，改革收入分配制度，缩小收入贫富差距。无论是官方统计数据，还是来自研究机构和研究学者的估算以及本书根据全国性调查数据进行估算，我国的收入基尼系数都远远高于国际警戒线。针对目前我国基尼系数偏高，和过高的收入差距的幸福危害，因此有必要采取一定的措施使其降到合理的范围内。缩小收入差距，必须坚持科学发展观，运用全面科学的唯物主义方法论，确保收入总量提高是前提，不能为了缩小收入差距反而降低总量，平均主义的老路子不可取，绝对的平均反而是不公平不公正的。确保分配均衡是重点，收入分配均衡应该是生产要素匹配、价格机制完善和政策执行有效的结果。确保收入预期稳定是保障，收入差距的缩小必须在发展中进行，发展必须是良性的和可持续的，才能保证收入预期的稳定。

十七大报告指出，深化收入分配体制改革，增加城乡居民收入。要坚持和完善按劳分配为主体、多种分配方式并存的分配制度，健全劳动、资本、技术、管理等生产要素按贡献参与分配的制度，初次分配和再分配都要处理好效率和公平的关系，再分配更加注重公平。逐步提高居民收入在国民收入分配中的比重，还需提高劳动报酬在初次分配中的比重。着力提高低收入者收入，逐步提高扶贫标准和最低工资标准，建立企业职工工资正常增长机制和支付保障机制。创造条件让更多群众拥有财产性收入。保护合法收入、调节过高收入，打击非法收入。但必须注意，缩小收入差距不等于劫富济贫，不是简单地拿走富裕者的盈余来弥补穷困者的不足，这样只会让经济发展陷于无效率的恶性循环。缩小收入差距应充分利用国家再分配职能，逐步完善社会保障制度，扩大政府民生性支出，给低收入者改善生活。在政策层面上向中低收入者进行政策倾斜，比如，提高他们的社会保障补贴标准等。重点培育中产阶层，扩大中产阶层的比例。

其次,非农就业差异、教育不平等和地区差异是对当前我国的收入差距贡献最大的因素。深化社会结构调整,打破城乡二元格局,促进劳动力在不同地区之间自由流动,特别是农村剩余劳动力的输出,加大农村劳动力从事非农工作,这有利于平衡地区经济发展,缩小地区间经济发展差距和城乡间差距。通过发展农村城镇化,打破城乡隔离的二元经济和社会结构,逐步实现城乡统一的经济社会体制、制度和政策,建立城乡统一的市场体系,消除农村经济发展和农民增收的体制和制度障碍;加大财政支出中的支农比重,重点增加对农业基础设施、科技的投入,增强农业经济的发展后劲,进一步缩小城乡差距。深化教育制度改革,增加受教育机会,提高教育水平,尤其是推动教育均等化。通过成人教育、职能培训等多种方式加强对低收入者的教育培训力度,提高低收入者的教育人力资本和职业技能;加强教育投入,尤其是对低收入者子女以及农村和贫困地区的教育投入,努力缩小下一代的教育不平等程度,促进教育均等化。此外,进一步降低行业垄断、消除性别歧视;减少职业类别和单位部门之间的收入溢价等,能够有效地缓解劳动力市场上的工资收入差距问题。尽量将收入差距的影响控制在倒"U"形的左边,从而有利于在整体上提高居民的幸福感水平。

再者,吴群芳(2011)[①]指出在转型期的中国,利益表达失衡是我国收入差距持续扩大的重要隐藏因素,因此,构建中国特色的均衡利益表达机制就成为改善我国收入差距过高这一困境的有力措施。具体有效路径包括:规范强势群体的利益表达行为、提高弱势群体的利益表达能力(提高弱势群体的政治参与素质和利益表达意思、积极培养弱势群体的利益代言人)、培养利益表达的组织载体(稳妥发展农民组织、加快发展农民工利益代表组织)、构建有效的利益表达渠道、健全利益表达的回应体系。

另外,我国经济变革摒弃了计划经济体制下的"低水平、平均化"的制度,并完善了社会主义市场经济制度,教育和引导人们树立适应市场经

① 转引自:吴群芳.利益表达与分配:转型期中国的收入差距与政府控制[M],北京:中国社会出版社,2011.

济相适应的应得原则的分配公平观，有利于增强幸福感水平；经济发展过程中注重制度设计，努力实现收入分配起点公平和分配过程中机会公平，提高人们对收入分配满意程度，提升人们的分配公平感知同样是提升幸福感的重要途径；有效控制社会犯罪，增强社会安定和优化社会环境，减少人们的不满意程度；增进人们之间的相互信任水平，降低交易成本，等等，这些都将是促进百姓幸福的有效途径，从而尽早实现让人民生活得更加幸福、更有尊严的和谐社会的建设目标，实现伟大的中国梦，实现让人民幸福的梦。

参考文献

[1]Ada Ferrer-i-Carbonell & Paul Frijters. How Important is Methodology for the Estimates of the Determinants of Happiness [J]. The Economic Journal, 2004, 114(7): 641 -659.

[2]Adams, J. S. Inequality in Social Exchange [A]. In L. Berkovitz(ed.) Advances in Experimental Social Psychology [C]. New York: Academic Press, 1965.

[3]Aghion, Philippe, Eve Caroli & Cecilia Garcia-Penalosa. Inequality and Economic Growth: The Perspective of the New Growth Theories [J]. Journal of Economic Literature, 1999, 37: 1615 -1660.

[4]Albert O. Hirschman & Michael Rothschild. The Changing Tolerance for Income Inequality in the Course of Economic Development: with a Mathematical Appendix [J]. The Quarterly Journal of Economics, 1973, 87(4): 544 -66.

[5]Alberto Alesina, Rafael Di Tellab & Robert Macculloch. Inequality and Happiness: Are Europeans and Americans Different? [J]. Journal of Public Economics, 2004, 88: 2009 -2042.

[6]Alesina Alberto & Perotti Roberto. Income Distribution, Political Instability, and Investment [J]. European Economic Review, 1996, 40: 1028 -1203.

[7]Andrew E. Clark & Andrew J. Oswald. Unhappiness and Unemployment [J]. Economic Journal, 1994, 104: 648 -659.

[8]Andrew E. Clark, 2003: Inequality-aversion and Income Mobility: A Direct Test [R]. DELTA Working Papers.

[9]Andrew E. Clark, Paul Frijters, & Michael A. Shields. Relative Income,

Happiness, and Utility: An Explanation for the Easterlin Paradox and Other Puzzles [J]. Journal of Economic Literature, 2008, 46(1): 95 - 144.

[10]Andrew Leigh & Justin Wolfers. Happiness and the Human Development Index: Australia Is Not a Paradox [J]. Australian Economic Review, 2006, 39: 176 - 184.

[11]Betsey Stevenson & Justin Wolfers. Economic Growth and Subjective Well - being: Reassessing the Easterlin Paradox [J]. Brookings Papers on Economic Activity, 2008, spring: 1 - 87.

[12]Bo Rothstein & Eric M. Uslaner. All for all: Equality, Corruption and Social Trust [J]. World Politics, 2005, 58(1): 41 - 72.

[13]Bruno S. Frey & Alois Stutzer. Happiness, Economy and Institutions [J]. Economic Journal, 2000, 110: 918 - 938.

[14]Carol Graham & Andrew Felton. Inequality and Happiness: Insights from Latin America [J]. Journal of Economic Inequality, 2006, 4: 107 - 122.

[15]Carol Graham & Stefano Pettinato. Happiness, Markets, and Democracy: Latin America in Comparative Perspective [J]. Journal of Happiness Studies, 2001, 2: 237 - 268.

[16]Carol Graham & Stefano Pettinato: Happiness and Hardship: Opportunity and Insecurity in New Market Economies [M]. Washington, D. C.: The Brookings Institution Press, 2002.

[17]Carol Graham. The Economics of Happiness: Insights on Globalization from a Novel Approach [J]. World Economics, 2005, 6(3): 41 - 55.

[18]Christian Bjornskov. The Multiple Facets of Social Capital [J]. European Journal of Political Economy, 2003, 22: 22 - 40.

[19]Claudia Senik,. When Information Dominates Comparison: Learning from Russian Subjective Panel Data [J]. Journal of Public Economics, 2004, 88: 2099 - 2133.

[20]Daniel Kahneman & Alan. B. Krueger. Developments in the Measurement of Subjective Well - being [J]. Journal of Economic Perspectives, 2006, 20(1): 3 - 24.

[21] David G. Blanchflower & Andrew J. Oswald. Well-being over Time in Britain and the USA [J]. Journal of Public Economics, 2004, 88: 1359 - 1386.

[22] Dwayne Benjamin, Loren Brandt & John Giles. Inequality and Growth in Rural China: Does Higher Inequality Impede Growth? [R], IZA Discussion Papers 2344, Institute for the Study of Labor (IZA), 2006.

[23] Ed Diener & Martin E. P. Seligman. Beyond Money: Toward an Economy of Well-being [J]. Psychological Science in the Public Interest, 2004, 5(1): 1 - 31.

[24] Ed Diener. Subjective Well-being [J]. Psychological Bulletin, 1984, 95: 542 - 575.

[25] Edeltraud Roller. Ideological Basis of the Market Economy: Attitudes toward Distribution Principles and the Role of Government in Western and Eastern Germany [J]. European Sociological Review, 1994, 10(2): 105 - 117.

[26] Elizabeth Tricomi, Antonio Rangel, Colin F. Camerer & John P. O'Doherty. Neural Evidence for Inequality - averse Social Preferences [J]. Nature, 2010, 463:1089 - 1091.

[27] Eric M. Uslaner: The Moral Foundations of Trust [M]. New York: Cambridge University Press, 2002.

[28] Ernst Fehr & Klaus Schmidt. A Theory of Fairness, Competition and Cooperation [J]. Quarterly Journal of Economics, 1999, 114(3): 817 - 868.

[29] Frank M. Andrewa & Stephen B. Withey: Social Indicators of Well-being: American's Perceptions of Life Quality [M]. New York: Plenum Press, 1976.

[30] Frey & Stutzer. What Can Economists Learn from Happiness Research? [J]. Journal of Economic Literature, 2002, 40:402 - 435.

[31] Gary E. Bolton & Axel Ockenfels. ERC: A Theory of Equity, Reciprocity, and Competition [J]. American Economic Review, 2000, 90(1): 166 - 193.

[32] Gary S. Becker. Crime and Punishment: an Economic Approach [J]. Journal of Political Economy, 1968, 76(2): 169 - 217.

[33] George C. Homans: Social Behavior; its Elementary Forms [M]. New York: Harcourt Brace Jovanovich, 1961.

[34]Harry Helson: Adaptation - level Theory: An Experimental and Systematic Approach to Behavior [M]. New York: Harper and Row, 1964.

[35]Headey Bruce & Wearing Alexander. Personality, life events, and subjective well - being: Toward a dynamic equilibrium model [J]. Journal of Personality and Social Psychology, 1989, 57(4): 731 - 739.

[36]Henrik Jordahl. Inequality and Trust [R]. Working Paper Series 715, Research Institute of Industrial Economics, 2007.

[37]Hilke Brockmann, Jan Delhey, Christian Welzel & Hao Yuan. The China Puzzle: Falling Happiness in a Rising Economy [J]. Journal of Happiness Studies, 2009, 10(4): 387 - 405.

[38]Hsieh, Ching - Chi and Meredith D. Pugh. Poverty, Inequality, and Violent Crime: A Meta - Analysis of Recent Aggregate Data Studies [J]. Criminal Justice Review, 1993, 18: 182 - 202.

[39]Ichiro Kawachi, Bruce P. Kennedy, Kimberly Lochner & Deborah Prothrow - Stith. Social Capital, Income Inequality, and Mortality [J]. American Journal of Public Health, 1997, 87(9): 1491 - 1498.

[40]Irena Grosfeld & Claudia Senik. The Emerging Aversion to Inequality Evidence from Subjective Data [J]. Economics of Transition, 2010, 18(1): 1 - 26.

[41]Jacob Mincer. Schooling, Experience, and Earnings [R]. New YorkLondon: National Bureau of Economic Research, 1974.

[42]Johannes Schwarze & Marco Harpfer. Are People Inequality Averse, and Do They Prefer Redistribution by the State? Evidence from German Longitudinal Data on Life Satisfaction [J]. The Journal of Socio - Economics, 2007, 36: 233 - 249.

[43]John Asafu - Adjaye. Income Inequality and Health: a Multi - country Analysis [J]. International Journal of Social Economics, 2004, 31(1/2): 195 - 207.

[44]John B. Knight & Ramani Gunatikala. Great Expectations? The Subjective Well - being of Rural - Urban Migrants in China [J]. World Development, 2010, 38: 113 - 124.

[45]John B. Knight & Ramani Gunatilaka. Aspirations, Adaptation and Subjective Well - Being of Rural - Urban Migrants in China [R]. Economics Series Work-

ing Papers 381, University of Oxford, Department of Economics, 2008.

[46]John F. Helliwell & Haifang Huang. Well - Being and Trust in the Workplace [J]. Journal of Happiness Studies, 2011, 12: 747 - 767.

[47]John F. Helliwell. How' s life? Combining Individual and National Variables to Explain Subjective Well - being [J]. Economic Modeling, 2003, 20: 331 - 60.

[48]John F. Helliwell. Well - Being, Social Capital and Public Policy: What' s New? [J]. The Economic Journal, 2006, 116(3): c34 - c45.

[49]John F. Helliwell. Well - Being and Social Capital: Does Suicide Pose A Puzzle? [J]. Social Indicator Research, 2007, 81(3): 455 - 496.

[50]John Knight, Lina Song & Ramani Gunatilaka. Subjective Well - being and Its Determinants in Rural China [J]. China Economic Review, 2009, 20(4): 635 - 649.

[51]Jongmook Choe. Income Inequality and Crime in the United States [J]. Economic Letters, 2008, 101: 31 - 33.

[52]Justin Wolfers. Is Business Cycle Volatility Costly? Evidence from Surveys of Subjective Well - being [J]. Intenational Finance, 2003, 6: 1 - 26.

[53]L. Richard Della Fave. The Meek Shall Not Inherit the Earth: Self - Evaluation and the Legitimacy of Stratification [J]. American Sociological Review, 1980, 45(6): 955 - 971.

[54]L. Richard Della Fave. Toward an Explication of the Legitimation Process [J]. Social Forces, 1986, 65(2):476 - 500.

[55]Leon Festinger. A Theory of Social Comparison Processes [J]. Human Relations, 1954, 7(2): 117 - 140.

[56]Lester C. Thurow. The Income Distribution as a Pure Public Good [J]. Quarterly Journal of Economics, 1971, 85: 327 - 329.

[57]Li Hongbin & Zhu Yi. Income, Income Inequality, and Health: Evidence from China [J]. Journal of Comparative Economics, 2006, 34: 668 - 693.

[58] LilianaWinkelmann & Rainer Winkelmann. Why Are the Unemployed so Unhappy? Evidence from panel data [J]. Economica, 1998, 65: 1 - 15.

[59] Lykken & Tellegen. Happiness is a Stochastic Phenomenon [J]. Psychological Science, 1996, 7: 186 - 189.

[60] Magnus Gustavsson & Henrik Jordahl. Inequality and Trust in Sweden: Some Inequalities Are More Harmful than Others [J]. Journal of Public Economics, 2008, 92: 348 - 365.

[61] Mark V. Pauly. Income Redistribution as a Local Public Good [J]. Journal of Public Economics, 1973, 2: 35 - 58.

[62] Mary C. Daly, Greg J. Duncan, George A. Kaplan, & John W. Lynch. Macro - to Micro Links in the Relation between Income Inequality and Mortality [J]. The Milbank Quarterly, 1998, 76(3): 315 - 339.

[63] Michael R. Hagerty. Social Comparisons of Income in One's Community: Evidence from National Surveys of Income and Happiness [J]. Journal of personality and social psychology, 2000, 78(4): 764 - 771.

[64] Morawetz Davis, Atia Ety, Bin - Nun Gabi, Felous Lazaros, Gariplerden Y., Harris E., Soustiel S., Tombros G., & Zarfaty Y. Income Distribution and Self - rated Happiness: Some Empirical Evidence [J]. The Economic Journal, 1977, 87: 511 - 522.

[65] Morton Deutsch. Equity, Equality, and Need: What Determines Which Value Will Be Used as the Basis of Distributive Justice? [J]. Journal of Social Issues, 1975, 31(3): 137 - 149.

[66] Myeong - Su Yun. Decomposing Differences in the First Moment [J]. Economics Letters, 2004, 82: 275 - 280.

[67] Nattavudh Powdthavee. Unhappiness and Crime: Evidence from South Africa [J]. Economica, 2005, 72: 531 - 547.

[68] Nigel Tomes. Income Distribution, Happiness, and Satisfaction: A Direct Test of the Interdependent Preference Model [J]. Journal of Economic Psychology, 1986, 7: 425 - 446.

[69] Orsolya Lelkes. Tasting Freedom: Happiness, Religion and Economic Transition [J]. Journal of Economic Behavior and Organization, 2006, 59: 173 - 194.

[70]Pak Hung Mo. Corruption and Economic Growth [J]. Journal of Comparative Economics, 2001, 29: 66 – 79.

[71]Paolo Verme, 2011: Life Satisfaction and Income Inequality [J]. Review of Income and Wealth, 57: 113 – 137.

[72]Rafael Di Tella, Robert J. Macculloch & Andrew J. Oswald. Preferences over Inflation and Unemployment: Evidence from Surveys of Happiness [J]. American Economic Review, 2001, 91: 335 – 341.

[73]Rafael Di Tella, Robert J. Macculloch & Andrew J. Oswald. The Macroeconomics of Happiness [J]. The Review of Economics and Statistics, 2003, 85: 809 – 827.

[74]Richard A. Easterlin. Does Economic Growth Improve the Human Lot? Some Empirical Evidence [A] Paul A. David and Melvin W. Reder(eds), in Nations and Households in Economic Growth: Essays in Honor of Moses Abramowitz [C]. New York: Academic Press, Inc, 1974.

[75]Richard A. Easterlin. Will Raising the Incomes of All Increase the Happiness of All? [J]. Journal of Economic Behavior and Organization, 1995, 27 (1): 35 – 48.

[76]Richard A. Easterlin. Income and Happiness: Towards a Unified Theory [J]. The Economic Journal, 2001, 111(7): 465 – 484.

[77]Richard A. Easterlin. Feeding the Illusion of Growth and Happiness: A Reply to Hagerty and Veenhoven [J]. Social Indicators Research, 2005, 74(3): 429 – 443.

[78]Richard A. Easterlin, Laura Angelescu McVey, Malgorzata Switek, Onnicha Sawangfa, & Jacqueline Smith Zweig. The Happiness-income Paradox Revisited [J]. Proceedings of the National Academy of Sciences of the United States of America, 2010, 107(52): 22463 – 22468.

[79]Richard Burkholder, 2005: Chinese Far Wealthier Than a Decade Ago-but Are They Happier? [R]. GALLUP Report, 2005.1.11.

[80]Richard G Wilkinson & Kate E. Pickett. Income Inequality and Population Health: A Review and Explanation of the Evidence [J]. Social Science & Medicine,

2006, 62(7): 1768 - 1784.

[81] Richard G. Wilkinson: The Impact of Inequality: How to Make Sick Societies Healthier [M]. New York: The New Press, 2005.

[82] Russell Smyth & Xiaolei Qian. Inequality and Happiness in Urban China [J]. Economics Bulletin, 2008, 4(23): 1 - 10.

[83] Russell Smyth, Ingrid Nielsen & Qingguo Zhai. Personal Well - being in Urban China [J]. Social Indicators Research, 2010, 95(2): 231 - 251.

[84] Ruut Veenhoven. Happy Life - expectancy, A Comprehensive Measure of Quality of Life in Nations [J]. Social Indicators Research, 1996, 39: 1 - 58.

[85] Shigehiro Oishi, Selin Kesebir & Ed Diener. Income Inequality and Happiness [J]. Psychological Science, 2011, 22(9): 1095.

[86] Shlomo Yitzhaki. Relative Deprivation and the Gini Coefficient [J]. Quarterly Journal of Economics, 1979, 93(2): 321 - 324.

[87] Simon Appleton & Lina Song. Life Satisfaction in Urban China: Components and Determinants [J]. World Development, 2008, 36: 2325 - 2340.

[88] Simon Davies & Tim Hinks. Crime and Happiness amongst Heads of Households in Malawi [J]. Journal of Happiness Studies, 2010, 11: 457 - 476.

[89] Takashi Oshio & Miki Kobayashi. Area - Level Income Inequality and Happiness: Evidence from Japan [J]. Journal of happiness studies, 2011, 12 (4): 633 - 649.

[90] Thomas K. Bauer & Mathias Sinning. An Extension of the Blinder - Oaxaca Decomposition to Nonlinear Models [J]. Advances in Statistical Analysis, 2008, 92: 197 - 206.

[91] Victer H. Vroom: Work and motivation [M]. New York: John Wiley and Sons, 1964.

[92] Walter Garrison Runciman: Relative Deprivation and Social Justice: A Study of Attitudes to Social Inequality in Twentieth - century England M]. Berkeley: University of California Press, 1966.

[93] Wan Guanghua & Zhangyue Zhou. Income Inequality in Rural China: Regression - based Decomposition Using Household Data [J]. Review of Development

Economics, 2005, 9(1): 107 - 120.

[94]Wan Guanghua. Regression – based Inequality Decomposition: Pitfalls and a Solution Procedure [R]. World Institute for Development Economics Research discussion paper, 2002/101, Helsinki.

[95]Wan Guanghua. Accounting for Income Inequality in Rural China: a Regression – based Approach [J]. Journal of Comparative Economics, 2004, 32: 348 – 63.

[96]Wayne M. Alves & Peter H. Rossi. Who Should Get What? Fairness Judgments of the Distribution of Earnings [J]. The American Journal of Sociology, 1978, 84(3): 541 – 564.

[97]Wu Xiaogang. Income Inequality and Distributive Justice: A Comparative Analysis of Mainland China and Hong Kong [J]. 2009, The China Quarterly, 200: 1 – 20.

[98]Yew – Kwang Ng. Happiness Surveys: Some Comparability Issues and an Exploratory Survey Based on Just Perceivable Increments [J]. Social Indicators Research, 1996, 38(1): 1 – 27.

[99]Yew – Kwang Ng. A Case of Happiness, Cardinalism, and Interpersonal Comparability [J]. Economic Journal, 1997, 107: 1848 – 1858.

[100]白雪梅,王少瑾. 对我国收入不平等与社会安定关系的审视[J]. 财经问题研究,2007(7).

[101]布伦诺·S. 费雷,阿洛伊斯·斯塔特勒. 幸福与经济学:经济和制度对人类福祉的影响[M]. 静也,译. 北京:北京大学出版社,2006.

[102]陈春良,易君健. 收入差距与刑事犯罪:基于中国省级面板数据的经验研究[J]. 世界经济,2009(1).

[103]陈光金. 市场抑或非市场:中国收入不平等成因实证分析[J]. 社会学研究,2010(6).

[104]陈建东. 近年来我国农村居民收入差距及其分解[J]. 中国经济问题,2009(5).

[105]陈建东. 海外关于中国收入不平等问题的研究进展[J]. 经济学动态,2012(4).

[106]陈钊,万广华,陆铭. 行业间不平等:日益重要的城镇收入差距成因——基于回归方程的分解[J]. 中国社会科学,2010(3).

[107]程永宏. 改革以来全国基尼系数的演变及其城乡分解[J]. 中国社会科学,2007(4).

[108]樊丽明,杨国涛,范子英. 贫困地区收入不平等的决定因素:基于西海固农户数据的分析[J]. 世界经济文汇,2010(3).

[109]甘春华. 对我国工资差距问题的探讨[J]. 华东交通大学学报,2001,18(2).

[110]高景柱. 评当代西方平等理论的三种分析路径[J]. 教学与研究,2015(1).

[111]高梦滔,姚洋. 农户收入差距的微观基础:物质资本还是人力资本?[J]. 经济研究,2006(12).

[112]高梦滔,张颖. 教育收益率、行业与工资的性别差异:基于西部三个城市的经验研究[J]. 南方经济,2007(9).

[113]顾和军,钟甫宁. 江苏农村居民收入差距问题的一个分析视角:基于要素角度的分析[J]. 南京农业大学学报(社会科学版),2007,7(4).

[114]官皓. 收入对幸福感的影响研究:绝对水平和相对地位[J]. 南开经济研究,2010(5).

[115]郭兴利. 论阿玛蒂亚·森的不平等理论及现实价值[J]. 华中科技大学学报,2015(1).

[116]何立新,潘春阳. 破解中国的“Easterlin 悖论”:收入差距、机会不均与居民幸福感[J]. 管理世界,2011(8).

[117]何凌云,鲁元平. 腐败、社会信任与居民主观幸福感[R]. 第十一届中国经济学年会会议论文,2011.

[118]何强. 攀比效应、棘轮效应和非物质因素:对幸福悖论的一种规范解释[J]. 世界经济,2011(7).

[119]胡联合,胡鞍钢. 贫富差距是如何影响社会稳定的?[J]. 江西社会科学,2007(9).

[120]胡联合,胡鞍钢和徐绍刚. 贫富差距对违法犯罪活动影响的实证分析[J]. 管理世界,2005(6).

[121]怀默霆. 中国民众如何看待当前的社会不平等[J]. 社会学研究,2009(1).

[122]黄嘉文. 收入不平等对中国居民幸福感的影响及其机制研究[J]. 社会,2016(2).

[123]金玉国. 工资行业差异的制度诠释[J]. 统计研究,2005(4).

[124]李静君、马克·塞尔登. 中国持久的不平等:革命的遗留问题与改革的陷进(上)(下)[J]. 张庆红,译. 国外理论动态,2011(9/10).

[125]李石. 平等理论的谱系——兼论平等与自由的关系[J]. 哲学动态,2016(10).

[126]李实. 中国个人收入分配研究回顾与展望[J]. 经济学(季刊),2003,2(2).

[127]李实,马欣欣. 中国城镇职工的性别工资差异与职业分割的经验分析[J]. 中国人口科学,2006(5).

[128]李实,赵人伟. 中国居民收入分配再研究[J]. 经济研究,1999(4).

[129]李涛,史宇鹏,陈斌开. 住房与幸福:幸福经济学视角下的中国城镇居民住房问题[J]. 经济研究,2011(9).

[130]李卫东. 幸福哲学研究刍议[J]. 合肥工业大学学报(社科版),2009(5).

[131]李雪松,詹姆斯·赫克曼.选择偏差、比较优势与教育的异质性回报:基于中国微观数据的实证研究[J]. 经济研究,2004(4).

[132]李志,谢朝晖. 国内主观幸福感研究文献述评[J]. 重庆大学学报(社会科学版),2006,12(4).

[133]理查德·威尔金森,凯特·皮克特.不平等的痛苦:收入差距如何导致社会问题[M]. 安鹏,译. 北京:新华出版社,2010.

[134]刘娟. 当代西方平等理论评析[J]. 道德与文明,2007(4).

[135]刘军强,熊谋林,苏阳. 经济增长时期的国民幸福感——基于 CGSS 数据的追踪研究[J]. 中国社会科学,2012(12).

[136]刘应美. 欠发达地区农村居民幸福感悄然变化、成因、治理[J]. 经营管理者,2010(5).

[137]刘志伟. 收入分配不公平程度测度方法综述[J]. 统计与信息论坛,

2003(5).

[138]娄伶俐. 主观幸福感的经济学研究动态[J]. 经济学动态,2009(2).

[139]娄伶俐. 主观幸福感的经济学理论与实证研究[M]. 上海:上海人民出版社,2010.

[140]鲁元平,王韬. 主观幸福感影响因素研究述评[J]. 经济学动态,2010(5).

[141]鲁元平,王韬. 收入不平等、社会犯罪与国民幸福感——来自中国的经验证据[J]. 经济学(季刊),2011,10(4).

[142]吕杰,张广胜. 农村居民收入不均等分解:基于辽宁农户数据的实证分析[J]. 中国农业大学学报,2005,10(4).

[143]罗楚亮. 城乡分割、就业状况与主观幸福感差异[J]. 经济学(季刊),2006,5(3).

[144]罗楚亮. 绝对收入、相对收入与主观幸福感——来自中国城乡住户调查数据的经验分析[J]. 财经研究,2009,33(11).

[145]罗归国. 科学的发展观呼唤全面的公平观——论公平观的三种形态及其相关关系[J]. 马克思主义研究,2004(3).

[146]罗敏. 幸福三论[J]. 哲学研究,2001(2).

[147]马得勇. 信任、信任的起源与信任的变迁[J]. 开发时代,2008(4).

[148]马磊,刘欣. 中国城市居民的分配公平感研究[J]. 社会学研究,2009(5).

[149]宁光杰. 中国工资差距问题的综合分析[J]. 中央财经大学学报,2009(2).

[150]裴志军. 家庭社会资本、相对收入与主观幸福感:一个浙西农村的实证研究[J]. 农业经济问题,2010(7).

[151]彭代彦,吴宝新. 农村内部的收入差距与农民的生活满意度[J]. 世界经济,2008(4).

[152]乔洪武,沈昊驹. 恩斯特·费尔对静伦理研究方法的贡献——潜在诺贝尔经济学奖得主学术贡献评介系列[J]. 经济学动态,2011(4).

[153]人民日报. 收入差距加大致国民“弱势心理”蔓延[N]. 人民日报,2010-11-11.

[154]汝信,陆学艺,等. 2007年:中国社会形势分析与预测[M]. 北京:社会科学文献出版社,2007.

[155]申云,贾晋. 收入差距、社会资本与幸福感的经验研究[J]. 公共管理学报,2016,13(3).

[156]宋晓梧,王天夫,李实,王丰. 不平等挑战中国:收入分配的思考与讨论[M]. 北京:社会科学文献出版社,2013.

[157]苏玲,陈俊,严丽君. 澳门回归十周年居民主观幸福感的变化[J]. 心理学进展,2012(2).

[158]孙凤. 性别、职业与主观幸福感[J]. 经济科学,2007(1).

[159]孙凤. 主观幸福感的结构方程模型[J]. 统计研究,2007,24(2).

[160]孙计领. 收入不平等、分配公平感与幸福[J]. 经济学家,2016(1).

[161]孙敬水. 农村居民收入不平等形成机理研究综述[J]. 云南财经大学学报,2013(4).

[162]孙敬水. 城镇居民收入不平等形成机理研究述评与展望[J]. 财经论丛,2013(5).

[163]孙明. 市场转型与民众的分配公平观[J]. 社会学研究,2009(3).

[164]田国强,杨立岩. 对"幸福-收入之谜"的一个解答[J]. 经济研究,2006(11).

[165]田士超,陆铭. 教育对地区内收入差距的贡献:来自上海微观数据的考察[J]. 南方经济,2007(5).

[166]万广华. 中国农村区域间居民收入差异及其变化的实证分析[J]. 经济研究,1998(5).

[167]万广华. 解释中国农村区域间的收入不平等:一种基于回归方程的分解方法[J]. 经济研究,2004(8).

[168]万广华. 不平等的度量与分解[J]. 经济学(季刊),2008,8(1).

[169]万广华,周章跃,陆迁. 中国农村收入不平等:运用农户数据的回归分解[J]. 中国农村经济,2005(5).

[170]万树,蒋玉珉. 国民福祉的人本价值回归及其实现[J]. 学术界,2010(8).

[171]王甫勤. 社会流动与分配公平感研究[D]. 复旦大学博士学位论

文,2010.

[172]王甫勤. 当代中国大城市居民的分配公平感:一项基于上海的实证研究[J]. 社会,2011(3).

[173]王海港. 收入分配不平等的概念及其度量综述[J]. 阴山学刊,2005,18(5).

[174]王海港,李实,刘京军. 城镇居民教育收益率的地区差异及其解释[J]. 经济研究,2007(8).

[175]王洪法. 信任:现代人幸福感的社会资本[J]. 扬州大学学报(人文社会科学版),2007,11(6).

[176]王结发. 不平等的社会机制——查尔斯 · 蒂利的不平等理论[J]. 甘肃理论学刊,2015(6).

[177]王美艳. 城市劳动力市场上的就业机会与工资差异[J]. 中国社会科学,2005(5).

[178]王美艳. 中国城市劳动力市场上的性别工资差异[J]. 经济研究,2005(12).

[179]王鹏. 收入差距对我国居民主观幸福感的影响分析——基于中国综合社会调查数据的实证研究[J]. 中国人口科学,2011(3).

[180]王鹏,刘国恩. 健康人力资本与性别工资差异[J]. 南方经济,2010(9).

[181]王鹏. 我国劳动力市场上工资收入差距的决定因素——基于夏普里值过程的回归方程分解[J]. 财经研究,2012(2).

[182]王少瑾. 收入不平对社会安定的影响——基于修正的 EBA 模型的实证检验[J]. 山东财政学院学报,2008(1).

[183]王曙光. 幸福的和不幸福的经济学[J]. 读书,2006(12).

[184]王小勇. 市场潜力、外部性与中国地区工资差异[J]. 南方经济,2006(8).

[185]王原君,游士兵. 收入不平等问题最新研究热点分析[J]. 经济学动态,2014(5).

[186]王云飞. 我国地区收入差距变化趋势——基于基尼系数分解分析[J]. 山西财经大学学报,2007(8).

[187]温晓亮,米健,朱立志. 1990—2007 年中国居民主观幸福感的影响因素研究[J]. 财贸研究,2011(3).

[188]文雯,常嵘. 财富不平等理论和政策研究的新进展[J]. 经济学家,2015(10).

[189]无鸣. 生活水平高≠生活质量高[J]. 心理与健康,2004(2).

[190]吴菲. 不公平有几何?——中国城市居民收入分配公平感的测量[J]. 兰州学刊,2010(5).

[191]吴静. 城乡居民幸福测量的结构方程模型[J]. 商业经济与管理,2009(4).

[192]吴丽民,陈惠熊. 收入与幸福指数结构方程模型构建——以浙江省小城镇为例[J]. 中国农村经济,2010(11).

[193]吴一平,芮萌. 地区腐败、市场化与中国经济增长[J]. 管理世界,2010(11).

[194]吴苑华. 如何理解中国社会的不平等问题[J]. 宁夏社会科学,2017(2).

[195]奚恺元,王佳艺,陈景秋. 撬动幸福——一本系统介绍幸福学的书[M]. 北京:中信出版社,2008.

[196]肖仲华. 西方幸福经济学理论研究[M]. 北京:中国社会科学出版社,2010.

[197]谢宇. 认识中国的不平等[J]. 社会,2010(3).

[198]谢识予,娄伶俐,朱弘鑫. 显性因子的效用中介、社会攀比和幸福悖论[J]. 世界经济文汇,2010(4).

[199]谢周亮. 户籍歧视对劳动报酬差异的影响[J]. 开发导报,2008(12).

[200]邢春冰. 不同所有制企业的工资决定机制考察[J]. 经济研究,2005(6).

[201]邢占军. 主观幸福感测量研究综述[J]. 心理科学,2002,25(3).

[202]邢占军. 主观幸福感研究:对幸福的实证探索[J]. 理论学刊,2002(5).

[203]邢占军. 测量幸福——主观幸福感测量研究[M]. 北京:人民出版社,2005.

[204]徐庆,田士超,徐志刚,邵挺. 农地制度、土地细碎化与农民收入不平等[J]. 经济研究,2008(2).

[205]薛宝贵,何炼成. 我国居民收入不平等问题研究综述[J]. 经济学家,2015(2).

[206]姚先国,张海峰. 中国教育回报率估计及其城乡差异分析——以浙江、广东、湖南、安徽等省的调查数据为基础[J]. 财经论丛,2004(12).

[207]尹志超,甘犁. 公共部门和非公共部门工资差异的实证研究[J]. 经济研究,2009(4).

[208]袁浩,马丹. 社会质量视野下的主观幸福感——基于上海的经验研究[J]. 吉林大学社会科学学报,2011,51(4).

[209]约翰·密尔. 论自由[M]. 程崇华,译. 北京:商务印书馆,1982.

[210]张车伟. 人力资本回报率变化与收入差距:"马太效应"及其政策含义[J]. 经济研究,2006(12).

[211]张丹丹. 市场化与性别工资差异研究[J]. 中国人口科学,2004(1).

[212]张学志,才国伟. 收入、价值观与居民幸福感[J]. 管理世界,2011(9).

[213]张正霖. 分配公平观的历史演变及其矛盾[J]. 哲学研究,1997(10).

[214]赵奉军. 收入与幸福关系的经济学考察[J]. 财经研究,2004,30(5).

[215]赵剑治,陆铭. 关系对农村收入差距的贡献及其地区差异——一项基于回归的分解分析[J]. 经济学(季刊),2009,9(1).

[216]钟笑寒. 劳动力流动与工资差异[J]. 中国社会科学,2006(1).

[217]朱建芳,杨晓兰. 中国转型期收入与幸福的实证研究[J]. 统计研究,2009,26(4).

[218]邹琼. 主观幸福感与文化的关系研究综述[J]. 心理科学,2005,28(3).

后 记

本书是在我博士论文的基础上修改而成的。在书稿即将付梓之际，感慨、不堪、神伤、怀念、感恩，各种无法细述的感受在心里起伏，仿佛在此时此刻，那些已经不在的岁月重新流过。回首过去一路走来的酸甜苦辣，学习、教学、科研和各种生活压力蜂拥而至，有时觉得不堪重负，倍感心力不足，好在身边的亲人、老师、同事、领导和朋友给了我勇气和动力，让我在经历艰辛与困惑的同时能够有所收获。此时此刻，最想表达的还是感谢。

首先感谢我的老师们，他们在我的学习之路上给我鼓励和鞭策，促使我不断成长。其中，我要特别感谢我的两位导师——北京大学刘国恩教授和西南财经大学臧文斌教授。在博士学习过程中，我切身感受到他们严谨的学术作风、认真的学术态度、深厚的学术功底以及广博的学识，能够亲耳聆听他们的教诲是我终生难忘的事情。两位导师在工作非常繁重的情况下，在生活上给我无微不至的关怀和照顾，在学业上给我终身有益的教诲和指导，参加工作之后，在工作上两位导师在各个方面继续关心帮助我，对他们的感激之情，无以言表。同时还要感谢读书期间给我上课的西南财经大学公共管理学院尹庆双教授、徐程教授、幸强国教授、申晓梅教授、章群教授、任勤教授等，感谢西南财经大学经济与管理研究院给我讲授“三高”的甘犁教授、傅十和教授、荣昭老师等，也感谢学院任平老师、彭涛老师等在学习过程中给予的帮助。

其次要感谢我的同事、学兄学弟学姐学妹和同窗。在工作过程中，郑长德教授、罗晓芹教授、姜太碧教授、安果教授、李强副教授等同事给予了我极大的帮助和鼓励，让我能够顺利和从容面对教学和科研工作，在此表示由衷的感谢。感谢四川大学邓国营、赵邵阳等学长，合肥工业大学窦晨彬学姐，河南财经政法大学的樊敏杰学妹、兰烯学弟等，与你们一起学术探讨和交流，使我受益良多。感谢同窗王薇、潘杰、房珊杉及经济与管理研究院一起上课学习的同学们，怀念与大家一起生活和学习的日子；也感谢在北京大学中国卫生经济研究中心一起工作的同事朋友，在北京期间，大家一起上课学习，一起做课题研究，其间的苦与乐，至今仍历历在目。

特别感谢我的家人对我学业、工作和生活给予的多方面支持。父母生育我、教养我，此间的千辛万苦、辛酸苦辣难于言表，感谢父母和岳父母多年来给我的无私关怀和帮助；感谢我的妻子彭莹，无论是顺境还是逆境，你都始终如一地支持、理解和鼓励我，无论快乐与痛苦，你都愿意和我共享和分担；还要感谢我可爱顽皮的儿子嘉豪，因忙碌的学习和工作以及情绪等影响了与你的更好交流沟通，深感歉意，你的顽皮活泼化解了我身心疲惫、增添了人生乐趣。感谢我的亲人，你们的支持鼓励，是激励我不断前进的动力。

本书的出版得到了国家社会科学基金重点项目（批准号：15AZD079）、西南民族大学应用经济学学科建设基金（编号：2014XWD－S0202）和西南民族大学中央高校基本科研业务费专项资金项目（项目号：2015SZYQN160）的资助，在此致以深深的谢意。谨向为本书的编辑和出版付出艰辛劳动的出版社责任编辑表示诚挚的感谢。此外，在撰写本书过程中借鉴吸收了许多中外优秀学者的研究成果，在此一并致以诚挚的敬意。由于自身知识局限，书中存在较多不够严谨和未尽之处，以及错漏之处，恳求指正，这将为我今后的学习和研究工作提出努力的方向。

最后，再次感谢所有关心和帮助过我的人，愿您们永远幸福！

王鹏

2017 年 6 月于成都